Schinzilarz
Gerechtes Sprechen: Ich sage, was ich meine

Cornelia Schinzilarz

Gerechtes Sprechen:
Ich sage, was ich meine

Das Kommunikationsmodell
in der Anwendung

2. Auflage

Cornelia Schinzilarz leitet seit Jahren erfolgreich ihr Institut KICK Institut für Coaching und Kommunikation in Zürich. Sie ist Supervisorin, Kommunikationsfachfrau, Humorexpertin, Dozentin und Theologin. In ihrem Institut bietet sie Supervision, Coaching und Beratung für Frauen und Männer in den verschiedensten beruflichen Situationen und ein gezieltes Weiterbildungsprogramm: Training Gerechtes Sprechen, Humorcoaching, Ressourcenberatung und Zukunftsmentoring. Sie arbeitet als Dozentin in verschiedenen Ausbildungsinstitutionen und an Fachhochschulen. Homepage: www.kick.dich.ch

Alle Downloadmaterialien finden Sie unter www.beltz.de direkt beim Buch.

Dieses Buch ist auch als E-Book erhältlich:
ISBN 978-3-407-29459-3

2., überarbeitete und erweiterte Auflage 2016

© 2008 Beltz Verlag · Weinheim und Basel
Werderstr. 10 · 69469 Weinheim
www.beltz.de
Lektorat: Ingeborg Sachsenmeier
Herstellung und Satz: Lelia Rehm
Druck und Bindung: Beltz Bad Langensalza GmbH, Bad Langensalza
Innenillustrationen: Lelia Rehm nach Vorlagen von Cornelia Schinzilarz
Umschlagabbildung: © iStock/FotografiaBasica
Umschlaggestaltung: Lelia Rehm
Printed in Germany
ISBN 978-3-407-36583-5

Inhaltsverzeichnis

!   Info

Q   Beispiel

⚙   Übung

📖   Literaturtipp

⬇   Download

Vorwort zur zweiten Auflage

Wir schaffen das!

Die Erarbeitung der zweiten Auflage »Gerechtes Sprechen« fand genau in der Zeit statt, in der sich die Welt zu verändern begann. Menschen bewegen sich durch die Kontinente und muten sich den ganz anderen Menschen zu. Diese reagieren in unterschiedlicher Weise auf die Ankommenden.

In dieser Situation sagte Bundeskanzlerin Angela Merkel: »Wir schaffen das!« Im Gerechten Sprechen gehen wir davon aus, dass Sprache Wirklichkeiten beschreibt und erschafft. Zudem werden mit Sprache gerechte Verhältnisse der Menschen zu sich selbst, zueinander und zur Situation entworfen. Und mit diesem Satz wurde aus der Menschenbewegung eine Menschenbegegnung.

In diesen Begegnungen kommt es darauf an, einander zuzuhören und darauf aufbauend zu verstehen. Wir wollen zuhören und verstehen und antworten und eine Welt erschaffen, in der es sich zuzuhören lohnt. Sprechen wir also im Wollensystem und hören mit Gerechtem Hören zu.

Während des Zuhörens gilt es, die Gefühle zu wählen, mit denen das Zuhören auch gelingt. Wir wollen uns zuversichtlich und realistisch und sicher und hoffnungsvoll und heiter und ernstgenommen fühlen. Nun können wir diese Gefühle mit Gefühlsgerechtem Sprechen herstellen.

Es gilt das zu benennen, was auch wirklich anwesend ist. So kann gesagt werden, dass einige Menschen Böses im Sinn haben – sowohl bei Einheimischen als auch bei den Neuankommenden. Für diese gibt es Gesetze.

Auch zu erzählen ist von denen, die freundlich, zuvorkommend und hilfsbereit sind – sowohl bei denen, die empfangen, als auch bei denen, die empfangen werden. So gilt das gesprochene Wort. Das ist Verantwortungsgerechtes Sprechen.

Entdecken Sie mit dem Gerechten Sprechen die Kraft der Sprache für die Gestaltung der Erinnerungen, der Gegenwart und der Zukunft – sowohl für das private als auch für das gesellschaftliche Leben.

Denn: Wir schaffen das!

Cornelia Schinzilarz, Zürich 2016

Vorwort zur ersten Auflage

Oh, ja – es hat mir viel Spaß gemacht, dieses Buch zu schreiben. Und ich habe mich herausgefordert, es so zu gestalten, dass es für Sie, liebe Leserinnen und Leser, verständlich, nachvollziehbar und spannend ist. Jetzt, da ich das Ergebnis sehe, kann ich sagen: Es ist mir gut gelungen!

Oh, ja – ich weiß es, Eigenlob stinkt. Doch eines möchte ich Ihnen schon zu Beginn dieses Buches verraten: Gerechtes Sprechen fördert und fordert das gerechte Verhältnis der Person zu sich selbst und zu anderen Personen, da es sich an den Ressourcen, dem Können und an den großen und kleinen Erfolgen orientiert. Auf dieser Basis erkennen Sie sich sprechend und zuhörend in Ihrer Vielfältigkeit, und Sie nehmen die anderen in ihrer Fülle wahr. Als Beraterin oder als Trainer, als Lehrerin oder als Coach hören Sie Ihrer Klientel auf die Ressourcen hin zu und sprechen gezielt und wirkungsorientiert. Die Überraschung ist perfekt: Kinder und Jugendliche entdecken wieder ihre Liebe zum Lernen. Frauen und Männer erkennen sich in ihren Begabungen und eröffnen sich ihre hoffnungsvolle Zukunft.

Oh, ja – es geht tatsächlich allein durch die Art und Weise, wie Sie sprechen und zuhören, eine gerechte Welt zu schaffen. Sprechen und Zuhören dienen wesentlich der zwischenmenschlichen Kommunikation und sind die wichtigsten Werkzeuge Ihrer Arbeit und Ihres Lebens. Dieses Buch ermöglicht Ihnen, das Potenzial Ihrer Sprache zu erweitern und Ihr Zuhören zu verfeinern.

Ich wünsche Ihnen viel Vergnügen beim Studium der Theorie Gerechtes Sprechen, beim Ausprobieren der Übungen mit Ihrer Klientel, und besondere Freude wünsche ich Ihnen beim Selbststudium, mit dem Sie sich Gerechtes Sprechen erschließen können.

Zürich 2008
Cornelia Schinzilarz

Erste Informationen zum Gerechten Sprechen

—— *Teil 01*

Gerechtes Sprechen – Eine Einführung

Gerechtes Sprechen ist ein Kommunikationsmodell, das die sprechende und zuhörende Arbeit erleichtert. Es basiert auf verschiedenen philosophischen und neurowissenschaftlichen Erkenntnissen und macht diese für die Alltagskommunikation nutzbar. Gerechtes Sprechen revolutioniert neben dem sprechenden Austausch auch die Selbstwahrnehmung, da es durch und durch ressourcen- und wirkungsorientiert ist. Zudem verfeinert es die täglichen zwischenmenschlichen Begegnungen, da es darum geht, einander mitzuteilen, was gemeint ist.

Sprache benennt und erschafft Wirklichkeiten

Sprache dient der zwischenmenschlichen Verständigung. Soziale Begegnungen und Begebenheiten werden in wesentlichen Teilen sprachlich gestaltet. Mithilfe von Sprache teilen Menschen einander Gedanken, Gefühle, Erlebnisse und Wahrgenommenes mit. Durch Sprache wird Verantwortung übernommen, und Zuständigkeiten werden zugesprochen. Menschen hören, sehen und fühlen sich, wenn sie sprechen.

In der Sprache drücken sich Zugehörigkeiten aus. In der Welt finden Menschen sich zurecht, indem sie sich in gegebene Verhältnisse und Zusammenhänge einordnen, indem sie benennen, was sie kennen und was sie ersehnen, indem sie hören, was andere Menschen erzählen. Durch Sprache werden Grenzen errichtet, die sowohl dienlich sind als auch ausgrenzend sein können.

Mithilfe von Sprache werden Möglichkeiten eröffnet, die herausfordern und überfordern können. Gerechtes Sprechen definiert Sprache und Sprechen als soziale Fähigkeit, die es zu pflegen und weiterzuentwickeln gilt.

So gesehen ist Sprache das wichtigste Kommunikationsmittel, da es der Teil ist, der bewusst und deutlich das ausdrückt, was ausgedrückt werden will. Mit anderen Worten: Im Gerechten Sprechen spiegelt Sprache Gedanken, Gefühle, Erlebnisse und gesellschaftliche Verhältnisse. Gleichzeitig bringt Sprache Gedanken, Gefühle, Erlebnisse und gesellschaftliche Verhältnisse hervor.

Durch Sprache werden Wirklichkeiten bestätigt und neue Wirklichkeiten erschaffen.

Das halb leere oder halb volle Wasserglas

Das schon oft zitierte Wasserglas macht in diesem Zusammenhang ganz deutlich: Ein bis zur Hälfte gefülltes Wasserglas wird, wenn es als halb leer beschrieben wird, den Durst weniger löschen, als wenn es als halb voll beschrieben wird.

Diese unterschiedliche Beschreibung der gleichen Wirklichkeit – halb leer oder halb voll – hat eine sofortige Gefühlsreaktion zur Folge: Ich bin noch durstig, oder ich habe meinen Durst gelöscht. Die Annahme, dass Sprache Wirklichkeiten beschreibt und erschafft, macht deutlich, dass es sich lohnt, so zu sprechen, dass die gewollte Wirklichkeit entsteht. Im Rahmen des Gerechten Sprechens bedeutet das, das eine gerechte Wirklichkeit für sich, die weiteren Personen und die umgebenden Verhältnisse sprechend erschaffen wird.

Es gilt das gesprochene Wort

Im Gerechten Sprechen gilt das gesprochene Wort. Es wird gemeint, was gesagt ist, und es wird gesagt, was gemeint ist. Damit verlassen Personen die vermuteten oder hineininterpretierten Momente in Gesprächszusammenhängen und treten ein in die Welt der Sprache, der Begriffe, der Satzkonstruktionen und ihrer Bedeutungen.

Diese Grundannahme hat große Konsequenzen für die gesamte Kommunikation. Die Arbeit, ständig die gehörte Botschaft interpretieren zu wollen, fällt weg und gerecht sprechende Personen erhalten sehr viel Raum und Kraft und Gedankenfreiheit, um sich mit dem auseinanderzusetzen, um das es ihnen geht.

Rückmeldungen sprechen eine deutliche Sprache:

Seminarfeedback

»Ich kann mich nun klarer und pointierter ausdrücken. Ich rede von dem, was ich meine, und meinen die anderen etwas anderes, können wir das ausdiskutieren. Und seitdem ich aufgehört habe, aus jedem Satz, den ich höre, noch ein ganzes Buch herauszuhören, kann ich mich wieder viel besser auf mich verlassen und auf meine Arbeit konzentrieren.«

Es gilt das zugehörte Wort

Im Gerechten Sprechen wird dem zugehört, was gehört wird. Das bedeutet, dass den Geräuschen, Worten, Sätzen, die im Ohr ankommen, zugehört wird. Die empathische Aufmerksamkeit beim Zuhören liegt bei sich selbst als zuhörende Person. So wird die innere Welt erlauscht und die äußere Welt erhört.

Im Ohr des Menschen liegen das Hör- und das Gleichgewichtsorgan. Da das Ohr fortwährend offen ist, hören Menschen ständig. Sie nehmen laufend mit dem Ohr die inneren und äußeren Geräusche wahr. Das Ohr kann, anders als das Auge, vor den Außeneinflüssen nur mit zusätzlichen Hilfsmitteln geschlossen werden. Menschen hören die sie umgebenden Geräusche, Töne, Sprechakte, die als Schallwellen an die Ohren getragen werden. Diese werden dort aufgenommen und als Klopfgeräusche an das Innenohr weitergeleitet. Dabei werden sie zu Wellenbewegungen, die den Hörnerv erregen. Dieser Reiz wird an das Hörzentrum im Gehirn übermittelt und hier hören Menschen zu. Sie unterscheiden zwischen den einzelnen Reizen, filtern das zugehörte Wort aus und hören dem zu. Mit anderen Worten: Menschen hören dem zu, was sie hören. Personen sind sich dieses Vorganges bewusst und haben erkannt, dass das Zugehörte und das Gesagte unterschiedlich sind.

Zuhörend verstehen wollen

Zuhören ist die Entscheidung, das Gehörte aufnehmen zu wollen. Erst diese Entscheidung macht es möglich, das eigene Bewusstsein dahingehend zu öffnen, dass bestimmten Tönen zugehört wird. Im Zuhören wendet sich eine Person mit Aufmerksamkeit dem zu, was sie aus dem Gehörten herausfiltern will. Andere Geräusche legt sie zurück und hört dem, was sie aufnehmen will, mit Konzentration und Aufmerksamkeit zu. Stellen Sie sich vor, Sie sind in einer Musikveranstaltung. Es ist laut, und Sie wollen verstehen, was Ihre Freundin zu sagen hat. Sie konzentrieren sich auf die leiseren Sprechtöne, filtern sie aus den lauten Musikgeräuschen heraus und hören ihrem Sprechen zu. Dieses Zuhören – bestehend aus der Entscheidung zuzuhören, die Aufmerksamkeit gezielt zu bündeln, die gewollten Töne herauszufiltern – ist ein hochkomplexer Akt, eine Tätigkeit, eine Handlung, professionell gesehen ist Zuhören Arbeit.

Die Absicht, mit der zugehört wird, ist von Bedeutung. Wird zum Beispiel zugehört, um die Schwächen und Defizite der sprechenden Person zu verstehen oder wird mit der Absicht zugehört, die Ressourcen und das Können der sprechenden Person zu verstehen – diese beiden Zuhörabsichten ergeben ein vollständig anderes zugehörtes inhaltliches Ergebnis bei der gleichen gesprochenen Nachricht. Hören Sie, als Coach, auf die Einbrüche Ihrer Klientinnen oder auf die Fortschritte und Erfolge hin zu? Hören Sie, als Lehrerin, bei den Antworten der Schüler auf die Fehler oder auf die passenden Anteile der Antworten hin zu? Das gezielte Zuhören der passenden Anteile, der Fortschritte und der Erfolge lässt das Können wachsen, und die Ressourcen Ihrer Klientinnen und Schüler treten deutlicher in Erscheinung.

Zur Verarbeitung des Zugehörten brauchen Menschen das Gedächtnis. Erst das Gedächtnis macht es möglich, das Zugehörte einzuordnen, wieder oder als neue Information zu erkennen, zu vergleichen, infrage zu stellen oder zurückzuweisen. Die sprechende Person schöpft aus ihrem Sein und Gewordensein. Die hörende Person gestaltet ihr Zuhören vor dem Hintergrund ihres eigenen Seins und Gewordenseins.

Da sich auch die innere Welt dem Menschen mitteilt, hören Personen in zwei Richtungen: nach außen und nach innen. Aus der Vielzahl der Geräusche, die sie hören, wählen sie das aus, was sie zuhörend verstehen wollen. Sie hören gleichzeitig das im Außen Gesprochene und das im Innen Erlauschte. Ein Klient beschreibt den Effekt dieser Art des Zuhörens wie folgt:

Effekt des Gerechten Zuhörens

»Seit ich sowohl nach außen bewusst zuhöre und mich meinem Inneren ebenfalls zuhörend widme, bin ich in meiner Mitte. Wenn ich von dort aus denke und handle, kann ich auch in den schwierigsten, stressigsten und komplexesten Situationen spontan und klar reagieren. Ich lasse mir mehr Zeit und gewinne dadurch tatsächlich mehr Zeit.«

Im Ohr liegt neben dem Gehörsinn auch der Gleichgewichtssinn. So stellt die gleiche Gewichtung der inneren und äußeren Geräusche im Zugehörten das innere Gleichgewicht sicher. Diese Zuhörweise bestimmt das eigene Gleichgewicht in sich, mit den weiteren Personen und in den Verhältnissen. Die gleiche Gewichtung verschiedener Zusammenhänge gibt Balance und lässt Gerechtigkeit wachsen. Zuhören bedeutet, das aufzunehmen, was gehört wird, den Inhalt zu hören, die Interpretationen als eigene Zuordnungen zu akzeptieren, das Zugehörte gegebenenfalls infrage zu stellen, nachzufragen und herauszufinden, wo sich tatsächliche Übereinstimmungen, Gegensätze oder sich Widersprechendes befinden. Dann können Gleichheiten und Unterschiede erkannt und Kompromisse gefunden werden.

Konsequenzen der Grundannahmen

Die bisher ausgeführten Grundannahmen sind der Ausgangspunkt der Überlegungen rund um das Gerechte Sprechen. Wenn wir Wirklichkeit mit Sprache benennen und erschaffen, brauchen wir eine Sprache, die der Vielfältigkeit der Realität mindestens standhalten, am besten sie noch ausweiten kann. Wenn das gesprochene Wort gilt, dann werden Ressourcen und Kapazitäten frei, die ansonsten für die eigenen Fantasien, Interpretationen oder ausgesuchten Andeutungen und gegensätzlich gemeinte Botschaften aufgebraucht werden.

Der Begriff des »Sprechens« erhält im Zusammenhang des Gerechten Sprechens eine Bedeutungsvariante, die den alltäglichen Gebrauch erweitern wird. Die Variante umfasst die Bedeutungen von besprechen, aussprechen, ansprechen und wird im Folgenden in diesem Sinn verwendet.

Der Begriff »Zuhören« wird im Gerechten Sprechen unterschieden von dem Begriff »Hören«. Hören ist eine ständig stattfindende Aktivität des Menschen. Zuhören ist eine willentliche Konzentration der Aufmerksamkeit, aus dem Gehörten bestimmten Tönen zuzuhören. Dieser Prozess wird von Personen bewusst kultiviert.

Sprechen und Hören stellen eine Einheit dar. Die zugehörte Frage, die gesprochene Antwort, die zugehörte Antwort, die sich daraus ergebende gesprochene Bemerkung, die zugehörte Bemerkung – das eine geht nur mit dem anderen. Bei jeder Sprechhandlung hört sich die sprechende Person selbst zu.

Im Gerechten Sprechen wird dem gehörten Wort zugehört. Die Interpretationen, die spontan und schnell geschehen, werden als Quelle für das Verstehen, die Irritation, das Einordnen und das Nachfragen genutzt. Wenn so zugehört wird, wird Zuhören wieder zu dem, was es ist: eine hoch differenzierte Möglichkeit, in der Personen sich selbst verstehen, in der Personen sich mitteilen und gegenseitig verstehen. Die Wahrnehmung über das Ohr wird wesentlich gefördert und geschärft. Zur Überprüfung kann das Zugehörte nachgefragt werden. So gilt mehr und mehr das gesprochene Wort.

Die empathische Aufmerksamkeit jeder Person ist sowohl beim Sprechen als auch beim Zuhören bei sich selbst. Im Gehirn wird zuerst der inhaltliche Sinn des Zugehörten entschlüsselt. Dabei wird das zugehörte Wort verstanden, durch das Gedächtnis erkannt und eingeordnet. Erst dann wird der Ton, werden Rhythmus, Klang, Melodie, Lautstärke interpretiert. Dies geschieht wiederum auf den Grundlagen des Gedächtnisses, des Wissens und der Erfahrung der zuhörenden Person.

In einer so gestalteten hochkomplexen Wechselwirkung entstehen Gespräche, Dialoge, sprechende Begegnungen, die ein gegenseitiges Verstehen und Verstandenwerden und damit ein ausgewogenes Machtverhältnis ermöglichen.

Die durch Gerechtes Sprechen freigewordenen Ressourcen und Kapazitäten lassen sich um einiges lustvoller und ertragreicher für gewollte Lebenszusammenhänge nutzen.

Wieder gut schlafen können

Seitdem ich darauf verzichte, mich auch noch in der Nacht mit eventuellen Rückmeldungen oder Gedanken meiner Klienten zu beschäftigen, kann ich endlich wieder gut schlafen. Nun bin ich ausgeruht und beschäftige meine Gedanken damit, mir weitere Angebote auszudenken. Es ist ein sehr gutes Gefühl, wieder in der eigenen Kraft zu sein. Auch meine Klienten sind wieder zufriedener mit mir.

Gerechtes Sprechen ist unterteilt in mehrere Bereiche des Sprechens und Zuhörens, die der Erschaffung der Wirklichkeiten in den verschiedensten Zusammenhängen gerecht werden wollen und in denen es sich wahrlich lohnt, das zu sagen, was gemeint ist, und dem zuzuhören, was gehört wird. Die vielfältigen Entscheidungen und die verschiedenen Rhythmen werden in ihrem Wollensystem erarbeitet. So werden die Gefühle, die Situationen und Verantwortungen wieder in ihren Anwesenheiten zur Kenntnis genommen und gesprochen. Und alles, was die Welt in ihrer Verschiedenheit zeigt, wird benannt. Doch dazu mehr im nächsten Kapitel.

Gerechtes Sprechen – Den Überblick gewinnen

Sprache und Sprechen

Menschen erschließen sich mehr und mehr Entscheidungskompetenzen in dem Prozess, in dem sie zu einer Persönlichkeit heranreifen. Dieser Prozess heißt im Gerechten Sprechen: Gewordensein zur Person. Als Personen nutzen und gestalten Menschen diese Entscheidungskompetenzen. Sie entscheiden sich zwischen den zur Verfügung gestellten und den von ihnen ersehnten Wirklichkeiten und treffen eine Wahl. Aus den benannten und erschaffenen Zusammenhängen, Situationen und Begebenheiten wählen sie die ihnen passende aus und entwerfen sie neu, indem sie sprechen. Es ist ein fortlaufender Prozess, in dem Menschen sich selbst angesichts der sie umgebenden Verhältnisse zu Personen entwerfen. Dieser Prozess spiegelt sich im Gewordensein des Menschen wider und findet im Gerechten Sprechen Ausdruck.

Bei diesem Prozess spielen Zeit, Rhythmus, Gefühle, Empfindungen und Verantwortungen eine große Rolle.

Zeit und verschiedenste Rhythmen begleiten menschliches Leben. Es gibt die allgemeingültige Zeit, die für alle gleich verläuft, und die individuelle Zeit, in der es Begriffe wie »jetzt« und »gestern« und »heute« gibt. Die verschiedenen Zeitrhythmen und die individuellen Rhythmen werden sprachlich gefasst. Langsamkeit und Schnelligkeit sind zwei Rhythmen desselben Augenblicks. Diesem Paradox wird im Gerechten Sprechen Rechnung getragen.

Menschen haben Gefühle und die Fähigkeit zu denken. Gefühle sind Bewertungen von Erlebnissen, Wahrgenommenem, Gehörtem, die durch die Fähigkeit des Denkens analysiert, reflektiert und in einen Zusammenhang gebracht werden. Durch die innere oder äußere sprachliche Verarbeitung entstehen Erfahrungen. Im Gerechten Sprechen werden die Gefühle, die tatsächlich anwesend sind, angesprochen, ausgesprochen, mit einem Wort: gesprochen. So entsteht eine Erfahrung, die authentisch genannt werden kann.

Personen erzählen im Alltag ihr Leben in von ihnen ausgewählten Szenen. Diese verschiedenen Situationen gilt es, in den jeweiligen Einzelsequenzen zu kennen und zu sprechen. Eine in ihren Einzelheiten gesprochene Situation, Frage, Angelegenheit oder Liebesgeschichte kann in allen Facetten genossen und zu einem Ganzen werden, das in sich zusammenpasst.

In der beratenden und lehrenden Situation geht es darum, diese ausgewählten Szenen von den Personen erzählt zu bekommen, sie zu erkennen und in ihren Facetten zuhörend zu verstehen. Die Aufmerksamkeit liegt beim Zuhören auf den gelungenen Anteilen, die in jeder Erzählung enthalten sind. Hier sind die Ressourcen, Potenziale und Möglichkeiten verborgen, denen es nachzuhören lohnt und die die Basis sind für jede weitere Entwicklung.

Als Personen übernehmen Menschen Verantwortung für ihr eigenes Leben, in beruflichen Kontexten und für private Zusammenhänge. Diese Verantwortung gilt es mit einer klaren Ich-Identität und orientiert an der Faktenlage zu gestalten. In beratenden und lehrenden Momenten geht es sowohl darum, die notwendige Stärkung der Ich-Identität zu gestalten, als auch die Faktenlage, die Sache, die Situation gekonnt zu vertiefen und die gewollte Zukunft zu planen und zu ermöglichen.

Menschen sind unterschiedlich und reflektieren als Personen das eigene Anderssein und das der anderen. Im Gerechten Sprechen trägt eine differenzierte Sprache dem jeweils Eigenen Rechnung und lässt das Eigene der anderen benennend zu.

Worte und Begriffe haben bestimmte und zugeteilte Bedeutungen. Da Sprache Wirklichkeiten benennt und erschafft, ist das stimmige Nutzen von Worten und Begriffen von großer Bedeutung. Erst das passende Wort benennt die wahrgenommene und erschafft die gewollte Wirklichkeit.

Gerechtes Sprechen ist unterteilt in drei Bereiche, denen verschiedene Schwerpunkte zugeordnet sind. Die Bereiche sind: Entscheidungssprache, Anwesende Sprache und Benennende Sprache. Die dazu geordneten Schwerpunkte lauten: Entscheidungsgerechtes und Rhythmusgerechtes Sprechen, Gefühlsgerechtes, Situationsgerechtes und Verantwortungsgerechtes Sprechen, Kulturgerechtes,

Geschlechtergerechtes, Lebensformgerechtes und Begriffsgerechtes Sprechen. Die Grafik auf Seite 25 bietet Ihnen einen Überblick.

Hören und Zuhören

Die sprechende Person hört sich im Gerechten Sprechen selbst zu. Anstatt beim Sprechakt die Aufmerksamkeit nach außen auf die zuhörende Person zu richten, bleibt die Aufmerksamkeit bei sich selbst. Sprechend und zuhörend entdecken und verstehen sich Personen mehr und mehr, schöpfen dabei aus dem Untergewussten und können erkennen, wie reichhaltig ihr Wissen und Können sind.

Effekt des Gerechten Zuhörens

Eine Lehrerin machte folgende Erfahrung mit dem Sich-Selbst-Zuhören beim Unterrichten: »Seitdem ich mir im Unterricht selbst zuhöre, können mir meine Schülerinnen besser folgen, und ich bewältige mit ihnen den vielen Lernstoff in der oft zu knappen Zeit, die uns dafür zur Verfügung gestellt wird.«

Hier eröffnet sich eine andere Art des Zuhörens. Anstatt sich beim Zuhören auf die sprechende Person zu konzentrieren und die Aufmerksamkeit nach außen zu verlagern, liegen die Konzentration und die Aufmerksamkeit der sprechenden und der zuhörenden Person bei sich selbst und bei dem, was ankommt, was gehört wird. Es wird dem Gehörten zugehört, um das gesprochene Wort zu verstehen. Personen hören sowohl beim Sprechen als auch beim Zuhören in sich hinein, um zu verstehen.

So liegt die empathische Aufmerksamkeit beim Zuhören bei sich selbst, denn aufbauend auf den eigenen Zuhörprozess hören Personen den gehörten Wörtern, Begriffen und Satzkonstruktionen in sich zu. Zuhören ist ein aktiver Prozess, den Personen lernen und weiterentwickeln können.

Verarbeitung, Aufbereitung und Vorbereitung von Zusammenhängen finden – unterstützt durch Gefühle, Seinsweisen und Erfahrungen – in inneren Gesprächen und Selbstgesprächen statt. Diesen hören Personen im Gerechten Sprechen zu und choreografieren sie so, dass sie der weiteren Gestaltung der Situationen dienlich sind.

Auch Gerechtes Hören ist in drei Bereiche unterteilt: Empathisches Zuhören, Sich-selbst-Zuhören, Inneres Zuhören. Innerhalb dieser Bereiche werden die verschiedenen Dimensionen von Hören und Zuhören erläutert.

Philosophisch-ethische Grundannahmen

Die philosophisch-ethischen Grundannahmen verankern das Kommunikationsmodell Gerechtes Sprechen und geben ihm die Basis, auf der es sich entfalten kann. Das Menschenbild und die Gedanken rund um Gerechtigkeit zeigen, dass Gerechtes Sprechen in der humanistischen Tradition verankert ist, in der es auf der Grundlage des freien Willens um das Werden des Menschen in einer redlichen, ehrlichen Gesellschaft geht.

Treten Sie nun ein in die Fülle der sprachlichen und zuhörenden Möglichkeiten, entdecken Sie diese andere Dimension sprechenden und zuhörenden Vergnügens und leisten Sie sich die Zeit und den Aufwand, sprechend und zuhörend die Wirklichkeiten zu erschaffen, die Sie für sich und für die anderen auch tatsächlich meinen.

Die nebenstehende Systematik des Gerechten Sprechens finden Sie auch bei den Downloadmaterialien.

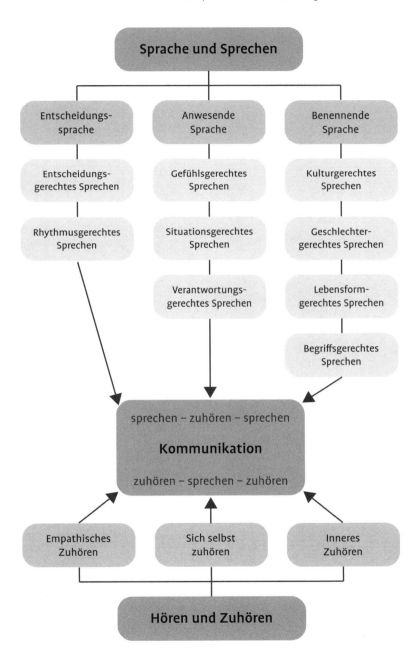

Gerechtes Sprechen in drei Dimensionen

—— Teil 02

In den vergangenen Jahren haben wir Gerechtes Sprechen weiterentwickelt und verschiedene Tools herausgearbeitet, mit denen Gerechtes Sprechen in der Arbeit mit Menschen zum Einsatz gebracht werden kann. In diesem Kapitel stellen wir Ihnen diese neuen Tools vor und machen sie für Ihre Praxis umsetzbar.

Tauchen Sie zuerst ein in die Dimension der Vergangenheit. Entdecken Sie mit der Gerechten Erinnerungsarbeit, wie Sie Ihre eigenen Erinnerungen und die Ihrer Klientinnen so gestalten können, dass eine durch und durch ressourcenorientierte Vergangenheit erzählt werden kann.

Beschreiten Sie dann die Dimension der Gegenwart. Mit dem Strategischen Sprechen entdecken Sie, wie Sie die Gegenwart sprechend in einem gelungenen Mix aus Beziehung, Sache, Gefühle, Abstraktion, philosophischer und psychologischer Tiefe gestalten können.

Eröffnen Sie sich nun die Dimension der Zukunft. Dann haben Sie die Möglichkeit, strategisch Ziele zu erreichen sowie ihre Zukunft und die Ihrer Klienten entlang der gelungenen Entscheidungen gezielt zu erarbeiten.

Tauchen Sie ein in die Kapitel:

o Vergangenheit – Gerechte Erinnerungsarbeit
o Gegenwart – Strategisches Sprechen
o Zukunft – Strategisch Ziele erreichen

Vergangenheit – Gerechte Erinnerungsarbeit

In trauter Runde erzählen Personen einander ihre Erinnerungen. Sie tauschen sich über ihr Leben aus, indem sie von dem erzählen, was sie in ihrem Leben bewegt haben und von welchen Personen und Zusammenhängen sie sich haben inspirieren lassen. Das nennen wir Erinnerungen. Alles, was vor der Gegenwart geschehen ist und im Gedächtnis bleibt, sind Erinnerungen.

In der Gerechten Erinnerungsarbeit geht es um die Erinnerungen, die Personen näher anschauen, bearbeiten, verändern, für die Gegenwart und die Zukunft gezielt nutzbar machen wollen. Das können die eigenen Erinnerungen sein oder die Erinnerungen anderer Personen, mit denen beratend, therapeutisch, lehrend, begleitend, supervisorisch oder oder oder … gearbeitet wird. Die Gerechte Erinnerungsarbeit ist auf dem Gerechten Sprechen aufgebaut, nutzt dessen Grundlagen und Annahmen und folgt der Struktur dieses Kommunikationsmodells.

»Gefährliche« Erinnerungen

Die radikale Ressourcenorientierung, die dem Gerechten Sprechen zugrunde liegt, wird hier für personale und kollektive Erinnerungen anwendbar gemacht. Bei all diesen Erinnerungen handelt es sich um »gefährliche« Erinnerungen. Denn wenn Erinnerungen am Können, an den Möglichkeiten, den Ressourcen und den Wunderbarkeiten entlang erzählt werden, erschaffen sich so erzählende Personen eine Vergangenheit, mit der sie sich einen sicheren Boden bauen, auf dem sie durch die Gegenwart und die Zukunft leichtfüßig schreiten können. Wie ein strahlender Blitz beleuchten wir mit diesen Erinnerungen die Gegenwart und sie werden dazu genutzt, eben diese Gegenwart infrage zu stellen. Diese Form von Erinnerungen kann dafür eingesetzt werden, das Verlangen nach Veränderung zu schüren. Die Erinnerungen dienen als Grundlage dafür, den Alltag für sich, in Bezug zu den anderen und der Welt gerechter einzurichten.

Literaturtipps

Wer die »gefährlichen« Erinnerungen philosophisch ausleuchten möchte, kann dies machen mit dem Buch »Der eindimensionale Mensch. Studien zur Ideologie der fortgeschrittenen Industriegesellschaften« von Herbert Marcuse, das 2005 in 5. Auflage erschienen ist.

Wer an den theologischen Dimensionen interessiert ist, wendet sich dem 1997 erschienenen Buch »Zum Begriff der neuen Politischen Theologie: 1967–1997« von Johann Baptist Metz zu.

Gefährlich sind diese Erinnerungen auch, weil Personen sich als definitionsmächtig und entscheidungsrelevant verstehen. Sie erkennen in ihren eigenen Geschichten das Potenzial, welches sie aus ihrem Leben gemacht haben. Sie übernehmen Verantwortung für sich in der Vergangenheit, Gegenwart und Zukunft. Solche Personen wollen das eigene Leben selbstbestimmt entwerfen und sich einmischen in die Belange des gemeinsamen Lebens, überall dort, wo sie es für richtig halten. Die eigene Geschichte als eine Reihe gefährlicher Erinnerungen zu erzählen lässt Personen sich selbst wieder ganz neu entdecken. Vor einem solchen Lebenshintergrund können weitere Potenziale, Möglichkeiten und Chancen in der Gegenwart und für die Zukunft entdeckt werden.

Zudem kann diese Form der Erinnerung gefährlich genannt werden, weil die Verantwortung für die Erinnerung vollumfänglich bei der erinnernden Person beheimatet ist. Denn allein die Art und Weise wie Erinnerungen gestaltet werden, macht es aus, ob eine erinnerte Erfahrung zum Beispiel zu einem Trauma wird. Jede noch so gefährliche Situation kann entlang der Zusammenhänge erinnert werden, die es ausmachen und möglich gemacht haben, dass es die erinnernde Person noch gibt. Wenn Erinnerung an diesen manchmal auch kleinsten erfolgreichen Schritten entlang gestaltet wird, gibt es nur gewollte und damit »gefährliche« Erinnerungen. Gerechte Erinnerungsarbeit macht genau solche Erinnerungen möglich.

Literaturtipp

Passend dazu schildert Ron Eyerman in seinem Buch »Cultural Trauma. Slavers and the Formation of African-American Identity« (2002) welche Bedeutung die öffentliche Erzählung auch durch die Massenmedien hat und die Wahrnehmung und das Erleben der eigenen Geschichte beeinflussen. Gewöhnen wir uns an, gesellschaftlich traumatische Ereignisse als zu bewältigende Zusammenhänge zu beschreiben, werden sowohl die gesellschaftlichen als auch die individuellen Kräfte mobilisiert.

Gerechte Erinnerungsarbeit folgt einer Systematik, die sich auf der Grundlage des Gerechten Sprechens an Worten und Begriffen orientiert. Damit werden Erinnerungen auseinandergesprochen und damit in einzelnen Szenen erkannt, um sie anschließend neu zusammenzusetzen. Die erinnernde Person ist Expertin ihrer Erinnerung. Die zuhörende Person, der Coach, die Therapeutin oder eine sonstige beratende Person konzentriert ihr Zuhören ganz auf die gehörten Worte und Begriffe. Auf ein vollumfängliches Verstehen der Geschichte kann verzichtet werden. Mit dem Fünf-Phasen-Modell werden gemachte Erfahrungen erinnert, auseinandergesprochen, erkannt, neu geschaffen und verinnerlicht.

Das Fünf-Phasen-Modell

Im Folgenden zeigen wir Ihnen das Fünf-Phasen-Modell auf. Mit diesem Modell haben wir in den vergangenen Jahren sehr gute Erfahrungen gemacht. Auch die ausgebildeten Ressourcenberaterinnen sind mit ihren doch sehr verschiedenen Klienten damit erfolgreich unterwegs.

Den folgenden Überblick über dieses Modell bieten wir Ihnen auch als Download an, so haben Sie die Möglichkeit das Fünf-Phasen-Modell direkt mit Ihren Klienten umzusetzen.

Das Fünf-Phasen-Modell – *Ein Überblick*

Erinnern

Die Erinnerung wird aufgeschrieben. Dafür gibt es zehn Minuten Zeit. Oder diese Verschriftlichung wird als Hausaufgabe gegeben. Die Erinnerung wird in der dritten Person erzählt und der Protagonistin wird ein Name geben.

Die Erinnerungen werden vorgelesen. Die lesende Person hört sich selbst beim Lesen zu.

Die beratende Person hört anhand des Zuhörrasters zu. Sie macht sich gegebenenfalls Notizen.

Auseinandersprechen

Die Abwesenheiten werden nachgefragt. Die Handlungsfolge miteinander angeschaut und die Ressourcen werden zurückgemeldet.

Erkennen

Denkmuster und Bewertungszusammenhänge werden erkannt und analysiert.

Neu erschaffen

Aufgrund der Ergebnisse wird die Erinnerung neu geschrieben. Vielleicht wird darauf aufbauend ein anderes Denkmuster oder ein neuer Bewertungszusammenhang notwendig. Diese werden dann entwickelt.

Verinnerlichen

In den kommenden vier Wochen wird diese neue Erinnerung regelmäßig gelesen und erzählt. Bei neuen Denkmustern und Bewertungszusammenhang werden diese regelmäßig erinnert. Mindestens jedes Mal, wenn die Erinnerung gelesen wird.

Erkenntnisse daraus werden notiert und reflektiert.

Das Fünf-Phasen-Modell – konkret

Im Folgenden erläutern wir Ihnen das Setting und das Vorgehen in den fünf Phasen der Gerechten Erinnerungsarbeit, geben Hinweise und stellen die verschiedenen Tools vor, die dabei zur Anwendung kommen. Ein konkretes Beispiel rundet das Ganze dann ab.

Setting und Vorgehen

Anwendungssetting

Mit dem Fünf-Phasen-Modell »Gerechte Erinnerungsarbeit« können Sie sowohl Ihre eigenen Erinnerungen als auch die Ihrer Klienten neu erinnern. Es ist im Einzelsetting und in einem Gruppensetting anwendbar. Ebenso kann mit einem Team eine gemeinsame, die Zusammenarbeit behindernde Erinnerung neu erinnert werden.

Erinnern

Die Erinnerung wird aufgeschrieben. Dafür erhalten die Teilnehmenden zehn Minuten Zeit. Oder diese Verschriftlichung wird als Hausaufgabe gegeben. Die Erinnerung wird in der dritten Person erzählt und der Protagonistin wird ein Name geben.
Die schriftliche Erinnerung ist wichtig, da sie die Grundlage für die neuformulierte Erinnerung ist. Das Umschreiben kann nur dann gemacht werden, wenn ein erster Text vorliegt. Bei geübten Erinnerungsarbeitenden wird es möglich, auf die mündliche Erzählung zu wechseln, da sie trainiert sind in der Veränderung ihrer Erinnerungen in ihrem Gedächtnis. Das Gleiche gilt für das Schreiben in der dritten Person. Auch darauf kann bei geübten Erinnerungsarbeitenden verzichtet werden.

Vorlesen

Dann werden die Erinnerungen vorgelesen. Die vorlesende Person bekommt den Auftrag, sich selbst beim Lesen zuzuhören.

Zuhören

Die beratende Person hört anhand des Zuhörrasters zu. Sie machen sich gegebenenfalls Notizen.

Rückmeldung

Entlang des Zuhörrasters werden gehörte Ressourcen, Möglichkeiten und Gefühle rückgemeldet und besprochen. So kann die Perspektive auf die Erinnerung verändert werden.

Erinnerung umschreiben

Die Erinnerung wird nun so geschrieben, wie sie auch erinnert werden kann: entlang der eigenen Perspektive, der eigenen Gefühle und Handlungen.

Gerechte Erinnerungsarbeit – das Zuhörraster

Hier nun das Zuhörraster, das Sie für diese Arbeit verwenden können. Es steht Ihnen als Download zur Verfügung.

Das Zuhörraster der Gerechten Erinnerungsarbeit						
....						
(Name der erinnernden Person)						
Gefühle der erinnernden Person – Gefühlswörter zuhören		Handlungen der erinnernden Person – Verben zuhören			Ressourcen der erinnernden Person – Selbstbeschreibungen zuhören	
anwesend	abwesend	anwesend	abwesend	Zwangs-begriffe	gehört	heraus-gehört
....	....	....	....	....	....	....

Die drei Spalten des Zuhörrasters: In der ersten Spalte »Gefühle der erinnernden Person« werden die Gefühlswörter notiert. Es wird zugehört, welche Begriffe verwendet werden, also anwesend sind, und welche abwesend gesprochen werden wie zum Beispiel »unglücklich« oder »hoffnungslos«. Mehr Informationen zu anwesenden und abwesenden Gefühlswörtern finden Sie ab Seite 139 unter »Gefühlsgerechtes Sprechen«.

Das Gleiche gilt für die »Handlungen der erinnernden Person«: Auch hier achtet der Zuhörende auf die anwesenden und abwesenden Begriffe. Zudem geht es hier vor allem um Zwangsbegriffe »müssen« und »sollen«. Es wird auf Verben hin zu gehört. Diese werden notiert.

In der dritten Spalte werden die »Ressourcen der erinnernden Person« beachtet. Welche werden herausgehört und welche klar ausgesprochen? Es wird auf Selbstbeschreibungen hin zu gehört.

Hinweis: Es ist wichtig, dass Sie beim Zuhören darauf verzichten, die Geschichte verstehen zu wollen. Manche Erinnerungen sind hoch komplex und als Geschichte für Zuhörende recht verworren. Doch die erinnernde Person findet sich darin zurecht. Und nur sie ist dafür zuständig, sich darin zurechtzufinden. Hören Sie mitten in Ihrem Kopf zu, da wo Zuhören stattfindet. Konzentrieren Sie sich dabei ganz auf Ihre zuhörende Wahrnehmung.

Notizen: Schreiben Sie genau das auf, was Sie gehört haben. Und kennzeichnen Sie die Begriffe, die Sie selbst dazu genommen haben.

Beispiele: Anhand von zwei Beispielen wird das bisherige und weitere Vorgehen verdeutlicht. Beginnen wir mit einer noch recht frischen Erinnerung von Tim.

Die Erinnerung von Tim

Markus, Renate und Tim arbeiten zusammen in einem Büro. Sie sind alle Sachbearbeiter in der gleichen Firma. Aber Markus muss immer alles korrigieren und mischt sich damit in die Arbeit der anderen mit ein. So greift er sich eines Tages ein Formular von Tim und betrachtet es kritisch. Dabei macht er murrende Geräusche. Tim ist sprachlos und unsicher und muss die Augen schließen. Markus sagt, dass gar nicht richtig zu erkennen sei, ob da nun ein »Ja« oder ein »Nein« angekreuzt ist. Tim muss den Kopf einziehen. Renate springt auf, reißt Markus das Formular aus der Hand und schreit: »Lass Tim in Ruhe und mach deinen eigenen Job.«

Das Zuhörraster der Gerechten Erinnerungsarbeit

Tim

Gefühle der erinnernden Person – Gefühlswörter zuhören		Handlungen der erinnernden Person – Verben zuhören			Ressourcen der erinnernden Person – Selbstbeschreibungen zuhören	
anwesend	abwesend	anwesend	abwesend	Zwangsbegriffe	gehört	herausgehört
	unsicher	schließen einziehen	sprachlos	muss Augen schließen muss Kopf einziehen		

Auseinandersprechen

Als Erstes lohnt es sich, zu erfragen, wie die erinnernde Person das Vorlesen ihrer Erinnerung erlebt hat. Die Abwesenheiten werden nachgefragt. Die Handlungsfolge wird miteinander angeschaut und die Ressourcen werden zurückgemeldet. Darauf aufbauend wird die Erinnerung nun von sich her und in Eigenverantwortung formuliert. Das wird wieder auseinandergesprochen und auf die genutzten Strategien hin zugespitzt.

Bleiben wir beim Beispiel von Tim. Hier lohnen sich folgende Fragen, um den Abwesenheiten auf die Spur zu kommen:
o Was warst du, als du ohne Sprache warst?
o Was hast du gefühlt, wenn du keine Sicherheit gefühlt hast?

Zwangsbegriffe werden in die Verantwortung gerückt:
o Wer war dafür verantwortlich, dass du die Augen geschlossen hast?
o Und wer war dafür verantwortlich, dass du den Kopf eingezogen hast?

Handlungsfolge wird spezifiziert:
o Welches Ziel wolltest du mit den geschlossenen Augen erreichen?
o Was hat dir so gut daran gefallen, den Kopf einzuziehen?

Lesen wir einige Antworten von Tim: Ich habe mich total erschreckt und ich hatte Angst. Zudem ist es doch jedes Mal dasselbe, deshalb schweige ich lieber. Denn wenn ich schweige, ist es schneller vorbei. Ich habe selbstverständlich die Verantwortung für das Schließen meiner Augen und das Einziehen meines Kopfes. So schütze ich mich am besten. Und Markus sieht mein Gesicht nicht und ich kann ihm meine Verachtung wenigstens mit meiner Mimik ausdrücken.

Jetzt haben wir die erste Erinnerung aus der Perspektive von Tim. Vorher hatten wir eine Erinnerung von Tim an Markus und Regina. Damit hat Tim die Perspektive seiner Erinnerung verändert. Nun schaut er von sich aus auf sich und seine Handlungen, Gefühle und Strategien. Jetzt hat er seine Erinnerung erinnert.

Gehört haben wir nun folgende Strategien von Tim:

o Schutzstrategien: Angst, Schweigen, Augenschließen, Kopf einziehen
o Widerstandsstrategien: verziehen der Mimik

Nun lohnt es sich die umgesetzten Strategien auch als gewählte Strategien zu erinnern.

Erkennen

Denkmuster und Bewertungszusammenhänge werden erkannt und analysiert. Bei Tim können wir folgendes Denkmuster erkennen: Es ist wichtig, dass ich mich schütze. Nur so kann ich Widerstand leisten. Bewertungszusammenhang: Ich kann andere aushalten.

Neu erschaffen

Aufgrund der Ergebnisse wird die Erinnerung neu geschrieben. Vielleicht wird darauf aufbauend ein neues Denkmuster oder ein anderer Bewertungszusammenhang notwendig. Diese werden entwickelt.

Die Erinnerung von Tim klingt nun so: Ich bin Sachbearbeiter in einer großen Firma. Die Arbeit macht mir Spaß. Ich habe zwei Kollegen: Renate und Markus. Mit Renate verstehe ich mich gut. Nur Markus finde ich anstrengend. Ich bin zuständig für das Erstellen von Kontrollabläufen und deren Auswertung. Letzte Woche hat sich Markus über eines meiner Formulare aufgeregt. Ich habe mich ruhig verhalten und dazu geschwiegen. Dann habe ich mich abgewandt, den Kopf eingezogen und meine Verachtung heimlich durch meine Mimik ausgedrückt. Das Tolle war, dass ich mit meinem Verhalten Regina dazu angestachelt habe, sich für mich einzusetzen. Darüber habe ich mich sehr gefreut. Und jetzt will ich andere Strategien lernen, um mich besser zu positionieren.

Neues Denkmuster: Ich kann mich positionieren und schützen.
Bewertungszusammenhang: Ich kann andere aushalten und konfrontiere mich damit.

Verinnerlichen

In den kommenden vier Wochen wird diese neue Erinnerung wieder und wieder gelesen und erzählt. Bei neuen Denkmustern und Bewertungszusammenhang ist es wichtig, diese regelmäßig in die Erinnerung zu rufen. Und das geschieht mindestens jedes Mal, wenn die Erinnerung gelesen wird. Erkenntnisse daraus werden notiert und reflektiert.

Mit dieser in Eigenverantwortung erzählten Erinnerung wird es für Tim möglich, andere Strategien zu erarbeiten, wie er mit Markus umgehen kann. Eines weiß er so sicher: Er verfügt über eine funktionierende Strategie, die gut erprobt ist und die er sofort einsetzen kann. Mit dieser Tatsache im Hintergrund wird es leicht, neue und andere Strategien auszuprobieren und sich dann damit zu positionieren.

Tim fand für sich folgende erfolgreiche Strategie: Ich bleibe ruhig und schweige. Ich schaue Markus an und lächle. Ich nehme das Blatt zu mir und setze mich damit wieder an meinen Schreibtisch. Ich sage: Kümmere dich um deinen eigenen Kram. Das hat Tim bei der nächsten und nächsten und nächsten Situation mit Markus gemacht. Nun hat Tim seine Ruhe, denn Markus hält sich aus seinen Sachen heraus.

 Ein weiteres Beispiel für den Einsatz des Zuhörrasters der Gerechten Erinnerungsarbeit finden Sie bei den Downloadmaterialien.

Die Hintergründe der Gerechten Erinnerungsarbeit

Die Hintergründe bestehen aus verschiedenen Grundlagen des Gerechten Sprechens und den dazugehörigen philosophisch-ethischen Grundannahmen. Die Schwerpunkte des Gerechten Sprechens, die für die Gerechte Erinnerungsarbeit von Bedeutung sind, und die

Grundannahmen sind hier nur stichpunktartig aufgeführt. Im weiteren Verlauf dieses Buches werden diese verdeutlicht und vertieft.

Grundlagen des Gerechten Sprechens

Grundannahmen
- Es gilt das gesprochene und zugehörte Wort.
- Sprache benennt und erschafft Wirklichkeiten.
- Es wird gesagt, was gemeint ist und gemeint, was gesagt wird.
- Sprechen und Zuhören sind soziale Fähigkeiten.
- Es gilt die absolute Ressourcenorientierung.

Gerechtes Sprechen
- Anwesende Sprache: Gefühls-, Situations- und Verantwortungsgerechtes Sprechen
- Entscheidungssprache: Entscheidungs- und Rhythmusgerechtes Sprechen
- Benennende Sprache: Kultur-, Geschlechter-, Lebensform- Begriffsgerechtes Sprechen

Gerechtes Zuhören
- Sich-Selbst-Zuhören
- Inneres Zuhören
- Emphatisches Zuhören

Philosophisch-ethischen Grundannahmen
- Vom Mensch zur Person
- Gewordensein
- Der freie Wille und das eigene Gedächtnis
- Bewusstsein – Untergewusstsein –Unterbewusstsein
- Verhalten und Handlungen
- Personen und ihre Ressourcen
- Bewerten und Bewertungszusammenhänge
- Gerechtigkeit und gerechte Verhältnisse

Wenn Sie mit der Gerechten Erinnerungsarbeit arbeiten wollen, ist das Vertiefen dieser Schwerpunkte wesentlich.

Drei Perspektiven der Erinnerungen

Die folgenden drei Perspektiven bilden den Hintergrund für das Zuhörraster, mit dem Erinnerungen auseinandergesprochen und in ihrer Tiefe erkannt werden.

Ressourcenorientierung: In jedem Erlebnis gibt es Ressourcen, die die eigene Persönlichkeit ausmachen. Diese werden entdeckt, erzählt und weiterentwickelt. Erfolge, Glückmomente, Scheitern und Niederlagen werden so erzählt, analysiert und aufgebaut, dass das eigene Können, die darin genutzte Handlungsfähigkeit, die gelebte Definitionsmacht erkannt werden. Personen entwerfen sich damit zu der sich selbst Erlaubnis gebenden Instanz.

Es geht um die Ressourcen der erinnernden Person. Einerseits wird auf die klar formulierten Ressourcen hin zugehört. Andererseits wird darauf geachtet, welche Ressourcen aus den gewählten Formulierungen heraushörbar sind. Es wird auf Selbstbeschreibungen hin zu gehört.

Gefühlsstrategien: Die Spontangefühle und Gefühlsstrategien werden in den Erinnerungen herausgearbeitet. Zudem werden die Gefühle wiedererkannt, die die Erfolgsseiten der Erinnerung begleitet haben. Es geht insgesamt darum, die eigenen Gefühlslandschaften besser zu erkennen, sie gezielt zu nutzen, einzelne oder mehrere Gefühle größer oder kleiner werden zu lassen und das Hineinsteigern in die Gefühlswelten als Kompetenz wahrzunehmen. Die Gefühlsensembles können eigenverantwortlich für sich selbst, die jeweilige Begegnung und für die Situation optimal genutzt werden. So werden Gefühlsstrategien entwickelt, und gelernt, sie zu nutzen.

Die Gefühle der erinnernden Person sind im Zentrum der Aufmerksamkeit. Es lohnt sich, diese sowohl in den anwesenden als auch abwesenden Formulierungen herauszuhören. Es wird auf Gefühlswörter geachtet.

Handlungsstrukturen: Die Erinnerungen werden auf ihre Handlungsstrukturen hin untersucht. Diese werden durchleuchtet und bewertet. Darauf aufbauend werden die Handlungsstrukturen bestätigt, angepasst, verändert oder erneuert. Es geht einzig und allein um die Handlungen der erinnernden Person. Auch hier ist es wichtig, sowohl auf die anwesenden als auch abwesenden Formulierungen hin zuzuhören. Verben und Zwangsbegriffe stehen im Fokus.

Auseinandersprechen und Erkennen

Entlang der Perspektiven werden Denkmuster und Bewertungszusammenhänge auseinandergesprochen und erkannt. Diese gilt es, gezielt zu verändern, denn sie sind die Grundlage, auf der Personen ihr Leben gestalten. So werden die Erinnerungen nochmals durchdacht und im Untergewusstsein neu erschaffen. Es wird ebenfalls möglich, die eigenen Erinnerungen als gewollte Erinnerungen zu entwerfen. So angepasst sind Erinnerungen jeder Art für die Gestaltung der Gegenwart und der Zukunft brauchbar, verlässlich, Erfolg versprechend, genussvoll und wirkungsrelevant.

Denkmuster: Eingespielte Denkmuster werden von Personen als Sicherheit eingesetzt. Sie stellen jedoch auch enge Grenzen dar. Wenn Personen sich Denkmuster aufgrund von Erfahrungen, Wissen, Kompetenzen erarbeiten, ist es sinnvoll, diese regelmäßig zu kontrollieren, zu hinterfragen und anzupassen. Hierbei geht es auch und vielleicht sogar ganz besonders um die Denkmuster, die tief im Untergewusstsein verborgen sind. Personen grenzen sich mit eingeschliffenen Denkmustern ein und verweigern sich damit selbst die Möglichkeit zur Veränderung.

Bewertungszusammenhänge: Die im Laufe des Gewordenseins entwickelten Bewertungszusammenhänge dienen der Einordnung und dem Verstehen der Welt. Einerseits erleichtern sich Personen mit diesen Bewertungszusammenhängen das Leben. Andererseits legen sie damit oftmals zu enge Weichen, in denen das eigene Leben gestaltet wird. Auch hier lohnt es sich, diese Bewertungszusammenhänge kennenzulernen, sie auseinanderzusprechen und so zu gestalten, dass die eigene Geschichte und das aktuelle und kommende Leben selbstverantwortlich und als Weg im Glück gestaltet werden.

Zusammenfassung

Die beiden Geschichten von Tim und Claudia dienen Ihnen hoffentlich zum vertieften Verstehen der Gerechten Erinnerungsarbeit. Es ist deutlich geworden, dass es ausreicht, sich als Coach, Beraterin oder Trainer auf die wesentlichen Begriffe einer Erzählung zu konzentrieren. Diese dann nachzufragen regt die Klientin und den Klienten dazu an, die eigenen Erinnerungen neu zu ordnen. Denn alles, was sie erlebt haben, wohnt noch im Untergewusstsein. Ihre Aufgabe ist es, die Abwesenheiten und die Zwangsbegriffe in Fragen zu verwandeln und schon werden die Tore weit geöffnet für eine Veränderung der Perspektive auf die gleiche Erinnerung. So erkennt sich die erinnernde Person mit dem Fünf-Phasen-Modell als verantwortliches Zentrum ihre eigene Geschichte.

Aufbauend auf dem Gerechten Sprechen und mit der Gerechten Erinnerungsarbeit wird jede Erinnerung – egal wie alt oder neu sie ist – als gewollte Erinnerung zurückerobert. Dann gestalten Personen sich ein Gedächtnis, mit dem die Gegenwart in all den Wunderbarkeiten und Schönheiten erkannt werden kann und eine Zukunft möglich wird, die wahrlich erstrebenswert ist.

Gegenwart – Strategisches Sprechen

Berufliches Sprechen ist in jedem Fall strategisch angelegt. So sprechen Sie in beruflichen Kontexten zum Beispiel in verschiedenen Codes, in Abkürzungen und Anspielungen, die in Ihrer Berufsgruppe auch sofort verstanden werden. In anderen Berufsgruppen jedoch wird dieses Sprechen als Kauderwelsch wahrgenommen. Zudem gilt es jeweils zielgruppengerecht zu sprechen, sich also so auszudrücken, dass die Angesprochenen möglichst verstehen können, was gemeint ist. Dazu kommt, dass sich zielgerichtet ausgedrückt wird. Denn berufliche Zeit ist bezahlte Zeit und wird für das Erreichen der gesteckten Ziele und zur Erfüllung von Aufträgen eingesetzt. Und grundsätzlich gilt auch hier, dass Sprache Wirklichkeit benennt und erschafft. Es ist demnach zentral, darauf zu achten, wie was mit welchem Ziel wann gesprochen wird.

Literaturtipps

Im Buch »Besser kommunizieren im Beruf durch Gerechtes Sprechen« (2011) beschreibe ich, wie die Vorgehensweisen des Gerechten Sprechens und des Gerechten Zuhörens strategisch und zielgerichtet in der beruflichen Zusammenarbeit eingesetzt werden können.

In »Potenziale erkennen und erweitern. Mit dem Ressourcenheft Ziele erreichen« (2012) habe ich zusammen mit Katrin Schläfli das strategische Sprechen für die Arbeit mit Kindern und Jugendlichen beschrieben, das wir 2010 erstmals eingesetzt und erprobt haben.

Strategisches Sprechen beinhaltet noch einiges mehr, denn es geht darum, sowohl die abstrakte Sprache als auch die Beziehungssprache zu nutzen und dabei die Sachebene und die Gefühlsebene gekonnt zu bedienen. Zudem wird mithilfe der Sprache die philosophische und psychologische Tiefe ausgelotet. Dabei wird anwesend und im Wollensystem gesprochen. Das bedeutet: Es wird gesagt, was gemeint ist und gemeint, was gesagt wird. So wird die Wirklichkeit angeboten, die auch tatsächlich gewollt ist. Zuhörend gilt es zu verstehen, welche Wirklichkeit sprechend zum Ausdruck gebracht wird. Zuhören geschieht mitten im Kopf, da wo Zuhören stattfindet. Bei Irritationen oder Zwischentönen wird nachgefragt und dies ebenfalls im Sinne des Gerechten Sprechens: Wörter, Begriffe, Sinnzusammenhänge, Begriffskombinationen. Es wird darauf verzichtet, eigene Interpretationen des Gehörten auf ihren Wahrheitsgehalt zu überprüfen.

Die folgende Grafik gibt einen Überblick über das Strategische Sprechen als eine Spielweise des Gerechten Sprechens.

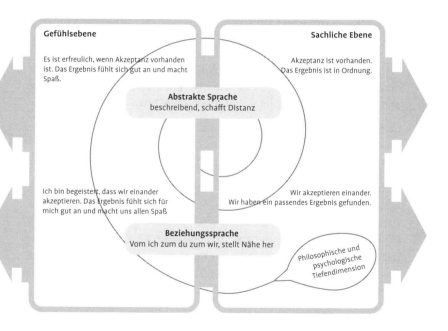

Diese Grafik finden Sie auch bei den Downloadmaterialien.

Beziehungssprache und abstrakte Sprache

Mit der Beziehungssprache wird die Beziehung der beteiligten Personen mit ins Zentrum der Aufmerksamkeit gerückt. Mit abstrakter Sprache wird eine Situation abstrakt und damit distanziert beschrieben. Beide Sprachformen sind von Bedeutung, wird doch mit ihnen jeweils eine andere Wirklichkeit angeboten. Im Folgenden werden die Unterschiede dieser beiden Sprachformen erläutert.

Beziehungssprache

Von Beziehungssprache sprechen wir, wenn Bezüge zwischen den beteiligten Personen untereinander oder der Personen zur Situation hergestellt werden. So wird Nähe unter den einzelnen Personen und zur Situation möglich, und die Beziehungen der Personen zueinander sind ausgedrückt. Durch die Nutzung der Personalpronomen ich, du, wir, ihr, Sie oder der Namensnennung werden die Personen in ein Beziehungsverhältnis zueinander gesetzt. So wird die Beziehung professionell aufgebaut, indem sprechend Nähe hergestellt wird. Zum Beispiel:

- »Ich freue mich, Sie zu sehen.«
- »Wir werden sicher eine Gestaltungsmöglichkeit finden.«
- »Sie erinnern sich vielleicht an mich.«
- »Ihr erscheint mir heute gut gelaunt.«
- »Hallo Claudia, ich sehe, du hast den Weg gefunden.«

Gerade zu Beginn einer beruflichen Begegnung – sei es im Team, bei einem Vortrag oder in einem Einzelsetting – ist es ratsam, die Beziehungssprache gezielt zum Einsatz zu bringen. So wird eine vertrauensvolle Atmosphäre ermöglicht, in der miteinander gearbeitet, gedacht, gelernt und ausprobiert werden kann. Wenn es darum geht, etwas zu gestalten, bei dem es darauf ankommt, dass die Beziehung der Beteiligten gut mitspielt, ist es mit Beziehungssprache leichter, dieses gute Zusammenspiel auch zu erreichen. Mit der Beziehungssprache besteht die Möglichkeit verschiedene Formen

von Beziehung herzustellen: vom Ich zum Du, ein Wir, vom Thema/
Sachverhalt zu den Personen oder einer Person.

- »Du und ich, wir sind ein wahrlich gutes Team.«
- »Lasst uns beginnen.«
- »Wir werden das schon schaffen.«
- »Was ist dein Beitrag zum Thema?«
- »Das ist wahrlich deine Angelegenheit.«

Grenzen der Beziehungssprache: Gerade in unterstützenden Berufen
wie Coaching, Beratung, Therapie, Pflege, Lehre wird die Beziehungssprache inflationär betrieben. In fast jeden Satz werden Begriffskombinationen eingebaut, mit der sich die sprechende Person selbst mit
ins Zentrum der Aufmerksamkeit stellt. Dafür stehen zum Beispiel
folgende Sätze: »Ich bin der Meinung« oder »Ich glaube« oder »Meiner Meinung nach« oder »Meines Erachtens«. Solche Formulierungen sind in der Regel überflüssig, denn alles, was Menschen sagen,
ist ihre Meinung, außer sie berufen sich auf andere und benennen
deren Meinung. Doch das wird in der Regel dann auch gesagt.

Wird auf diese Begriffskombinationen verzichtet, werden Sätze,
Meinungsbeiträge und damit die Kommunikation kürzer und prä-
gnanter gestaltet. Erschwerend kommt hinzu, dass diese Formulierungen eine sachliche Auseinandersetzung behindern, da bei jedem
Thema auch die sprechende Person, die Beziehung unter den und
die beteiligten Personen selbst mit ins Zentrum der Aufmerksamkeit rücken. So wird bei jeder Situation, die in der Beziehungssprache verhandelt wird, auch die Beziehung der Personen zueinander
verhandelt. Schnell wird das Gesagte als persönliche Provokation
oder gar Beleidigung gehört und jedes Gespräch wird für die Ver-
handlung der Beziehung genutzt statt zur optimalen Gestaltung der
Situation.

Zusammenfassend lässt sich sagen, Beziehungssprache ist dann
sinnvoll, wenn die Beziehung unter den Personen oder die Beziehung der Personen zur Sache eine Relevanz haben. Zum Beispiel:

- bei der professionellen Beziehungsgestaltung
- in der Zusammenarbeit, bei der das Zusammenspiel der Personen notwendig ist

- bei der Herstellung von Nähe unter den beteiligten Personen
- bei der Motivation der Mitarbeitenden für eine zu erledigende Arbeit
- zur Herstellung der Identifikation mit dem Arbeitgeber

Neben der Beziehungssprache ist es notwendig die weiteren Bereiche, die auch wirklich sind, sprachlich abzudecken. Kommen wir damit zur abstrakten Sprache.

Abstrakte Sprache

Mit abstrakter Sprache ist eine beschreibende Sprache gemeint, in der darauf verzichtet wird, sich und andere in Beziehung zu setzen. Mithilfe der abstrakten Sprache werden Situationen und beteiligte Personen so beschrieben, dass die Sache, das Gewollte, der Gegenstand, die Situation im Zentrum der Aufmerksamkeit liegen. Es geht darum, von der Metaebene ausgehend, eine distanzierte Haltung einzunehmen und diese Haltung auch den anderen zu ermöglichen. Im Sprechakt wird vom Gegenstand ausgegangen und zum Gegenstand hingesprochen. Wesentlich ist, darauf zu verzichten, diesen mit sich selbst oder den anderen Personen in Zusammenhang zu bringen. So wird eine Distanz der Personen zueinander ermöglicht, mit der der Blick auf das Wesentliche der zu besprechenden Situation eröffnet wird. Persönliche Auseinandersetzungen oder Konflikte jeder Art werden überflüssig und anfallende Fragen können beantwortet, Situationen gekonnt gestaltet werden.

Gerade in konflikthaften Situationen ist die abstrakte Sprache von großem Vorteil. Hier einige Beispielsätze:

- Es ist notwendig, die Situation näher zu betrachten.
- Es ist wesentlich, die Ziele, die gesetzt wurden, nochmals zu überprüfen.
- Auch wenn alles genau berücksichtigt wurde, bleiben noch Fragen offen.
- Offen bleibt, wie es nun weitergehen wird. Da stehen noch einige Überlegungen an.

Mit solchen Formulierungen wird der Blick deutlich auf den zu verhandelnden Sachverhalt gerichtet. Eine klare Analyse und eine stimmige Diskussion werden ermöglicht.

Grenzen der abstrakten Sprache: In manchen Berufen wie der Informatik, der Ärzteschaft oder der Technik wird viel in abstrakter Sprache gesprochen. Der Sachverhalt ist allein im Zentrum der Aufmerksamkeit und die persönliche Beziehung der Person zum Sachverhalt wird ausgeklammert. Doch genau diese Beziehung kann motivierend von der Person genutzt werden, wenn sie sprechend zur Wirklichkeit gemacht wird.

Zusammenfassend lässt sich sagen, dass die abstrakte Sprache dann sinnvoll ist, wenn es um den sachlichen Bestandteil einer Situation, Begebenheit oder Gegenstand geht. Zum Beispiel:

- Analyse einer Situation
- Aufbau eines Projekts
- Darstellung eines Konflikts
- Rückmeldung zu einem Sachverhalt
- Gestaltung der Schnittstellenkommunikation

Nun ist es wesentlich, die abstrakte Sprache und die Beziehungssprache gekonnt miteinander zu kombinieren. Dann wird es möglich, sowohl professionelle Beziehungsgestaltung als auch konstruktive Zusammenarbeit zu betreiben.

Abstrakte Sprache mit Beziehungssprache kombinieren

Komplexe Wirklichkeiten erfordern eine komplexe Sprache. Je bewusster und gezielter Sprache eingesetzt wird, umso leichter fällt Kommunikation, und einer gelungenen Zusammenarbeit öffnen sich Tür und Tor.

Um sich leichtfüßig und wechselhaft in abstrakter Sprache und Beziehungssprache ausdrücken zu können, lohnt sich die Klärung der folgenden Fragen:

- Wann ist es notwendig, durch Sprache eine Beziehung zu benennen und zu erschaffen?
- Wann ist es wichtig, durch Sprache Distanz und Abstand herzustellen?
- Mit welcher Sprache kommen die beteiligten Personen ihren Zielen näher?
- Welche Sprache führt sie in die Irre?

Hier gilt es Entscheidungen zu treffen, um dann gezielt, mit anderen Worten strategisch zu sprechen. So kann mit der Kombination der abstrakten Sprache und der Beziehungssprache ein Bezug von einzelnen Personen oder Personengruppen untereinander oder zu einem Thema oder Sachverhalt hergestellt werden. Zuerst wird der Sachverhalt in abstrakter Sprache gesprochen, um ihn dann in eine Beziehung zu einer Person oder Personengruppe zu stellen.

- »Gestern ist ziemlich viel liegen geblieben. Was hast du dazu zu sagen?«
- »Die Zusammenarbeit gestaltet sich schwierig. Wir sind alle davon betroffen. Was gilt es nun zu tun?«
- »Der Auftrag ist es, ein Leitbild zu entwickeln. Ich freue mich auf die Zusammenarbeit mit Ihnen. Nun gilt es zu klären, wer welche konkrete Aufgabe übernimmt.«

Beratende, pflegende und lehrende Berufe: Die Erfahrung in den letzten Jahren hat gezeigt, dass gerade in den beratenden, pflegenden und lehrenden Berufen eine Einschränkung der Beziehungssprache und das enorm erhöhte Einsetzen der abstrakten Sprache zu einer wesentlich sachlicheren Zusammenarbeit geführt hat. Das lästige Hintenherumgerede wird reduziert und die eigentlichen Aufgaben rücken ins Zentrum der Aufmerksamkeit. Es lohnt sich also, mit diesen Berufsgruppen die abstrakte Sprache zu trainieren, denn in der Beziehungssprache sind sie perfekt.

Konflikte: Gerade in Konfliktsituationen ist es ratsam, auf die Beziehungssprache zu verzichten, wird doch bei der Nutzung der Beziehungssprache neben dem streitbaren Thema oder Sachverhalt auch die Beziehung und die Personen zum Inhalt gemacht. Genau dann ist es leicht, sich persönlich betroffen zu fühlen, anstatt den Sachverhalt zu klären. Und die Verführung ist groß, die Verantwortung für den Konflikt den anderen Personen zuzuschreiben. Konflikte lassen sich wunderbar in abstrakter Sprache bewältigen. Dann geht es um das Thema oder den Sachverhalt, für den es sprechend eine andere Wirklichkeit zu gestalten gilt.

In der Schule: Oder nehmen wir die Situation in einer Schulklasse. Wann ist es im Unterricht und in der Begegnung zwischen Lehrerin und Schülerin beziehungsweise Schüler angesagt, welche Sprache zu bedienen ist? Wenn Sie eine Beziehung zu Kindern aufbauen wollen, ist es sicher richtig, die Beziehungssprache zu nutzen. Und Kinder verstehen Erwachsene leicht, wenn sie zueinander in Beziehung stehen. Wenn Sie eine Beziehung zu jugendlichen Mädchen und Jungen aufbauen wollen, ist es wichtig, beide Sprachen zu bedienen. Denn in diesem Alter schätzen es die jungen Menschen sehr, wenn ihnen Räume offen bleiben, in denen nur sie allein über die Definitionsmacht zur Gestaltung dieser Räume verfügen.

Zusammenfassend lässt sich sagen, dass eine gelungene Kombination aus abstrakter Sprache und Beziehungssprache jede Zusammenarbeit erleichtert. Wenn Sie als Coach, Trainerin oder Berater selbst in einem gelungenen Mix sprechen, ermöglichen Sie damit eine Veränderungssituation, die sowohl in der Sache als auch persönlich greift.

Gefühlsebene und Sachebene

Neben der abstrakten Sprache und der Beziehungssprache sind die zwei Ebenen Gefühl und Sache von Bedeutung. Mit diesen beiden Ebenen wird es möglich, Sprache mit einer weiteren Dimension auszustatten.

Gefühlsebene

Die Gefühlsebene wird jederzeit eröffnet, indem Gefühlswörter eingesetzt werden. Hier gelten die Grundsätze aus dem Gefühlsgerechten Sprechen und es geht um das strategische Nutzen der Gefühlsbegriffe vor dem Hintergrund, dass Gefühle insgesamt ein Bewertungssystem darstellen, Spontangefühle Bewältigungsstrategien sind und auf einem gewählten Gefühlsensemble beruhen. Es wird darauf verzichtet ständig das eigene Gefühlsempfinden auf der Zunge zu tragen. Wesentlich ist, dass gesprochene Gefühle atmosphärisch relevant sind und zu gefühlten Gefühlen werden.

Literaturtipp

In seinem Buch »Selbststeuerung. Die Wiederentdeckung des freien Willens« (2015) führt Joachim Bauer eindrücklich vor Augen, welche Bedeutung die Sprache und das Nutzen gezielter Begriffe zum Beispiel auf die Empfindung und das Gefühl von Schmerzen hat.

Sowohl für die abstrakte Sprache als auch für die Beziehungssprache ist das Gefühlsgerechte Sprechen von Bedeutung. Es erscheint noch immer suspekt, wenn Menschen Gefühle abstrakt benennen. Doch es ist notwendig, Gefühle aus der Distanz beschreiben zu können, um sie so verstehbar zu machen. Kinder lernen im Laufe ihrer Entwicklung die passenden Begriffe zu ihren Gefühlen, da ist es wichtig, diese abstrakt beschreiben zu lernen. Für jugendliche Mädchen und Jungen ist gerade das abstrakte Sprechen über Gefühle sinnvoll, sodass sie ein vertieftes Verstehen der Gefühle entwickeln. Für Erwachsene besteht die Möglichkeit durch den gezielten Einsatz von Gefühlswörtern ihre Spontangefühle so zu gestalten, wie es ihnen in der jeweiligen Situation dienlich ist.

Gefühlsebene abstrakte Sprache: In die abstrakte Sprache eingebaute Gefühlswörter ermöglichen die gewünschte Atmosphäre, in der zum Beispiel Zusammenarbeit stattfindet:

- o Das Ziel ist erreicht.
- o Es ist erfreulich. Das Ziel ist erreicht.
- o Klar, angenehm und freudig ist, zu sagen: Das Ziel ist von ganzem Herzen erreicht.

Sie sehen es: eine Tatsache, drei Formulierungen, drei verschiedene Wirklichkeiten. Machen Sie sich bitte klar, welche dieser Wirklichkeiten in welche Situation passt.

Oder hier einige Beispiele wie in abstrakter Sprache nach Gefühlen gefragt werden kann:

- o Welche Gefühle sind jetzt denkbar?
- o Passt Glück in diesen Zusammenhang?
- o Wie kann Freude beschrieben werden?
- o Welche Bedeutung hat Spaß oder Kummer oder Wut ...?
- o Welche Konsequenzen sind mit aggressiven Gefühlen verbunden?
- o Welche Gefühle wohnen in diesem Moment in diesem Raum?
- o Was bedeutet Weltschmerz? Was macht ihn so attraktiv?

Da nach wie vor Gefühlswörter wenig im alltäglichen Sprachgebrauch integriert sind – außer Menschen sprechen über ihre tiefen Gefühle in der jeweiligen Situation – lohnt es sich, Gefühlswörter zu lernen. Noch mehr lohnt es sich, diese gezielt und bewusst in abstrakter Sprache zu sprechen.

 Literaturtipp

Cornelia Schinzilarz aktualisiert ständig die »444 Gefühlswörter«, die im KICK Verlag veröffentlicht werden. Dieses äußerst attraktive Material kann bestellt werden unter www.kickshop.ch.

Die Kombination Gefühlsebene und abstrakte Sprache ist für Jungen auf dem Weg zum Mann von Bedeutung, da sie in der Regel eine gewisse Abscheu entwickelt haben, über ihre Gefühle zu sprechen. Ein abstrakt sprechender Zugang eröffnet ihnen die Möglichkeit, sich ihre Gefühle als Thema zu erschließen. Mit anderen Worten:

weg von Gefühlen als Seelenstriptease, hin zur Nutzung von Gefühlen als Bewältigungsstrategien.

Für die Mädchen auf dem Weg zur Frau ist dieser Zugang von Bedeutung, da sie sich gern und tief in Gefühlen und Beziehungen verlieren. Hier lernen sie, Gefühle und Beziehungen auch abstrakt zu besprechen und zu gestalten. So entdecken sie, dass sie ihre Gefühle wählen können, mit denen sie Beziehungen leben wollen. Mit anderen Worten: weg vom Versinken in Gefühlen und Weltschmerz hin zur Nutzung von Gefühlen als Bewältigungsstrategien.

Gefühlsebene – Beziehungssprache: Diese Kombination ist den Menschen in beratenden, lehrenden, begleitenden und pflegenden Berufen zutiefst bekannt. Sie haben sie trainiert und einstudiert bis hin zu solcher Art von fürchterlichen Fragen und Aussagen:

o Wie geht es uns denn heute?
o Was macht deine Traurigkeit mit dir?
o Wenn du so wütend und aggressiv bist, dann haben die anderen vor dir Angst.

Leider gibt es davon noch viel mehr solcher Beispiele. Im Strategischen Sprechen auf der Grundlage des Gerechten Sprechens lauten diese Fragen so:

o Gerne möchte ich von dir wissen, wie es dir heute geht?
o Was willst du mit deiner Traurigkeit erreichen?
o Was gefällt dir daran, wenn du wütend und aggressiv bist? Welche Gefühle willst du bei den anderen damit hervorlocken? Wie willst du dann mit diesen Gefühlen und Reaktionen umgehen?

Hier ist erkennbar, dass die Gefühle eine Wahl der fühlenden Person sind und in deren Verantwortung liegen. Beziehungssprache auf der Gefühlsebene eingesetzt, hat dieser Verantwortung deutlich Rechnung zu tragen. Damit ist es möglich, dass allen beteiligten Personen der eigene Anteil am eigenen Gefühl und an der gemeinsamen Atmosphäre bewusst wird. Der Satz »Weil du dich so benimmst, fühle ich mich so« ist von nun an gestrichen und vorbei. Es heißt von nun an konsequent: »Ich fühle mich so, weil ich mit diesem Gefühl diese Situation am besten bewältigen kann.«

Zusammenfassend lässt sich sagen, dass die Gefühlsebene für das Herstellen einer stimmigen Atmosphäre gezielt genutzt werden kann. Sei dies in der abstrakten Sprache oder in der Beziehungssprache. So gelingt ein Vortrag wunderbar, wenn er mit den Worten eröffnet wird: »Ich freue mich, heute bei Ihnen zu sein.« Die Beziehung ist hergestellt: »Ich bei Ihnen.« Die Atmosphäre über das Gefühl der Freude eröffnet. Oder ein Thema kann gekonnt ins Zentrum gerückt werden: »Es ist beeindruckend und begeisternd, wie das Projekt gerettet wurde.« Das Projekt ist im Zentrum der Aufmerksamkeit. Die Atmosphäre von Beeindruckung und Begeisterung wird eben durch diese Gefühle eröffnet. Es wird deutlich, dass es sich lohnt, Gefühlsbegriffe zu kennen und sie gezielt und bewusst einzusetzen.

Sachebene

Auf der Sachebene wird gänzlich auf Gefühlswörter verzichtet. Damit wird es möglich, dass allein das Thema, der Sachverhalt, der Gegenstand ins Zentrum der Aufmerksamkeit gerückt wird. Die Atmosphäre ist klar, sachlich und themenzentriert gestaltet.

Sachebene abstrakte Sprache: Die Kombination der abstrakten Sprache mit der Sachebene ermöglicht eine gute Distanz zwischen den Personen und schafft ein dichtes Ins-Zentrum-Setzen des Themas, der Situation, der Begebenheit.
- ○ Das Ziel ist erreicht.
- ○ Wo geht es hin?
- ○ Was wird gewollt?
- ○ Die Situation hat eine Analyse nötig.
- ○ Alles, was jetzt zählt, ist der Blick nach vorn.

Sachebene Beziehungssprache: In der Kombination Sachebene und Beziehungssprache wird neben dem Thema auch die Beziehung der Personen zueinander, zur Sache oder auch zu weiteren Zusammenhängen zur Sprache gebracht. Hier lohnt es sich deutlich zu wissen, wann neben dem Thema auch die Beziehungen Gegenstand der Debatte sind.

- ○ Das Ziel haben wir erreicht.
- ○ Wo gehen wir hin?
- ○ Was willst du, was will ich, was wollen wir?
- ○ Wir haben die Situation zu analysieren.
- ○ Alles, was jetzt zählt, ist, dass wir alle den Blick nach vorn richten.

Die gleichen Inhalte werden hier in der Beziehungssprache auf der Sachebene gesprochen. Stellen Sie sich regelmäßig die Frage, welche Wirklichkeit Sie wann mit welchem Ziel anbieten wollen.

Zusammenfassend lässt sich sagen, dass die Sachebene die Konzentration auf das Thema erleichtert und bündelt. Wird sie in der Beziehungssprache bedient, kann sowohl eine hohe Motivation als auch eine direkte Verweigerung der beteiligten Personen die Konsequenz sein. Wesentlich gilt auch hier: Auf eine Einteilung in richtig oder falsch wird gänzlich verzichtet. Vielmehr geht es darum, die passende Ebenen- und Sprachverbindung für die gegebene Situation zu machen. So bieten Sie die Wirklichkeit an, in der Sie sich auch wirklich bewegen wollen.

Philosophische und psychologische Tiefe

Die jeweilige Tiefendimension wird mit dem Verantwortungsgerechten Sprechen ausgelotet. Gilt sie der Person wird psychologisch gesprochen. Gilt die Tiefendimension der Sache wird philosophisch gesprochen. Den Überblick über das Verantwortungsgerechte Sprechen finden Sie auf Seite 192. Oder auch als Download auf www.beltz.de.

Geht es um die Person, die Ich-Identität und die konkreten Beziehungen wird das Psychologische Sprechen eingesetzt. Damit wird alles um die Person herum vertieft und sprechbar gemacht.

Das Selbst der Personen und deren Entwicklung stehen im Zentrum der Aufmerksamkeit. Gefühle werden über Selbstkontrolle reguliert und verstanden als Ausgangspunkt der Gestaltung der Wirklichkeit. Die jeweilige Ich-Identität dient dem Aufbau der Beziehungen zu anderen Personen.

Geht es um die Sache, das Thema und um die Faktenlage, lohnt es sich, das Philosophische Sprechen zu bedienen. So werden Erkenntnisse rund um Thema und Sache ermöglicht, Fragen gestellt und Antworten generiert. Hier wird dem Konzept des freien Willens gefolgt. Somit sind Gefühle gezielt zu nutzen und einsetzbar. Kompetenzen und Positionen werden für die Bewältigung von Zusammenhängen eingesetzt.

Fragen über Fragen über Fragen

Eines der wichtigsten Werkzeuge in der sprechenden Arbeit mit Menschen sind die Fragen. Es gibt viele Modelle, die sich mit Fragen auseinandersetzen und verschiedenste Frageformen entwickelt haben. So gibt es die W-Fragen, die geschlossenen, offenen und zirkulären Fragen. Hier nun entwickeln wir Fragen, die den vielen Facetten des Strategischen Sprechens als komplexe Form des Gerechten Sprechens Ausdruck verleihen und es zum Klingen bringen.

Literaturtipp

Wir haben Fragekarten entworfen, die Sie direkt und umgehend in Ihrer Arbeit einsetzen können. Es gibt zwei Varianten:
- ○ Charlotte Friedli/Cornelia Schinzilarz (2016): Mit Fragen Konflikte managen. 116 Fragekarten mit 12-seitigem Booklet.
- ○ Charlotte Friedli/Cornelia Schinzilarz (2016): 116 Fragen für die erfolgreiche Teamentwicklung. Fragekarten mit 12-seitigem Booklet.

Mit Fragen verfolgen wir das Ziel, Menschen zum Denken und Nachdenken zu bringen. Auch wollen wir überraschen und einen Wechsel der Perspektive anregen. Denn dann kann das Gleiche auch anders betrachtet und bewertet werden. Andere Gedanken zum Gleichen werden angeregt und damit wird Veränderung ermöglicht. Neues kann entstehen und einiges bestätigt werden. Fragen dienen demnach der Gestaltung der Welt. Mit welchen Fragen eröffnen wir nun welche Wirklichkeit? Gehen wir den verschiedenen Wirklichkeiten auf den Grund und stellen Ihnen Fragen vor, mit denen Sie sich im System des Strategischen Sprechens bewegen lernen.

Psychologische Fragen und philosophische Fragen: Setzen wir doch den Ausgangspunkt bei der Betrachtung der Fragen bei den Tiefendimensionen. Sie bestimmen den Fokus und damit den Themenschwerpunkt der Kommunikation. Dazu kommen dann die Ebenen der Sache oder des Gefühls, die dann in der abstrakten oder in der Beziehungssprache zum Ausdruck kommen. So können die Ich-Identitäten und die Faktenlage sowohl abstrakt als auch im Beziehungsverhältnis verhandelt werden.

Psychologische Fragen fokussieren das Verhältnis der Person zu sich selbst und zu den andern Personen: »Was brauchst du? Wie geht es dir dabei? Was wird von einander erwartet?« Sie dienen der Selbstfindung, der Beziehungsklärung der Person zu sich selbst, zu anderen und der Personen untereinander.

Philosophische Fragen orientieren sich an Begriffen, Denkvorgängen, ethisch-moralischen Kontexten und Beschreibungen. Fokussiert wird die Situation im Zusammenhang der Verhältnisse. »Was ist in dieser Situation nötig? Wer führt wen? Was braucht es von wem für die Situation? Was ist dein Beitrag zum gemeinsamen Ganzen?« Die Fragen dienen der Klärung von Situationen, Positionen, Rollen, Kontexten, Kompetenzen, Auftrag, Zielen und Potenzialen der einzelnen Personen oder Personengruppen bezogen auf die Situation.

Im Folgenden stellen wir Ihnen einige Fragen vor, die wir in die Systematik des Strategischen Sprechens integriert haben. Diese Fragen sind alle in der Praxis erprobt. Viel Vergnügen!

Wichtiger Hinweis: Die Fragen in der Systematik des Strategischen Sprechens stehen Ihnen auch als Download zur Verfügung.

Philosophische Fragen

Abstrakte Sprache: Gefühlsebene

Welche Gefühle beleben in diesem Moment freudig und entspannt den atmosphärischen Raum?

Wie wird der Generationenwechsel genussvoll gestaltet?

Wann wurden die Denkschubladen das letzte Mal liebevoll aufgeräumt?

Welche Ziele werden frohgemut mit dem Konflikt erreicht?

Abstrakte Sprache: Sachebene

Welche Gefühle wohnen in diesem Moment im atmosphärischen Raum?

Wie wird der Generationenwechsel gestaltet?

Wann wurden die Denkschubladen das letzte Mal aufgeräumt?

Welche Ziele werden mit dem Konflikt erreicht?

Beziehungssprache: Gefühlsebene

Welche Gefühle beleben deiner Meinung nach in diesem Moment freudig und entspannt den atmosphärischen Raum?

Wie gestaltet ihr den Generationenwechsel genussvoll?

Was denkst du, wann deine Denkschubladen das letzte Mal liebevoll aufgeräumt wurden?

Welche Ziele willst du frohgemut mit dem Konflikt erreichen?

Beziehungssprache: Sachebene

Welche Gefühle wohnen deiner Meinung nach in diesem Moment im atmosphärischen Raum?

Wie gestaltet ihr den Generationenwechsel?

Was denkst du, wann deine Denkschubladen das letzte Mal aufgeräumt wurden?

Welche Ziele willst du mit dem Konflikt erreichen?

Überprüfen Sie auch Ihre gängigen Fragen. Welche Tiefendimension öffnen Sie mit welcher Frage? Welche Fragen dienen dem Denken entlang der Faktenlage und welche Fragen dienen dem Denken entlang der Ich-Identität?

Psychologische Fragen

Abstrakte Sprache: Gefühlsebene

Mit welchen Gefühlen beleben die Anwesenden freudig und entspannt in diesem Moment den atmosphärischen Raum?

Wie gestalten die Einzelnen den Generationenwechsel genussvoll?

Wann wurden die eigenen Denkschubladen das letzte Mal liebevoll aufgeräumt?

Welche Ziele lieben es die Einzelnen für sich, mit dem Konflikt zu erreichen?

Abstrakte Sprache: Sachebene

Welche Gefühle wohnen in diesem Moment zwischen den Einzelnen und dem atmosphärischen Raum?

Wie gestalten die Einzelnen den Generationenwechsel?

Wann wurden die eigenen Denkschubladen das letzte Mal aufgeräumt?

Welche Ziele wollen die einzelnen für sich mit dem Konflikt erreicht?

Beziehungssprache: Gefühlsebene

Mit welchen Gefühlen belebst du freudig und entspannt in diesem Moment den atmosphärischen Raum?

Wie gestaltest du in Bezug zu den anderen den Generationenwechsel genussvoll?

Wann hast du das letzte Mal liebevoll deine Denkschubladen aufgeräumt?

Welche Ziele willst du liebend gern für dich mit dem Konflikt zu erreichen?

Beziehungssprache: Sachebene

Mit welchen Gefühlen wohnst du in diesem Moment im atmosphärischen Raum?

Wie gestaltest du in Bezug zu den anderen den Generationenwechsel?

Wann hast du das letzte Mal deine Denkschubladen aufgeräumt?

Welche Ziele willst du für dich mit dem Konflikt zu erreichen?

Entwerfen Sie Fragen, mit denen Sie gezielt und bewusst die Tiefe bestimmen, die gewünschte Atmosphäre anregen, die Themen versachlichen, die Beziehung mit verhandeln und die notwendige Abstraktion gewährleisten.

Strategisches Sprechen – Das reflektierte Feedback

Strategisches Sprechen kann wunderbar entlang des reflektierten Feedbacks, das von Charlotte Friedli entwickelt wurde, nachvollzogen werden. Feedback wird hier als Rückkopplung verstanden und damit als eine interpersonale kommunikative Handlung, die sich auf der Basis von Beobachtungen bewegt. Es folgt klaren Regeln und hat zum Ziel, Erkenntnis- und Entwicklungsprozesse zu steuern.

Literaturtipp

Das von Charlotte Friedli entwickelte Bildkartenset »75 Bildkarten Teamentwicklung« (2016) unterstützt dabei, aus einer Gruppe ein produktives Team zu formen. Anhand der Arbeit mit Bildkarten zeigt sie sowohl den Hintergrund dieser Feedbackform als auch deren praktische Umsetzung auf. Beeindruckende Fotos ergänzt mit kreativen und konstruktiven Vorgehensweisen machen dieses Material für Teamentwicklung absolut notwendig.

Fakten und Figuren: abstrakte Sprache, Sachebene, philosophische Tiefe

Im Mittelpunkt steht die Beschreibung der wahrnehmbaren Fakten und damit die zunächst nur für den Einzelnen objektive Welt. Genau dieser Hintergrund macht es nötig, dass die Fakten tatsächlich rein beschrieben werden. Das bedeutet: Sie werden in der abstrakten Sprache auf der Sachebene mit philosophischer Tiefe formuliert. Denn hier geht es um den Ausgangspunkt des gemeinsamen Faktenwissens. Wenn alle beteiligten Personen eine gemeinsam erlebte Situation entlang der wahrgenommenen Fakten abstrakt, sachlich und philosophisch beschreiben, kann eine gemeinsame Wirklichkeit aus den vielen Wirklichkeiten hergestellt werden.

Wesentlich ist, dass diese Beschreibung abstrakt auf der Sachebene mit philosophischer Tiefe erfolgt. Zur Verdeutlichung ein konkretes Beispiel.

Der Streit um Kaffee und Kaffeemaschine

Vorgehen mit reflektiertem Feedback unter Einbezug des Strategischen Sprechens

Es gibt zwei Meinungen zum gleichen Thema. Eine Gruppe aus drei Personen sagt »Ja« zur neuen Kaffeemaschine. Die andere Gruppe aus vier Personen sagt »Nein« zur neuen Kaffeemaschine. Die verschiedenen Argumente werden ausgetauscht. Für »Ja« spricht, dass der Kaffee dann besser schmeckt. Für »Nein« spricht, dass die Kaffeekasse stärker belastet wird. Es wird deutlich, dass es hier um zwei Wirklichkeiten geht:

o   die Wirklichkeit des besseren Geschmacks beim Kaffee
o   die Wirklichkeit der Finanzen in der Kaffeekasse
(Fortsetzung folgt.)

Kontext: abstrakte Sprache, Gefühlsebene, psychologische Tiefe

Hier wird ein Bezug hergestellt zum gegebenen Kontext. Es geht also um die soziale Welt, in der kulturelle und soziale Normen und Werte eine Rolle spielen. Die Beschreibungen der jeweiligen Wirklichkeit werden nun begründet. Dabei wird sowohl das Erklärungs- und Wertewissen als auch das reflektierte Alltags- und Erfahrungswissen hinzugezogen. Hier gilt es, die abstrakte Sprache in Kombination mit der Gefühlsebene in der psychologischen Tiefe einzusetzen.

Der Streit um Kaffee und Kaffeemaschine (Fortsetzung)

Der bessere Geschmack des Kaffees wirkt sich motivierend auf die Arbeitslust und Arbeitsfähigkeit der Mitarbeitenden aus. So haben alle mehr Lust und Freude an der Arbeit. Es ist wichtig, dass diese Motivationsquelle erhalten bleibt.

Die Finanzen der Kaffeekasse sind dafür da, dass alle Mitarbeitenden umsonst Kaffee trinken können. Damit ist der Zugang zum Kaffee für alle gleichermaßen möglich. Es ist ebenfalls wichtig, dass diese Chancengleichheit erhalten bleibt. (Fortsetzung folgt.)

Bewertung – Beziehungssprache, Gefühlsebene, Sachebene, psychologische Tiefe

Nun beziehen die beteiligten Personen Stellung aus ihrer jeweiligen Sicht und begründen die persönliche Meinung. Hier bewegen wir uns in der subjektiven Welt, in der es um Selbstpräsentation geht. Hypothesen werden dargelegt, eigene Gefühle geäußert und Wünsche können platziert werden.

Hier wird hauptsächlich in der Beziehungssprache gesprochen, die eingesetzt wird sowohl auf der Gefühlsebene als auch auf der Sachebene und in der psychologischen Tiefe.

Der Streit um Kaffee und Kaffeemaschine (Fortsetzung)

Einer der Beteiligten stellt fest:»Mir geht es wirklich so, dass ich mich extrem motivieren kann mit einem guten schmackhaften Kaffee. Und der jetzige schmeckt einfach nicht mehr. Ich freue mich sehr, wenn wir uns darauf einigen können. Die Finanzen bekommen wir schon wieder irgendwie in den Griff.«

Ein anderer erwidert:»Der finanzielle Ausgleich ist mir einfach wichtig, weil ich mir sonst nur noch die Hälfte des Kaffees leisten kann, den ich mir bisher gönne. Das ist für mich pure Motivation. Ein besserer Geschmack wäre natürlich auch für mich toll. – Vielleicht fällt uns etwas ein.«

Und ja, dem Team ist etwas eingefallen. Sie haben für die neue Kaffeemaschine einen Antrag um finanzielle Unterstützung an die Geschäftsleitung gerichtet und den Rest über eine Sammelspende finanziert. Somit konnte die Kaffeemaschine angeschafft werden und der Kaffeepreis ist gleich geblieben.

Strategisches Sprechen im reflektierten Feedback

Hier ein kompakter Überblick über das reflektierte Feedback in Strategisches Sprechen.

Das reflektierte Feedback

- o Fakten und Figuren – entlang der Faktenlage
  abstrakte Sprache, Sachebene, philosophische Tiefe
- o Kontext – Einbezug in aktuellen Kontext
  abstrakte Sprache, Gefühlsebene, psychologische Tiefe
- o Bewertung – Verbindung mit beteiligten Personen
  Beziehungssprache, Gefühlsebene, Sachebene, psychologische Tiefe

Zusammenfassend lässt sich festhalten, dass Strategisches Sprechen das alltägliche Gestalten von Arbeits- und Lebenssituationen enorm erleichtert. Darum lohnt es, sich in abstrakter Sprache und Beziehungssprache auf der Gefühlsebene und auf der Sachebene mit der philosophischen oder der psychologischen Tiefe in allen zur Verfügung stehenden Kombinationen tummeln zu können.

Zukunft – Strategisch Ziele erreichen

Zukunft ist die Gegenwart von morgen auf dem Boden von gestern – in dieser Formulierung wird die Aktualität deutlich, die die Zukunft in jeder Gegenwart hat. Mit anderen Worten leben wir zu jeder Zeit auf der Grundlage der Vergangenheit angesichts der Zukunft, die gleich Gegenwart sein wird. Wenn wir dieser Tatsache Rechnung tragen wollen, lohnt es sich über die Zukunft dergestalt nachzudenken, wie wir die Gegenwart ermöglichen, die wir auch tatsächlich erleben wollen. Hier und da im Kleinen und im Alltag macht es Spaß, die Zukunft und damit die zu erwartende Gegenwart dem Zufall der Begebenheiten oder Begegnungen zu überlassen. Doch bei den etwas zentraleren und wichtigen Zusammenhängen des Lebens, ist es wesentlich, sich genauer mit dem Morgen und der dann folgenden Zukunft zu beschäftigen.

Die bewusste Gestaltung der Zukunft bedeutet auch, Verantwortung für das eigene Leben und für den persönlichen Beitrag zum gemeinsamen Leben zu übernehmen. Im Entscheidungsgerechten Sprechen, mit der Anwesenden Sprache und im zuhörenden Verstehen werden gegenwärtige Situationen wahrgenommen, analysiert und für die zukünftige Gestaltung nutzbar gemacht. Ja, ich höre die Einwände, die an dieser Stelle regelmäßig laut werden. Was ist mit den überraschenden Momenten, die das Leben bereithält? Nehmen wir also einmal an, die Firma geht Konkurs, in der Sie arbeiten oder es ereilt Sie plötzlich eine heftige Krankheit. Dann übernehmen Sie angesichts der neuen Sachlage Verantwortung, nehmen neu wahr, analysieren die jetzige Gegenwart und erkennen und entscheiden auf dieser Grundlage, wie Sie Ihre Zukunft gestalten und welche Gegenwart Sie dann bald erleben wollen.

Mit der Methode »Strategisch Ziele erreichen« zeigen wir Ihnen auf, wie die Verantwortung für die eigene und gemeinsame Zukunft angegangen werden kann. Als Coach, Beraterin oder Lehrperson können Sie mit dieser Vorgehensweise verschiedenste Zukunftsgestaltungen begleiten und unterstützen.

Das Fünf-Schritte-Programm

Die eigene Zukunft geplant und damit strategisch anzugehen ist mindestens in der beruflichen Karrieregestaltung von großer Bedeutung. Mehr und mehr wird heute diese Karriereplanung zu einer Gesamtgestaltung des Lebens ausgeweitet. Ist es doch wesentlich für Frauen und Männer in der heutigen Zeit, die Themen Familie, Freizeit, Hobbys und gegebenenfalls ein ehrenamtliches oder politisches Engagement mit einzuplanen. Von daher lohnt es sich, jeden dieser Bereiche bei der Zielformulierung und damit bei der Gestaltung der Zukunft zu berücksichtigen.

Auf der Grundlage des Gerechten Sprechens wird einem Fünf-Schritte-Programm gefolgt, das eine stimmige und gekonnte Gestaltung der Zukunft ermöglicht. Die momentane Situation wird wahrgenommen und analysiert. Darauf aufbauend werden Erkenntnisse generiert, die in Entscheidungen gebündelt werden. Anschließend geht es an die konkrete Planung der gewollten Zukunft.

Literaturtipp

Zur konkreten Anwendung, wie Sie Ziele strategisch erreichen können, haben wir ein Material entwickelt, mit dem Sie diesen Prozess optimal begleiten können. Die 60 illustrierten Impulskarten »Ziele erreichen mit Gerechtem Sprechen« (Schinzilarz/Lauterjung 2016) können sowohl in der beratenden Arbeit mit Menschen als auch für sich selbst eingesetzt werden.

Viel Vergnügen bei der erfolgreichen Gestaltung Ihrer Zukunft und bei der Begleitung von Klienten und Teilnehmerinnen in der strategischen Zukunftsgestaltung. Das Fünf-Schritte-Programm stellt eine komplexe Möglichkeit dar, die jetzige Gegenwart zu verstehen und darauf aufbauend eine gelungene Zukunft zu entwerfen, die dann zur passenden Gegenwart werden wird.

Der folgende Überblick über das Fünf-Schritte-Programm mit Hinweisen, welche Teile des Gerechten Sprechens besonders benötigt werden, ist ebenfalls in den Downloadmaterialien enthalten.

Das Fünf-Schritte-Programm im Überblick

Wahrnehmung: Zuhören, Sehen, Körperempfindung, Gefühle
Die Situation, die einer Veränderung bedarf, wird mit allen Dimensionen genau wahrgenommen und vertieft. Zudem trainieren und schärfen Sie und Ihre Klientinnen Ihre Wahrnehmung.
Gerechtes Sprechen: Gerechtes Zuhören mit dem Zuhörprozess.

Analyse: Benennen, was anwesend ist, Erfolge herauskristallisieren, Potenziale herausarbeiten, Gefühlsstrategien entdecken
Die Situation wird analysiert. Dabei sind die Potenziale im Zentrum der Aufmerksamkeit. Sie bilden den Ausgangspunkt für weitere Erkenntnisse.
Gerechtes Sprechen: gesamt, insbesondere das Gefühlsgerechte Sprechen.

Erkenntnis: Fragen, Antworten, Hintergründe, Denken
Fragen und Antworten werden gefunden, begründet und durchdacht. Hier geht es um die Verortung im eigenen Denken und Wertesystem.
Gerechtes Sprechen: gesamt, besonders Verantwortungsgerechtes Sprechen und Strategisches Sprechen.

Entscheidung – Freie Wille, Wollensystem, Ziele formulieren, Vergewisserung
Jetzt werden Entscheidungen getroffen, formuliert und überprüft. Das wird so lange durchprobiert, bis eine Entscheidung getroffen ist.
Gerechtes Sprechen: Entscheidungsgerechte Sprache und Anwesende Sprache, konsequent im Wollensystem, besonders Strategisches Sprechen und Verantwortungsgerechtes Sprechen

Gestaltung: Wege beschreiben, Strategien entwickeln, Konsequenzen erarbeiten, Kontrolle festlegen
Nun wird der Weg zur Umsetzung der Entscheidung erarbeitet. Es wird entdeckt, wie sich das Gewollte geholt werden kann.
Gerechtes Sprechen: gesamt, besonders das Strategische und Verantwortungsgerechte Sprechen, konsequent im Wollensystem und in der Anwesenden Sprache.

Schritte	Themen	Inhalt	Gerechtes Sprechen	!
Wahrnehmung	Zuhören, Sehen, Körperempfindung, Gefühle	Die Situation wird mit allen Dimensionen erkannt. Zudem wird Wahrnehmung trainiert und geschärft	Gerechtes Zuhören mit dem dazugehörigen Zuhörprozess	
Analyse	Benennen, was anwesend ist, Erfolge herauskristallisieren, Potenziale herausarbeiten, Gefühlsstrategien entdecken	Analyse der Situation. Potenziale sind im Zentrum der Aufmerksamkeit. Ausgangspunkt für weitere Erkenntnisse.	Gesamt, insbesondere das gefühlsgerechte Sprechen	
Erkenntnis	Fragen, Antworten, Hintergründe, Denken	Fragen und Antworten werden gefunden, begründet, durchdacht. Verortung im eigenen Denken und Wertesystem.	Gesamt, Verantwortungsgerechtes Sprechen, Strategisches Sprechen	
Entscheidung	Freier Wille, Wollensystem, Ziele formulieren, Vergewisserung	Entscheidungen treffen, formulieren, überprüfen und entscheiden.	Entscheidungsgerechte Sprache, Anwesende Sprache, konsequent im Wollensystem, Strategisches Sprechen, Verantwortungsgerechtes Sprechen	
Gestaltung	Wege beschreiben, Strategien entwickeln, Konsequenzen erarbeiten, Kontrolle festlegen	Weg hin zur Umsetzung der Entscheidung. Wie das Gewollte umgesetzt werden kann.	Gesamt, Strategisches Sprechen, Verantwortungsgerechte Sprechen, konsequent im Wollensystem und in der Anwesenden Sprache	

Hintergründe

Damit Sie das Fünf-Schritte-Programm der Strategischen Zukunftsgestaltung und dessen Verortung im Gerechten Sprechen besser einschätzen können, erläutern wir nun die Hintergründe. Zudem stellen wir Ihnen die dazugehörigen Impulse vor, mit denen die jeweiligen Schritte erarbeitet werden können. Wunderbar illustriert finden Sie diese als sofort einsetzbares Material im Impulskartenset »Ziele erreichen mit Gerechtem Sprechen« (Schinzilarz/Lauterjung 2016).

Erster Schritt: Wahrnehmung. Wahrnehmung besteht aus einem Zusammenspiel aus Zuhören, Sehen, Körperempfindungen und Gefühlen. Wesentlich ist, die zuhörende Wahrnehmung in den Grundlagen des Gerechten Sprechens zu gestalten. Es wird sowohl dem zugehört, was gehört wird, als auch dem, was selbst gesprochen wird. Zudem wird den inneren Stimmen zugehört. Diese Dreidimensionalität des Gerechten Zuhörens macht es möglich, dass dann im Verlauf des Zuhörprozesses die weiteren Wahrnehmungen aus der sehenden, fühlenden und empfindenden Wahrnehmung miteinander abgeglichen werden können. So kann eine umfängliche Wahrnehmung gestaltet werden. Zudem wird es möglich, bei sich widersprechende Äußerungen, Signale oder Zeichen nachzufragen und diese somit verständlich zu machen.

Es lohnt sich also, den Zuhörprozess im Sinne des Gerechten Sprechens zu aktivieren:

o Zuhören findet beim Übergang vom Hörnerv ins Gehirn statt. Dementsprechend gilt es, die empathische Aufmerksamkeit und die Konzentration ganz in den eigenen Kopf zu fokussieren.

o Die Zuhörabsicht ist vollumfänglich auf das Erkennen der Ressourcen und Möglichkeiten ausgerichtet.

o Sie sind sich der Zuhörsituation und der damit verbundenen Art und Weise des Zuhörens bewusst.

o Und Sie wollen zuhören.

o So nehmen Sie tatsächlich das wahr, was Sie wahrnehmen und können dies von den eigenen Interpretationen trennen.

Es wird deutlich, dass im ersten Schritt die Situation, die einer Veränderung bedarf, mit allen Dimensionen genau wahrgenommen und vertieft wird. Zudem trainieren und schärfen Sie und Ihre Klientinnen Ihre Wahrnehmung.

Impulse für den ersten Schritt »Wahrnehmung«

Zuhören

o Zuhören findet mitten im Kopf beim Übergang vom Hörnerv ins Gehirn statt. Höre dort nach, was du zuhörend in der Situation gehört hast. Deine Aufmerksamkeit liegt jetzt mitten in deinem Kopf. Was hörst du da?

o Im Innern des Menschen findet ein ständiger Dialog statt. Daran beteiligt sind alle Gefühle, Kompetenzen und Potenziale. Welche Stimmen sind am Dialog beteiligt? Höre deinen inneren Stimmen zu. Was sagen sie zu deiner Situation? Was hörst du?

o Im Zuhörprozess findet ein Abgleich statt zwischen dem Zugehörten mit dem eigenen Wissen und der eigenen Meinung. Trenne das Zugehörte von deinem Wissen und deiner eigenen Meinung. Was hast du gehört? Was denkst du dazu?

Sehen

o Die Welt besteht aus Farben. Menschen bewerten die Farben und geben ihnen eine Bedeutung. Beschreibe deine Situation entlang der Farben, die du siehst. Welche der Farben gefallen dir am besten? Was verbindest du mit den Farben, die dir am besten gefallen?

o Sehende Wahrnehmung stellt eine Auswahl der Wirklichkeiten zur Verfügung. Was hast du sehend ausgewählt? Was bedeutet diese Auswahl für deine Situation? Welche Bilder assoziierst du mit dem, was du gesehen hast?

o Vielleicht stehst du vor einer Mauer, einem Berg oder einem sonstigen Hindernis. Dreh dich um, lehn dich an. Was siehst du jetzt? Welche Landschaft breitet sich vor dir aus? Welche Schönheiten erkennst du? Nimm dir Zeit, diese zu genießen.

Körperempfindung

○ Wahrnehmung und Körperhaltung sind voneinander abhängig. Nimm die Körperhaltung ein, in der du dich am wohlsten fühlst. Wiederhole diese Körperhaltung regelmäßig über den Tag verteilt. Nach ein paar Tagen nimmst du diese Körperhaltung ein und denkst über deine Situation nach. Mit welchen Gedanken beschäftigst du dich jetzt?

○ Mit Lachen und Lächeln befreien Menschen ihren Geist und machen sich selbst intelligenter. Wie oft lächelst und lachst du am Tag? Was bedeutet das für dich? Wenn du jetzt herzhaft lachst, was denkst du dann über deine Situation?

○ Körper, Denken, Fühlen – alles ist miteinander verbunden. Nutze diese Verbindung. Erinnere dich an eine Situation, in der du dich in deinem Körper kraftvoll und stark gefühlt hast. Wiederhole deine Bewegungen. Beschreibe nun deine Situation.

Gefühle

○ Gefühle stellen ein Bewertungssystem dar auf dessen Grundlage Menschen Situationen, Begebenheiten, Zusammenhänge erfassen und einschätzen. Das geschieht jede Sekunde tagtäglich. Du bewertest demnach immer und zu jeder Zeit. Mit welchen Gefühlen erfasst du im Moment deine Situation?

○ Menschen sind mit Stimmungen beziehungsweise mit einem Gefühlsensemble im Alltag unterwegs. Dieses besteht aus drei bis sechs Gefühlen. Diese Gefühle sind mit all den anderen 444 Gefühlen verbunden und machen deren spontane Nutzung sofort möglich. Mit welchem Gefühlsensemble bist du zurzeit unterwegs?

○ Spontangefühle sind Bewältigungsstrategien für die aktuelle Situation. Mit welchen Gefühlen bewältigst du zurzeit deine Situation? Was gefällt dir an diesen Gefühlen so gut? Was willst du mit diesen Gefühlen erreichen?

Zweiter Schritt. Analyse. Nun werden all die Wahrnehmungen auseinandergesprochen und damit analysiert. Hier kommt Gerechtes Sprechen in der ganzen Bandbreite zum Zuge. Es wird genau das benannt, was auch wirklich ist. Denn eine klare Ausgangslage und damit eine scharf wahrgenommene Gegenwart machen es möglich, passende Erkenntnisse zu generieren, stimmige Ziele zu entwickeln und dann eine Zukunft zu gestalten, die zu der Gegenwart wird, die auch gewollt ist.

Die Perspektive ist deutlich auf die Ressourcen ausgerichtet und die Erfolge werden ins Zentrum der Aufmerksamkeit gestellt. Es ist zentral, zu wissen, auf welche Zusammenhänge, Ereignisse, Erfahrungen und Situationen aufgebaut werden kann. Je stabiler das Fundament schon ist, umso dichter lässt sich das weitere Vorgehen darauf aufbauen.

Ein strategisch bedeutsamer Bereich ist hier noch zu nennen, da er gern vergessen wird: Es ist wesentlich, sich der genutzten Gefühlsstrategien bewusst zu werden. Es geht darum, zu erkennen, welche Gefühle genutzt wurden und welche erfolgreich eingesetzt werden konnten. Darauf aufbauend lässt sich dann erarbeiten, mit welcher Gefühlsstrategie das zukünftig Gewollte so gestaltet werden kann, dass es gelebt werden will.

Bei der Analyse der Situation stehen die Potenziale, Erfolge und gelungenen Gefühlsstrategien im Zentrum der Aufmerksamkeit. Sie bilden den Ausgangspunkt für weitere Erkenntnisse.

Impulse für den zweiten Schritt »Analyse«

Benennen, was anwesend ist

o Was aus all dem, was du wahrgenommen hast, ist für dich von Bedeutung? Benenne deine Wahrnehmung anwesend. Verzichte darauf, zu erwähnen, was dir fehlt oder was du vermisst. Es zählt nur das, was ist.

o Begründe, warum das, was ist, für dich von Bedeutung ist. Damit gibst du den anwesenden Zusammenhängen in dieser Situation einen tieferen Sinn. Dieser ist für den Erkenntnisgewinn von Bedeutung. Denn hier unterscheidest du die Wichtigkeit der Zusammenhänge.

o Schließe die Augen. Was ist jetzt noch von Bedeutung in deiner Situation für dich?

Erfolge herauskristallisieren

o Erfolge sind der Boden, auf dem Menschen durchs Leben schreiten. Wenn du deine Erfolge verstehst, weißt du, wie du erfolgreich sein kannst. Vergegenwärtige dir deine Erfolge und berichte anderen davon.

o Jede Niederlage enthält auch erfolgreiche Anteile. Diese gilt es wahrzunehmen. Mit diesem Ablauf kannst du sie erkennen. Welches Ziel wolltest du in der Situation erreichen? Was hast du zielführend gemacht, um es zu erreichen? Welche Potenziale hast du eingesetzt?

o Um das Kommende klar erkennen zu können, fragst du dich jetzt: Was brauche ich mehr oder anderes, um meine Ziel zu erreichen? Welche Potenziale kann ich noch aktivieren?

Potenziale herausarbeiten

o Kompetenzen und Potenziale haben Menschen immer und zu jedem Augenblick. Besonders dann, wenn du an dir zweifelst, ist es wichtig, sich an das eigene Können zu erinnern. Was kannst du besonders gut?

o Erzähle laut und deutlich von deinen Potenzialen und Kompetenzen. Dabei hörst du dir selbst zu. Höre daraufhin zu, was du aus all deinem Können jetzt besonders gut gebrauchen kannst.

o Du hast dich an die Mauer angelehnt und den Ausblick genossen. Nun dreh dich wieder um und betrachte deine Mauer. Was ist aus ihr geworden? Was kannst du hinter der Mauer erkennen? Welche Wege führen um die Überreste der Mauer herum?

Gefühlsstrategien entdecken

o Gefühle sind handlungsleitend. Wähle drei Gefühle auf der Gefühlskarte aus und steigere dich hinein. Was erkennst du an Möglichkeiten in
deiner Situation? Wiederhole das dreimal mit jeweils anderen Gefühlen. Benenne dann die Übereinstimmungen.

o Gefühlskarte – klar, kompetent, sicher, energievoll, dynamisch, vielfältig, bodenständig, kraftvoll, durchblickend, vorausschauend, nach-
denklich, erfreut, überheblich, wissensdurstig, kreativ, unterstützt,
genial

o Gefühle werden strategisch genutzt, damit Menschen ihr Leben optimal bewältigen und gestalten können. Mit welcher Gefühlstrategie
willst du in die weitere Gestaltung deiner Ziele einsteigen? Aus welchen Gefühlen besteht sie? Nutze die Gefühlskarte.

Dritter Schritt: Erkenntnis. Nach der Analyse geht es nun darum, sich
weitere Fragen zu stellen. Durch deren Beantwortung treten die
Teilnehmerinnen oder Klienten näher an die Ziele und die Zukunft
heran. Wesentlich sind hier die Begründungen und Denkwege, die
zu den Antworten führen. In ihnen werden in der Regel Gewolltes
und Erwartungen offensichtlich.

Auch hier bewegen wir uns im gesamten Spektrum des Gerechten Sprechens. Es lohnt sich, auf der Grundlage des Strategischen
Sprechens die Fragen gezielt und bewusst zu formulieren. Zudem
empfiehlt es sich, gerade die Begründungen und Denkwege im Strategischen Sprechen zu formulieren. So wird wunderbar ersichtlich
und erkennbar, was genau gewollt wird. Die Teilnehmenden oder
Klientinnen können zudem das jeweilige Wertesystem herauskristallisieren. Dieses bildet die Grundlage für alle zukunftsbestim-
menden Entscheidungen.

Fragen und Antworten werden gefunden, die wiederum begründet und durchdacht werden. Hier geht es um die Verortung im eigenen Denken und Wertesystem.

Impulse für den dritten Schritt »Erkenntnis«

Fragen

o Fragen über Fragen über Fragen – Fragen führen zu Erkenntnissen. Wichtig ist es, diese Fragen in der Anwesenden Sprache zu formulieren. So kannst du erkennen, was tatsächlich ist. Sammle alle Fragen, die du hast. Schreibe sie auf.

o Gewichte deine Fragen. Welche Fragen sind im Moment die wichtigsten? Welche Fragen machen am meisten Spaß? Welche Fragen lassen sich leichtfüßig umformulieren? Welche Fragen sind überflüssig?

o Denke an deine Gefühlsstrategie. Steigere dich hinein. Gibt es noch weitere Fragen, die in deiner Situation von Bedeutung sind?

Antworten

o Fragen sind der Ausgangspunkt für Denkereignisse. Mit Antworten treibst du dein Denken weiter und findest vielleicht weitere Fragen. Finde Antworten auf deine Fragen. Gibt es aufgrund dieser Antworten noch mehr Fragen?

o Schon Sokrates stellte Fragen vor dem Hintergrund »Ich weiß, dass ich nichts weiß«. Hier übersetzen wir diesen klugen Spruch in die Anwesende Sprache: »Ich weiß, dass ich vieles weiß und vieles zu erfragen habe.« Was weißt du alles schon? Und wem willst du noch welche Frage stellen?

o Antworten über Antworten über Antworten – am besten sammelst du alle Antworten, die du auf deine Fragen hast.

Hintergründe

o Begründungen, die wir im Alltag verwenden, beruhen auf Erlebnissen, Erfahrungen und auf dem sich daraus entwickelten Alltagswissen. Begründe deine Antworten auf der Grundlage deines Alltagswissens.

o Theoretische Begründungen sind in vielen Belangen des Lebens von großer Bedeutung. Auf welche theoretischen Traditionen, Denk- oder Vorgehensweisen berufst du dich? Begründe deine Antworten theoretisch.

o Ethische Begründungen stellen die Grundlage des zwischenmenschlichen Zusammenlebens dar. Welche ethischen Begründungen gibt es für deine Antworten?

Denken

o Nach Hannah Arendt ist Lachen ein Denkereignis. Lache also herzhaft und gewichte deine Begründungen. Mit welchen Begründungen kommst du am weitesten? Mit welchen Begründungen verbindest du das Beste?

o Verbinde deine ausgewählten Begründungen mit deinen Antworten. Welches Bild erkennst du? Welche Gefühle hast du dazu? Welche Empfindungen entwickelst du im Körper dazu?

o Denken, Fühlen, Empfinden sind miteinander verbunden. Der Mensch steuert diese Verbindung mit seiner Vernunft. Was ist vernünftig die Antwort und die passende Begründung? Finde es heraus.

Vierter Schritt: Entscheidung. Jetzt geht es darum, Entscheidungen zu treffen. Es werden Ziele formuliert, überprüft und sich vergewissert, dass sie wirklich gewollt werden. Es kommt darauf an, den freien Willen als Ausgangspunkt allen Entscheidens zu setzen. Damit wird die vollumfängliche Verantwortung bei der entscheidenden Person zentriert und hier gehört diese Verantwortung auch hin. Von daher ist es wichtig, sich in der Entscheidungsgerechten Sprache und in der Anwesenden Sprache zu bewegen und damit konsequent im Wollensystem zu sprechen. So unterstützen Sie die vorhandenen Fähigkeiten des sich entscheiden Könnens. In der Vergewisserung der getroffenen Entscheidung oder des anvisierten Ziels, greifen Sie auf das Strategische Sprechen und das Verantwortungsgerechte Sprechen zurück. Damit können Sie erkennen, in welche Dimensionen die Entscheidungen oder die Ziele eine passende Zukunft eröffnen. Ist ein Ziel in der Beziehungssprache und psychologisch ausgerichtet formuliert, ist eine ganz andere Dimension anvisiert, als wenn das Ziel in abstrakter Sprache und philosophisch ausgerichtet formuliert wird.

Jetzt werden Entscheidungen getroffen, formuliert und überprüft. Das wird so lange gemacht, bis eine Entscheidung tatsächlich getroffen ist.

Impulse für den vierten Schritt »Entscheidung«

Freier Wille

o Menschen haben einen freien Willen. Sie verfügen über die Möglichkeit, sich zu entscheiden. Der freie Wille macht die Selbststeuerung des Menschen möglich. Verstehe, dass allein du dich entscheidest.

o Menschen sind für sich selbst verantwortlich. Das verdanken sie dem freien Willen. Der macht es auch möglich, Verantwortung für abhängige Menschen, wie Kinder und Jugendliche zu übernehmen. Sobald diese erwachsen sind, sind sie für sich selbst verantwortlich.

o In Beziehungen jeder Art sind die beteiligten Menschen für sich und ihre Gestaltung der Beziehung verantwortlich. Wie gestaltest du deine Verantwortung dir selbst gegenüber und deine Verantwortung in der Beziehungsgestaltung?

Wollensystem

o Sprechend wird der freie Wille im Wollensystem ausgedrückt. Du willst dich entscheiden!

o Mit welchen Gefühlen willst du nun eine Entscheidung treffen?

o Ich will, du willst, wir wollen. Es ist wesentlich, zu wollen, und es ist richtig, zu wollen.

Ziele formulieren

o Ziele sind wichtig und fundamental im Leben. Es gilt, sie entlang der Potenziale zu erkennen und zu formulieren. Wie heißen die großen Ziele deines Lebens?

o Schau dir deine Antworten und Begründungen an. – Was ist dein nächstes Ziel?

o Was macht dir Spaß an deinem Ziel? Was gefällt dir an deinem Ziel besonders gut? Welche deiner Potenziale verbindest du mit diesem Ziel?

Vergewisserung

o Meinst du tatsächlich dieses Ziel?

o Halten die Antworten und Begründungen das, was das Ziel zu versprechen scheint?

o Mit welchen Gefühlen und Empfindungen reagierst du auf dein Ziel?

Fünfter Schritt: Gestaltung. Im nächsten Schritt wird die gewollte Zukunft geplant. Es werden Wege beschrieben, Strategien entwickelt, Konsequenzen erarbeitet und Kontrollpunkte festgelegt. Hier wird es nochmals komplex und heiter zugleich. Es gilt, darauf zu achten, dass sowohl Denkstrategien, Handlungs- und Sprechstrategien als auch Gefühlsstrategien entwickelt werden, mit denen die gewollte Zukunft gestaltet und für die kommende Gegenwart umgesetzt werden kann. Von daher ist es wichtig, über die zu erwartenden Konsequenzen nachzudenken, die die jeweiligen konkreten Umsetzungsschritte nach sich ziehen. Bleiben Sie ganz im Gerechten Sprechen und machen Sie sich weiterhin besonders das Strategische und das Verantwortungsgerechte Sprechen zunutze. Sprechen Sie im Wollensystem und konsequent anwesend.

So werden die Wege beschrieben, die gemeint sind und die Strategien entwickelt, die gewollt sind. Und denken Sie bitte an die Kontrolle. Es ist für die Umsetzung von Gewolltem von Bedeutung, wer wann und was genau kontrolliert. Dieses erste Auseinanderdenken der Kontrolle stellt im jetzigen Prozess eine letzte Überprüfung der Entscheidung, des Ziels und der gewählten Strategien dar. Die vereinbarte Kontrolle können Sie ebenfalls mit diesem Fünf-Schritte-Programm durchgehen.

Die Wege und Strategien hin zur Umsetzung der Entscheidung werden erarbeitet. Hier wird entdeckt, wie das Gewollte auch geholt, kontrolliert und damit einverleibt werden kann.

Impulse für den fünften Schritt »Gestaltung«

Wege beschreiben

o Du weißt nun, was dein Ziel ist. Jetzt geht es um den Weg, mit dem du dorthin gelangst. Wie sieht dieser Weg aus? Wie willst du ihn gestalten? Wo geht es lang?

o Es gibt das Sprichwort:»Der Weg ist das Ziel.« In deinem Fall führt der Weg zum Ziel. Was macht dir besonders viel Spaß auf diesem Weg?

o Entscheide dich, ob du einen gemütlichen Wanderweg, eine steile Bergwanderung oder einen moderaten Weg beschreiten willst, um den Gipfel – also dein Ziel – zu erreichen?

Strategien entwickeln

o Denkstrategien: Wie du über dich denkst, ist wichtig, um dein gesetztes Ziel zu erreichen. Hier eine Auswahl für dich: Ich will mein Ziel erreichen! Ich bin genau die Richtige, um dieses Ziel zu erreichen! Das Ziel gefällt mir, ich bin auf dem richtigen Weg!

o Gefühlsstrategien: Eine passende Auswahl, mit welcher Gefühlsstrategie du unterwegs sein willst, ist bei der Zielerreichung sehr dienlich. Hier eine Auswahl für dich: stark, mutig, fähig, zielgerichtet, erfolgreich, heiter, frohgemut, durchgeknallt, zäh, konsequent, selbstbewusst, humorvoll, machtvoll, geduldig, erfrischt, erwartungsvoll, großgeistig.

o Handlungs- und Sprechstrategien: Wie genau wirst du vorgehen? Brauchst du Bündnispartner? Gibt es Material, das du zu finden hast? Was willst du wem sagen? Wie willst du sprechen?

Konsequenzen erarbeiten

o Du weißt, was du willst. Du erkennst deinen Weg. Deine Verantwortungen sind dir bewusst. Was erwartest du, wenn du deine Denkstrategien umsetzt?

o Dein Ziel hast du klar vor Augen. Du bist voller guter Hoffnung. Was erwartest du, wenn du deine Gefühlsstrategien umsetzt?

o Du weißt, wo es hingeht. Du weißt, was du zu tun hast. Was erwartest du, wenn du deine Handlungs- und Sprechstrategien umsetzt?

Kontrolle festlegen

o Kontrolle ist hinreißend, wenn sie von der stimmigen Person durchgeführt wird. Durch wen wirst du kontrolliert?

o Der passende Zeitpunkt ist wichtig für die beste Zielerreichungskontrolle. Wann wirst du kontrolliert?

o Auch der Inhalt ist von wesentlicher Bedeutung und macht einen konkreten Auftrag an die kontrollierende Person möglich. Was wird genau kontrolliert?

Nun kennen Sie die Hintergründe und die dazugehörigen Impulse, wie Sie mit dem Fünf-Schritte-Programm strategisch Ziele erreichen. Im Weiteren finden Sie Anwendungsfelder, in denen Sie dieses Fünf-Schritte-Programm zum Einsatz bringen können.

Anwendungsfelder

Das Fünf-Schritte-Programm ist so gestaltet, dass Sie es sowohl für sich selbst, in der erziehenden Arbeit mit Kindern und Jugendlichen als auch in einem professionell begleiteten Prozess mit Menschen anwenden können.

Das kann sein bei großen Fragen des Lebens, wenn wichtige Entscheidungen anstehen und die besten Ziele gefunden werden wollen. Zum Beispiel kann es darum gehen, wie das kommende Jahr gestaltet wird, oder es geht um die Frage:»Mache ich mich selbstständig?« Oder die Vereinbarkeit von Familie und Beruf steht im Mittelpunkt. Das Fünf-Schritte-Programm kann auch zur Klärung von Fragen genutzt werden. Beispielsweise: Wie kann ich die Kinder in ihrem Werdegang unterstützen? Oder: Lasse ich mich scheiden oder bleibe ich verheiratet? Auch das Überprüfen der vorläufigen Antworten und Entscheidungen gelingt gut mit diesem Programm.

Zur Begleitung von eigenen oder fremden Veränderungsprozessen, die somit gezielt und potenzialorientiert gestaltet werden, lassen sich diese fünf Schritte ebenfalls gut nutzen: zum Beispiel bei einer Neuorientierung im Beruf oder bei anderen beruflichen Veränderungen oder privaten Herausforderungen; Veränderungen, die in der Mitte des Lebens aktuell sind; wie es nach der Scheidung weitergeht; Wiedereinstieg in den Beruf und vieles mehr.

In einer Teamentwicklung oder bei Konfliktsituationen in einem Team ist das Programm eine gute Orientierung: zum Beispiel bei Neuzusammensetzungen eines Teams; in Konfliktsituationen oder bei Mobbing; gemeinsame Zukunftsplanung zur optimalen Nutzung der vorhandenen Kompetenzen; Umgang mit Vorurteilen; Veränderung von Hintenherum-Gerede.

In Schule, Aus- und Weiterbildung kann das Gelernte optimal mit der gewollten Zukunft in Einklang gebracht werden. Es lohnt sich, zu Beginn einer beruflichen Weiterbildung die Ziele, die mit dieser Weiterbildung verfolgt werden, genau zu kennen. So kann der Einbezug des Gelernten gezielt gestaltet und überprüft werden.

Zielvereinbarungen mit Kindern und Jugendlichen oder Berufswahlentscheidungen mit Jugendlichen sind mit diesem Vorgehen einfacher zu gestalten. Kinder und Jugendliche trainieren so ihre Wahrnehmung entlang der vorhandenen Potenziale. Zudem trainieren sie ihre Sprache und lernen so eine gelungene Gestaltung ihrer Zukunft.

Literaturtipp

Zur Unterstützung für die Arbeit mit Kindern und Jugendlichen empfehlen wir die Nutzung der Ressourcenhefte, die Sie im Buch von Cornelia Schinzilarz und Katrin Schläfli »Potenziale erkennen und entfalten. Mit dem Ressourcenheft Ziele erreichen« (2012) finden.

Die strategische Zukunftsgestaltung mit dem Fünf-Schritte-Programm ist eine durch und durch praktische Umsetzung des Gerechten Sprechens. Sie nutzt in optimaler Form die Vorzüge von Gerechtes Sprechen:

o Gerechtes Sprechen bietet eine besondere Klarheit der Sprache.

o Die konsequente Ausrichtung auf die Potenziale und das Gewollte, fußend auf dem freien Willen, ermöglichen eine gute Ausrichtung der Ziele.

o Neben den Denk- und Handlungsstrategien werden die Gefühlsstrategien integriert.

o Die Ausgangssituation ist geprüft und auf ihre Potenziale hin durchleuchtet. Alles, was wesentlich ist, bleibt erhalten und wird für die angestrebte Veränderung verwertbar gemacht.

o Die Ziele sind durchdacht, begründet und dienen der persönlichen Entwicklung und der Zusammenarbeit unter den beteiligten Personen. Sie sichern zudem den betrieblichen oder familiären Zusammenhalt.

Es wird wieder einmal deutlich, dass Sprache Wirklichkeiten benennt und damit auch erschafft. Wenn wir so, wie hier vorgestellt, von der eigenen und gemeinsamen Zukunft sprechen, dann erschaffen wir auch die Zukunft, die als Gegenwart lebenswert ist.

Sprache und Sprechen

—— *Teil 03*

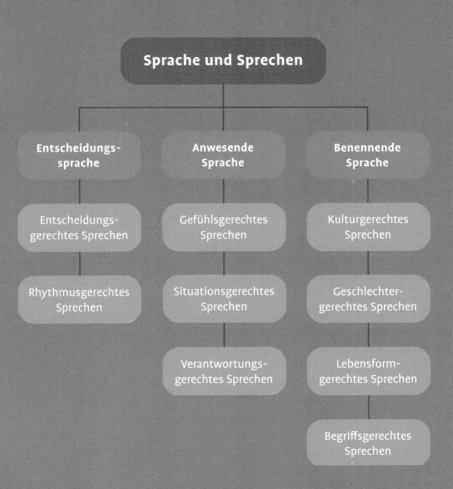

Ein sprachlicher Austausch unter Menschen entsteht durch die soziale Bezogenheit der Menschen zueinander. In den Begegnungen untereinander und mit der Natur entwickeln Menschen Gefühle von Neugier, Begierde, Wissenshunger, Sehnsucht und Hoffnung. Diese Momente möchten die Menschen auch beschreiben, sich dazu äußern und mit anderen Menschen austauschen. So entstand die Notwendigkeit zur Verständigung. Außerdem: Wenn mehr gewollt ist als das Gekannte, wird es ebenfalls nötig, sich auszutauschen. In einer Gruppe von Gleichgesinnten ist es beispielsweise wichtig, sich die Hoffnung bestätigen zu lassen, dass alle einer Meinung sind. Neugier, Begierde, Wissenshunger, Sehnsucht und Hoffnung treiben Menschen als Person an, um in sprachlichen Austausch mit Gleichgesinnten zu treten ebenso wie mit den ganz anderen, die eine andere Meinung vertreten, um zu der Person zu werden, die sie schließlich darstellen. Jeder Mensch hat diese Möglichkeit.

Wenn die Möglichkeit der Sprache und des Sprechens beeinträchtigt ist oder gar außerhalb der persönlichen Fähigkeiten liegt, entwickeln Personen andere Verständigungscodes als die Sprache. So verfügen taube und stumme Personen über ein Handzeichensystem, über das sie sich mitteilen, austauschen und sehen und zusehend verstehen. Menschen brauchen Sprache und Sprechen oder andere Zeichensysteme, um sich im Gesamtgefüge gesellschaftlicher Verhältnisse zurechtzufinden.

Entscheidungssprache

Täglich fallen vielfältige Entscheidungen an, diese gehören zum menschlichen Leben. Die kleinen Entscheidungen geben dem Tag eine Struktur: Wann stehe ich auf? Welche Kleidung wähle ich für diesen Tag? Trinke ich Tee oder Kaffee zum Frühstück? – Die dazugehörigen Entscheidungsvorgänge gestalten Personen mit Leichtigkeit und meist automatisiert. Die großen Entscheidungen strukturieren das Leben: Welchen Beruf will ich ausüben? Welcher Art von Arbeit will ich nachgehen? Will ich eine Familie gründen?

> In der Entscheidungssprache geht es darum, sich der Entscheidungsfindung im Kleinen und im Großen bewusst zu werden und zu prüfen, welche der getroffenen Entscheidungen wem gegenüber und in welchem Rhythmus gesprochen und welche verschwiegen werden.

Die Entscheidungssprache wird in zwei Bereiche unterteilt: *Entscheidungsgerechtes Sprechen* und *Rhythmusgerechtes Sprechen*.

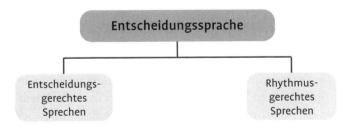

Personen treffen tagtäglich Hunderte von kleinen und großen Entscheidungen. Die meisten werden aufgrund von eingerichteten und automatisierten Grundmustern sich wiederholend gefällt: die Kleiderwahl am Morgen, das Lieblingsgetränk des Tages, die Wahl des Verkehrsmittels zum Arbeitsplatz. Sich dieser Entscheidungen wieder bewusst zu werden, das dahinterliegende System zu erkennen und es so zu gestalten, dass es den eigenen Wünschen, Möglichkeiten und der Umsetzung der gewollten Ziele dient, das eröffnet das Entscheidungsgerechte Sprechen.

Im Rhythmusgerechten Sprechen lernen Sie, wie Sie Sprache nutzen können, um Ihren und den gemeinsamen Alltag mit anderen im passenden Lebensrhythmus gestalten zu können. Sie lernen, Ihre eigenen Rhythmen zu erkennen und sie mit weiteren Rhythmen in Einklang oder im Widerstreit zu gestalten oder aufgrund Ihrer Definitionsmacht, Ihren Rhythmus als den für alle gültigen zu erklären.

Feedback einer Seminarteilnehmerin

Die Rückmeldung einer Seminarteilnehmerin verdeutlicht dies: »Mich in der Entscheidungssprache, das heißt im Wollensystem und in meinem Rhythmus zu bewegen, hat mir meine Entscheidungsfindung enorm erleichtert. Ich mute mich den anderen deutlich mehr zu und drücke mich klarer und verständlicher aus. Die Auseinandersetzungen, die ich führe, haben sich stark verändert. Drehten sie sich vorher darum, dass ich mich nebelig, zwischen Tür und Angel oder verschleiernd ausgedrückt habe und von daher falsch verstanden wurde, geht es jetzt darum, für die entstandenen Fragen und Zusammenhänge die passende Gestaltungsmöglichkeit zu erarbeiten.«

Im Folgenden wird Schritt für Schritt entwickelt, wie Sie sich die Fähigkeiten, der klaren, spontanen, an den eigenen Wünschen und Ressourcen orientierten Entscheidungsfindung, der deutlichen Formulierung dessen im Wollensystem, des ziel- und wirkungsorientierten Sprechens und des gekonnten Bewegens in und mit den verschiedensten Rhythmen zu eigen machen können. Zudem zeige ich auf, welche Möglichkeiten Frauen und Männern haben, die in der professionellen Arbeit mit Menschen zu tun haben, die sich zu Personen erschaffen. Egal ob Lehrerin, Coach, Trainerin oder Berater – die beschriebenen Übungen können vielfältig eingesetzt werden. Sie eignen sich auch zum Selbsttraining. Außerdem werden Anregungen in Form von Fragebeispielen gegeben, die Sie in Ihrer Arbeit gezielt einsetzen können.

Entscheidungsgerechtes Sprechen

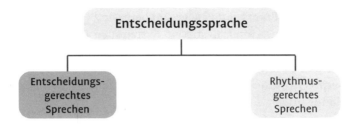

Das personale Gewordensein des Menschen beruht auf Entscheidungen, die ein wesentlicher Bestandteil des menschlichen Denkens sind und die aus der Vielzahl der Möglichkeiten, Daseinsweisen, Handlungsfähigkeiten getroffen werden. Menschen verfügen über Entscheidungsfindungssysteme. Als Personen nutzen sie diese sowohl bewusst und gezielt als auch untergewusst und instinktiv. Zentral ist in diesem Zusammenhang die Annahme, dass Personen für ihr Leben und Handeln – wobei Denken, Sprechen und Zuhören als Tätigkeiten und Handlungen verstanden werden – auf der Grundlage des freien Willens selbst verantwortlich sind.

Entscheidungsfindung

Personen treffen jeden Tag ihres Lebens viele Entscheidungen. Dank der Neurowissenschaften wissen wir heute, Menschen ungefähr alle drei Sekunden eine Entscheidung treffen. Das ergibt über den Tag verteilt rund 20 000 Entscheidungen. Einige dieser Entscheidungen geschehen bewusst, die meisten werden untergewusst gefällt.

In der westlichen Welt ist ein Entscheidungsfindungssystem schon lange anerkannt und auch kritisiert: die *kognitive Entscheidungsfindung*. Diese wird in den verschiedenen Ausbildungssystemen gelehrt. Hier werden Pro und Kontra eines Zusammenhangs durchdacht, die Konsequenzen berechnet und angesichts des persönlichen, institutionellen und gesellschaftlichen Nutzens entschieden. Dieser Prozess kann ein langwieriger sein, in dem abgewogen, durchdacht und eingeschätzt wird, was das Beste für wen, wann und wo ist. Dieses kognitive Entscheidungssystem wird den Gefühlen und Empfindungen gegenübergestellt. Es funktioniert sachlich. Gefühle stören in diesem System den Denkapparat, der für die Entscheidungsfindung genutzt wird. Sprache dient dazu, die Gedanken zu ordnen und ist ein Mittel zur Entscheidungsfindung im Gespräch mit sich selbst oder anderen, und mit ihr kann die Entscheidung mitgeteilt werden.

Dieser kognitiven Entscheidungsfindung wird ein umfassenderes Entscheidungsfindungssystem gegenübergestellt. Aufgrund der Erkenntnisse in den Neurowissenschaften rund um das menschliche Gehirn ist deutlich geworden, dass an rationalen Entscheidungen stets Empfindungen und Gefühle maßgeblich beteiligt sind.

Literaturtipp

Ernst Pöppel widmet sich in seinem Buch »Zum Entscheiden geboren. Hirnforschung für Manager« (2008) in gut verständlicher Sprache dem Zusammenspiel von Körper, Gefühl, Gehirn beim Entscheidungsprozess.

Empfindungen sind spontane Körperreaktionen auf Situationen, Begebenheiten und Gedanken. Gefühle sind ebenfalls spontane Bewertungen. Diese Bewertungen geschehen im Gehirn. Zudem entstehen Gefühle als spontane Reaktion auf Situationen, Begebenheiten, Gedanken und lösen ihrerseits Empfindungen aus. Sowohl die Gefühle als auch das Denken finden demnach zuerst im Gehirn statt.

Menschen verfügen über einen freien Willen und entscheiden frei zwischen den zur Verfügung stehenden Wahlmöglichkeiten. Manchmal werden auch neue Möglichkeiten entwickelt und einer Entscheidung unterzogen. Vergangenes wird erinnert, Gegenwärtiges gestaltet und Zukünftiges entworfen.

Wenn gedacht wird, im Gehirn Situationen aufgenommen werden oder Erinnerungen auftauchen, werden körperliche Empfindungen ausgelöst. Diese werden wiederum im Gehirn wahrgenommen und durch Gefühle bewertet. Gleichzeitig werden spontane Gefühle gedacht, die körperliche Empfindungen auslösen. Bezüglich des Entscheidungsfindungssystems lässt sich das an einem Beispiel verdeutlichen:

Der Regenspaziergang

Eine Person überlegt sich, ob sie einen Spaziergang im Regen machen möchte. Als vernunftmäßiges Argument kann die Überlegung gelten: Ich könnte mich erkälten. Für ein gefühlsmäßiges Argument steht die Überlegung: Ich sehne mich nach frischer Luft. Bei der Entscheidungsfindung werden beide Argumente bedacht und berücksichtigt.

Dieses Entscheidungsfindungssystem funktioniert automatisiert, und Personen erschließen es sich mehr und mehr durch die sprachliche Vergegenwärtigung. Je bewusster und gewusster Entscheidungen gefällt werden, desto mehr erschaffen sich Personen und ihre Umwelt mit und neu. Dann kann der Spaziergang im Regen so gestaltet werden, dass sowohl die Sehnsucht als auch die Vernunft zu ihrem Recht kommen.

Dieses im Erwachsenenalter automatisierte Entscheidungsfindungssystem wird im menschlichen Gehirn zuletzt ausgebildet. Erst im jugendlichen Alter entwickelt sich der Gehirnbereich, der es den Menschen ermöglicht, Entscheidungen treffen zu können, die über die Situation hinaus von Bedeutung sind.

Entscheidungen treffen

Nachfolgend einige Kriterien, nach denen Entscheidungen fallen: Wissen, Handlungsfähigkeiten, Kenntnisse der zu erwartenden Zukunft, Selbstbewusstsein, Achtsamkeit auf die spontanen Gefühle, Interesse an den körperlichen Reaktionen und Regungen, Aufmerksamkeit von sich her auf den zu entscheidenden Zusammenhang. Dieses letzte Kriterium, insbesondere die »Aufmerksamkeit von sich her« spielt beim Gerechten Sprechen eine große Rolle. Denn: Im Gerechten Sprechen wird davon ausgegangen, dass alles außerhalb der Person allein durch die Aufmerksamkeit auf sich selbst verstanden werden kann. So wendet sich eine Person mit der Aufmerksamkeit von sich her dem sie Umgebenden zu, um – von sich ausgehend – das Umfeld in sich verstehen zu können.

Durch diese Haltung sind die im Gehirn für die Entscheidungsfindung zuständigen Regionen aktiviert. Sprache eröffnet Personen die Möglichkeit, sich in einen solchen Zustand hineinzuversetzen. Durch Sprache finden körperliche Regungen einen Ausdruck. Das Gesprochene wirkt wiederum auf das Gehirn zurück. Das Wissen wird gesprochen, und Szenarien von Entscheidungen und Konsequenzen können entworfen werden. Hier ist es wichtig, dass die Zusammenhänge sprachlich hergestellt werden, die einem Findungsprozess dienlich sind.

Begeisternde Gefühle und Empfindungen wie Glück und Heiterkeit treiben Denkprozesse an und fördern die Kreativität. Gemächliche Gefühle und Empfindungen wie Schwermut, Kummer oder tiefe Traurigkeit verlangsamen den Denkprozess und verringern die Anzahl von Assoziationen und Gedanken. Im Entscheidungsgerechten Sprechen kennen Personen das eigene Entscheidungsfindungssystem und lernen, ihm zu vertrauen. Wenn dann mal wieder der Bauch rumort oder das Auge zuckt oder ein flaues Gefühl im Kopf entsteht, geht es darum, es verstehen zu lernen und einzureihen in den Zusammenhang des Entscheidungsfindungsprozesses. Im Gerechten Sprechen wird durch Sprache die passende Choreografie erstellt, in der Entscheidungen stattfinden.

Entscheidungen im Wollensystem

Im Gerechten Sprechen enthält das Entscheidungsfindungssystem sowohl den Geist, also die Vernunft oder die Ratio, das Kognitive, als auch die Empfindungen, die Gefühle, die Befindlichkeiten, die Ahnungen. Ein solches Entscheidungsfindungssystem kann durch Gerechtes Sprechen entwickelt werden. Aufgrund von Entscheidungsbegriffen wird das Wollensystem geweckt und aktiviert. Im Gehirn geschehen dann andere neuronale Verbindungen als im Zwangssystem. Damit ist gemeint, dass diese Situationen vom Müssen geprägt sind, also Entscheidungen allein unter Zwang getroffen werden.

Das *Zwangssystem*, welches durch den Begriff »müssen« und etwas schwächer durch den Begriff »sollen« aktiviert wird, fördert die Fähigkeit der Anpassung. Wenn Personen ihren Alltag aufgrund von Zwang – das bedeutet von gemussten Situationen – gestalten, entwickeln sie ein ausgeklügeltes System, das es ihnen ermöglicht, sich an die gegebenen Verhältnisse anzupassen. Oftmals ist der Preis dieser Anpassung sehr hoch. Der Arbeitsalltag bietet genügend Beispiele, in denen Personen ihre körperlichen, geistigen oder psychischen Möglichkeiten weit überschreiten, um den gegebenen Anforderungen zu genügen und um sich den erwarteten Leistungen anzupassen. Unter Zwang kreativ sein zu können oder Entscheidungen zu fällen braucht einen enormen Aufwand und eine große intellektuelle Anstrengung der so lebenden und arbeitenden Person. Die Konsequenzen sind Burnout, Stresserkrankungen und psychische Störungen.

Im *Wollensystem* ist der Bereich des Gehirns aktiv, in dem kreativ gedacht wird, vernetztes Denken beheimatet ist und Vernunft und Gefühl zusammenkommen. Personen, die im Wollensystem, das durch den Begriff »wollen« jederzeit aktiviert werden kann, ihren Alltag gestalten, erkennen ihre Chancen und setzen sie um. Philosophisch begründet ist das Wollensystem in der Annahme, dass Menschen einen freien Willen haben. Auf dieser Grundlage ist anzuerkennen, dass alles, was ein Mensch macht, denkt, handelt, fühlt und empfindet, auch so von diesem Menschen gewollt ist.

Im Wollensystem kennen die Personen ihre Ressourcen und Möglichkeiten, nutzen diese und ergänzen sie, wenn nötig, mit denen von anderen Personen. Sie können zwischen Ja und Nein unterscheiden, Entscheidungen treffen und diese mitteilen. Situationen werden im Wollensystem in ihren Einzelheiten wahrgenommen und können für sich und die umgebenden Verhältnisse verwendet werden.

Auf den ersten Blick erscheint ein solcher Entscheidungsfindungsprozess im Wollensystem zeit- und kraftaufwendig. Ist jedoch dieses System erkannt und eingerichtet, funktioniert es wirkungs-

orientiert und zielgerichtet den Bedürfnissen der Person entsprechend, die es sich erschaffen hat. Basierend auf diesen Erkenntnissen, werden Entscheidungen getroffen, die die Zufriedenheit der
Person und des Allgemeinwohls erhöhen.

Die Zwangssprache

In unserem Sprachgebrauch kennen und nutzen wir im Alltag die
Zwangssprache. Sie ist gegenwärtig zum Beispiel in folgenden Sätzen: »Ich muss das noch eben erledigen« oder »Ich kann es mir nicht
anders vorstellen« oder »Dies ist mein mir bestimmter Weg« oder
»So ist es und nicht anders« oder »Es wird so von mir verlangt. Ich
kann nicht anders«. Solche Sätze gibt es zudem in Verbindung mit
der Drohsprache, die einen ausgedrückten Zwang fokussierend notwendig zu machen scheint: »Du sollst dich daran halten, sonst ...!«
Solche Einseitigkeiten und Kausalzusammenhänge, wie es diese
Art zu sprechen suggeriert, verneinen und verhindern Verantwortung und Selbstverantwortung, die Personen für ihr Leben und
Handeln haben. Sie stehen der Gestaltung im Weg, die der freie
Wille den Menschen möglich macht. Denn jeder Zwangsmoment
benötigt eine Reihe von Entscheidungen, die die sprechende Person
trifft und die diesen Moment erst ermöglichen. Jede einzelne dieser
Entscheidungen wird in einem hochkomplexen Findungsprozess
entwickelt. Ist darin ein Hauptaspekt der Zwang, wird die Anpas-
sungsleistung aktiviert, wodurch vielfältige weitere Möglichkeiten
ausgeschlossen werden. Erst das Nutzen aller zur Verfügung stehenden Unterstützungsmomente macht die Entscheidungsfindung so
möglich, dass die getroffene Entscheidung sowohl der Person mit
ihren Empfindungen, Gefühlen und ihrem Verstand, als auch der
Sache und den weiteren beteiligten Personen dienlich ist.

Unterstützungsmomente sind die Kriterien, nach denen Entscheidungen fallen. Das sind: das Wissen, die sozialen Handlungsfähigkeiten, die Kenntnisse der zu erwartenden Zukunft, das Selbstbewusstsein, Achtsamkeit auf die spontanen Gefühle, Interesse an

den körperlichen Reaktionen und Regungen, die Aufmerksamkeit von sich her auf den zu entscheidenden Zusammenhang.

Jeder Moment im Leben stellt eine Entscheidung dar, jede Handlung und damit ebenfalls jeder Sprechakt ist Folge einer Entscheidung: Bleibe ich stehen oder gehe ich über die Straße. Gehe ich jetzt sofort zur Arbeit und bin dann pünktlich oder trinke ich meinen Kaffee erst noch aus und riskiere damit, zu spät am Arbeitsplatz anzukommen, rede ich mich heraus oder erläutere ich die Hintergründe.

Übung: Sich durch Sprache selbst wahrnehmen

Geben Sie Ihrem Klienten, Ihren Schülerinnen die Hausaufgabe, bis zu nächsten Stunde darauf zu achten, wie häufig und in welchen Zusammenhängen sie das Wort »müssen« am Tag verwenden. Diesen Gebrauch von »müssen« tragen sie in ein Raster ein. Dann geht es darum, dass sie sich vergegenwärtigen, welches Ziel sie mit der jeweiligen Aussage erreichen wollten. Im letzten Schritt überprüfen sie, ob sie das Ziel mit der getroffenen Aussage auch erreicht haben.

o   In welchen Ich-Aussagen?
o   In welchen Du-Aussagen?
o   In welchen Beschreibungen?

Aussage: *Ich muss zur Schule.*

Ziel, welches mit der Aussage verfolgt wird: *Ich bin motiviert, zur Schule zu gehen.*

Ziel erreicht: *Nein, ich hatte trotzdem keine Lust.*
In der kommenden Stunde beziehungsweise in der nächsten Sitzung werten Sie die Angaben miteinander aus.

Auf der folgenden Seite finden Sie ein Beispielraster, mit dem die Hausaufgabe strukturiert werden kann.

Bespielraster

Ich/Du bzw. beschreibende Aussage	Zu erreichendes Ziel	Ziel erreicht?
Ich muss zur Schule gehen.	Ich bin motiviert, zur Schule zu gehen.	Nein, ich hatte trotzdem keine Lust.
Du musst zur Schule gehen.	Dem Kind den Sinn der Schule nahebringen.	Nein, Kind rebelliert noch immer.
Das müssen Sie sich vorstellen.	Einen spannenden Zusammenhang nahebringen.	Fantasie wurde blockiert.
Die Schüler müssen den ganzen Tag still sitzen. Das sind schon arme Wesen.	Das eigene Mitleid mit den Schülern ausdrücken und sich dazu anspornen, sich weitere Methoden auszudenken.	Mitleid ist ausgedrückt. Das Denken von neuen Methoden ist blockiert.
Ich muss diese Arbeit heute noch erledigen.	Diesen Auftrag noch heute gut zu Ende führen.	Nein. Fehler gemacht und am anderen Tag habe ich das Ganze nochmals gemacht.

Ziele der Übung

o Erkennen, wie intensiv im alltäglichen Sprachgebrauch der Zwangszusammenhang ist.

o Sich selbst wahrnehmen in der Sprache.

Anmerkung: Diese Übung können Sie natürlich auch für sich selbst durchführen.

Das Wollensystem

Personen entscheiden sich aus einer Vielzahl von Möglichkeiten und treffen eine Wahl für diese eine Möglichkeit, die sie dann aussprechen, die Handlungen entsprechend ausführen, etwas gestalten oder machen. Daraus ergeben sich Prioritäten: Einiges geschieht gleichzeitig, anderes nacheinander. Im Entscheidungsgerechten Sprechen geht es darum, sich dieser Entscheidungen bewusster zu werden und damit herauszutreten aus der Zwangshaltung hinein in das Wollensystem und damit hinein in ein autonom gestaltetes und selbst verantwortetes Leben.

Hausaufgaben leicht gemacht

Nehmen wir zum Beispiel die Hausaufgaben, die von vielen Kindern und Jugendlichen als Zwang empfunden und daher oft nur unter Qualen erledigt werden. Hausaufgaben sind wegen einiger vorheriger Entscheidungen notwendig, die»Hauptentscheidung« lautet: Es gibt die Schulpflicht.

Die Eltern entscheiden, ob sie dieser Schulpflicht Folge leisten und schicken ihre Kinder in die Schule. Die Lehrerinnen und Lehrer vermitteln den Lernstoff und entscheiden sich dafür, dass der Inhalt, der in der Schule erklärt und gelernt, zu Hause von den Schülerinnen und Schülern reflektiert und vertieft wird. Die Schüler entscheiden sich, den Entscheidungen der Regierung und der Eltern Rechnung zu tragen, indem sie zur Schule gehen. Sie entscheiden sich, etwas zu lernen und ihren Geist zu schulen. Dazu gehören die Hausaufgaben. Also entscheiden die Schülerinnen sich dafür, diese zu machen.

Wenn in den Entscheidungen Zwang ausgedrückt wird.»Du musst Hausaufgaben machen« – sind die einzelnen wesentlichen Unterstützungsmomente, die in der Entscheidungsfindung liegen, außer Acht gelassen. Sie werden ausgeklammert aus der Tatsache, dass Schüler Hausaufgaben machen. Zudem wird das Zwangssystem angesprochen, und im menschlichen Gehirn sind die Regionen aktiviert, die Anpassungsleistungen ermöglichen.

Wenn der Entscheidungsweg jedoch so formuliert wird, wie er gestaltet ist, wird den meisten Schülerinnen und Schülern deutlich, dass sie diese Hausaufgaben erledigen wollen, denn neben dem Erkenntniszuwachs liegen der Erfolg und die Befriedigung der Neugier. Steht dem grundsätzlichen Wollen die Sehnsucht nach Spielen im Weg, kann in dem Entscheidungsfindungsweg herausgefunden werden, was in diesem Moment gebraucht wird, um die Hausaufgaben tatsächlich machen zu wollen. Das Gewollte kann ein kleiner Ball sein, der in der einen Hand spielerisch hin und her bewegt wird, während mit der anderen Hand geschrieben wird. Es kann sein, dass die Lehrerin sich Hausaufgaben ausdenkt, die neben der Konzentrationsleistung die spielerische Neugier wecken. Was es auch sein mag, hier geht es darum herauszufinden, was die Person braucht, um das Gemusste zu einem Gewollten werden zu lassen. In der Regel ist es notwendig, solche komplexen Entscheidungszusammenhänge mehrmals und deutlich zu sprechen. Im Entscheidungsgerechten Sprechen wird ein solcher Gesamtzusammenhang in all seinen Einzelheiten und mehrfach gesprochen. Zudem wird das Wollensystem angesprochen, und im menschlichen Gehirn wird die Region aktiviert, die kreative Leistungen ermöglicht.

In diesem Zusammenhang wird hier und da von Seminarteilnehmern und Studentinnen die Kritik laut, dass es doch Augenwischerei sei, offensichtliche Zwänge, wie zum Beispiel die Hausaufgaben, das Zur-Arbeit-Gehen oder das Schlafen, als etwas darzustellen, das wir wollen. Dieser Kritik wird im Gerechten Sprechen entgegengesetzt, dass Personen die Wahl haben, ob sie Hausaufgaben machen, zur Arbeit gehen, Steuern zahlen als Zwang und damit als Qual gestalten und erleben wollen. Oder ob sie diese Zusammenhänge, aus der Quelle ihrer Kreativität und Möglichkeiten schöpfend, für sich so freudig wie möglich gestalten und leben wollen. Zum Personsein in unserer Gesellschaft gehören die genannten Pflichten, also geht es darum, diese für sich und das eigene personale Gewordensein nutzen zu lernen und optimal, das bedeutet auch lustvoll, umzusetzen. Dafür ist die Aktivierung des Wollensystems der effektivste Weg, kann doch jede Person das ihr eigene Wollensystem wecken, so den freien Willen leben und die eigene Denkfähigkeit erweitern.

Fragebeispiele für Coaches, Lehrerinnen und Trainer

- Was bedeutet es, zu wollen?
- Aufzeigen der zu erwartenden Konsequenzen: Ist es das, was Sie wollen?
- Aufzeigen der getroffenen und geltenden Vereinbarungen: Was willst du angesichts dieser Vereinbarungen?
- Welches Ziel wollen Sie damit erreichen?
- Was verfolgst du?
- Was wird dabei herauskommen?
- Ich habe gehört, dass du das … willst. Stimmt das?
- Sie wollen also …?
- In einer solchen Situation, was gibt es da zu wollen?

Vom Müssen zum Wollen

Das Wort »müssen« ist ein zentrales Zwangswort in der deutschen Sprache. Jede Person nutzt »müssen« einige Hundertmal am Tag, entweder für sich selbst: »Ich muss diese Arbeit heute noch erledigen«, »Ich muss gut sein«, »Es muss uns gut gehen, da bleibt uns nichts anderes übrig« oder für andere: »Du musst tun, was von dir verlangt wird«, »Du musst mir zuhören«. Durch Müssen wird die Zentrierung auf eine Möglichkeit ausgelöst, und es wird suggeriert, dass es nur diese eine Möglichkeit gibt und allein diese eine Handlung, dieser eine Gedanke zur Verfügung steht. Im menschlichen Gehirn werden mit dem Wort »müssen« die Anpassungsverbindungen aktiviert. Wie eben aufgezeigt, gibt es jedoch in allen Gedanken, Handlungen, Tätigkeiten und Sprechakten eine Wahl. Im Entscheidungsgerechten Sprechen werden die zur Verfügung stehenden Wahlmöglichkeiten sprachlich vergegenwärtigt und damit eine Realität geschaffen, die weitere Wahlmöglichkeiten entwirft.

Der einfachste Weg hin zum Wollensystem besteht darin, das Wort »müssen« aus dem Sprachgebrauch zu streichen. Am besten ist es in einer Anfangszeit zu ersetzen durch »wollen«, »mögen« und »wünschen«.

- Der Begriff »wünschen« bedeutet, dass die wünschende Person sich mit dem Erwünschten auseinandergesetzt, das eigene Begehren und die Sehnsucht geprüft und sich für diesen Wunsch entschieden hat. Ob einem Wunsch entsprochen wird, hängt auch von der »angewünschten« Person ab.
- Der Begriff »mögen« bedeutet, dass das Gewünschte deutlicher gewollt wird. Mögen ist eine klarere Absichtserklärung als das Wünschen.
- Der Begriff »wollen« enthält eine Zielformulierung. Etwas, eine Situation, ein Gegenstand, ein Zusammenhang wird so gewollt und eben genau so.

Solche versprachlichten, in Sprache gefassten Zusammenhänge bieten die Basis für Ergebnisse und Kompromisse. Denn wenn alle beteiligten Personen sagen und voneinander wissen, was sie wollen, kann herausgefunden werden, was jetzt für diese Gruppe von Personen in dieser Situation das Beste ist.

Durch den Begriff »wünschen« werden im Menschen die Gefühle Sehnsucht und Begierde aktiviert. Durch »mögen« bekommen diese eine deutlichere Richtung. Durch den Begriff »wollen« werden im menschlichen Gehirn Entscheidungsverbindungen angeregt. Jedes Wollen enthält die Möglichkeit der Ablehnung des Wollens und fordert damit mindestens die Entscheidung zwischen Ja und Nein. So wird sich dann entscheiden, ob die geforderte Arbeit heute erledigt wird oder zu einem anderen Zeitpunkt. Und wenn es so ist, dass diese Arbeit tatsächlich heute zum Abschluss gebracht wird, lohnt es sich, sich klarzumachen, warum diese Arbeit jetzt gemacht wird und was es braucht, damit diese Arbeit auch tatsächlich gemacht werden will.

Übung: Von Müssen zum Wollen – Der erste Schritt

Geben Sie Ihrem Klienten, Ihren Schülerinnen bis zur nächsten Stunde wieder die Aufgabe, darauf zu achten, wie häufig und in welchen Zusammenhängen sie das Wort »müssen« am Tag verwenden. Das Ergebnis tragen sie wieder in das Raster ein. Dann formulieren sie die Aussage im Wollensystem. Es geht darum, dass sie sich vergegenwärtigen, welches Ziel sie mit dieser Aussage im Wollensystem erreichen wollen. Im letzten Schritt überprüfen sie, ob sie das Ziel mit der getroffenen Aussage auch erreicht haben.

- In welchen Ich-Aussagen?
- In welchen Du-Aussagen?
- In welchen Beschreibungen?

Aussage: *Ich muss zur Schule.*

Aussage im Wollensystem: *Ich will zur Schule gehen.*

Ziel, welches mit der Aussage verfolgt wird: *Mich dazu motivieren, zur Schule zu gehen.*

Ziel erreicht: *Es hat sich ein wenig anders angefühlt. Zumindest habe ich gelacht, als ich das gesagt habe.*

Ins Raster eingefügt sehen die Aussagen so aus wie in der Übersicht auf der nächsten Seite.

In der kommenden Stunde werten Sie die Angaben miteinander aus. Bei dieser Auswertung hören Sie sich selbst zu und achten darauf, dass Sie selbst im Wollensystem sprechen. Machen Sie Ihre Klientinnen oder Schüler darauf aufmerksam, wenn sie im Müssensystem sprechen.

Ziele der Übung

- Auf »müssen« im alltäglichen Sprachgebrauch aufmerksam werden.
- Das Wollensystem ausprobieren.

Ich/Du bzw. beschreibende Aussage	Wollensystem	Zu erreichendes Ziel	Ziel erreicht?
Ich muss zur Schule gehen.	Ich will zur Schule gehen.	Ich bin motiviert, zur Schule zu gehen.	Es hat sich ein wenig anders angefühlt. Zumindest habe ich gelacht, als ich das gesagt habe.
Du musst zur Schule gehen.	Du willst zur Schule gehen.	Dem Kind den Sinn der Schule nahebringen.	Die Verantwortung für den Schulgang wird dem Kind übergeben. Jetzt kann gemeinsam überlegt werden, was das Kind braucht, um zur Schule gehen zu wollen.
Das müssen Sie sich vorstellen.	Wenn Sie sich das vorstellen, was denken Sie dann?	Einen spannenden Zusammenhang nahebringen.	Fantasie wird aktiviert.
Die Schüler müssen den ganzen Tag still sitzen. Das sind schon arme Wesen.	Im Moment sitzen die Schüler den ganzen Tag. Ich will mir andere Methoden ausdenken, dass sie sich zwischendurch bewegen können.	Das eigene Mitleid mit den Schülern ausdrücken und sich dazu anspornen, sich weitere Methoden auszudenken.	Mit den Schülern leiden fällt weg, und die eigene Verantwortung für einen abwechslungsreichen Unterricht wird übernommen. So können andere Methoden erarbeitet werden.
Ich muss diese Arbeit heute noch erledigen.	Ich will diese Arbeit heute noch machen.	Diesen Auftrag noch heute gut zu Ende führen.	Der erste Teil ist gut gelungen. Der zweite Teil ist auf morgen verschoben.

Angesichts von Vereinbarungen, Konsequenzen, gesellschaftlichen Notwendigkeiten oder persönlichen Abmachungen kann der Eindruck einer Zwangssituation entstehen.

»Ich habe einen Arbeitsvertrag, ich soll morgens um 7:30 Uhr zur Stelle sein, also muss ich um 6:00 Uhr aufstehen.«

Auch in dieser scheinbaren Zwangssituation können Personen entscheiden, ob sie wollen oder nicht wollen. Auch hier ist es sinnvoll, den Entscheidungsfindungsweg nachzuvollziehen, der hinter dieser angenommenen Zwangssituation steht.

»Ich will diesen Arbeitsvertrag, also will ich auch morgens um 7:30 Uhr an meinem Arbeitsort erscheinen, und ich will morgens um 6:00 Uhr aufstehen.«

Die Konsequenz, sich diese Entscheidungszusammenhänge zu vergegenwärtigen, macht das Aufstehen-Wollen am Morgen einfacher. Falls es dennoch weiterhin ein gefühltes Zwangsmoment bleibt, ist es wichtig, sich zu fragen: »Was brauche ich, damit ich will?« Hier gibt es eine Vielzahl von Möglichkeiten. Beispielsweise: eine Belohnung; prüfen und aushandeln, ob zum Beispiel einmal in der Woche die Arbeitszeit verschoben werden kann; ein fröhliches Lied und dazu den CD-Player-Wecker anstellen oder oder oder. Es geht darum, sich das eigene Leben als gewolltes Leben zu erschließen und es damit freudvoller und reicher werden zu lassen.

Die bewusste Gestaltung der eigenen Entscheidungen angesichts dessen, was abgesprochen, vereinbart oder schlicht notwendig genannt werden kann, eröffnet die Möglichkeit das Leben so zu gestalten, dass es sich am eigenen Wollen orientiert. Eine sich dergestalt selbst entwerfende Person übernimmt die zu ihr gehörende Verantwortung und arrangiert ihre Zuständigkeiten im gerechten Verhältnis zu sich selbst, zu den anderen Personen und im gerechten Verhältnis der sie umgebenden Zusammenhänge in der Nutzung des freien Willens.

Übung: Selbstverantwortung in Entscheidungen

Geben Sie Ihrer Klientin, Ihren Schülern die Aufgabe, bis zur nächsten Stunde darauf zu achten, wie häufig und in welchen Zusammenhängen sie »müssen« am Tag verwenden, und dies in das Raster einzutragen. Dann formulieren sie die Aussage im Wollensystem. Anschließend geht es darum, dass sie sich vergegenwärtigen, welches Ziel sie mit dieser Aussage im Wollensystem erreichen wollen. Im letzten Schritt überprüfen sie, ob sie das Ziel mit der getroffenen Aussage auch erreicht haben. Wenn das Ziel nicht erreicht wurde, ist es wichtig zu fragen, was gebraucht wird, um das Ziel zu erreichen.

o   In welchen Ich-Aussagen?
o   In welchen Du-Aussagen?
o   In welchen Beschreibungen?

Aussage: *Ich muss zur Schule.*

Aussage im Wollensystem: *Ich will zur Schule gehen.*

Ziel, welches mit der Aussage verfolgt wird: *Mich dazu motivieren, zur Schule zu gehen.*

Ziel erreicht: *Es hat sich ein wenig anders angefühlt. Zumindest habe ich gelacht, als ich das gesagt habe.*

Was brauche ich, damit ich zur Schule gehen will? Eine Belohnung. Mehr Spaß. Einmal in der Woche richtig ausschlafen können. Mehr Anreize ...

Das Beispielraster sehen Sie auf der gegenüberliegenden Seite.

In der kommenden Stunde werten Sie die Angaben miteinander aus.

Ziele der Übung
o   Auf »müssen« im alltäglichen Sprachgebrauch aufmerksam werden.
o   Das Wollensystem ausprobieren und einüben.
o   Sich darin üben, Selbstverantwortung in den Entscheidungen zu übernehmen.

Ich/Du bzw. beschreibende Aussage	Wollensystem	Zu erreichendes Ziel	Ziel erreicht?	Was wird gebraucht?
Ich muss zur Schule gehen.	Ich will zur Schule gehen.	Ich bin motiviert, zur Schule zu gehen.	Es hat sich anders angefühlt. Zumindest habe ich gelacht, als ich das gesagt habe.	Eine Belohnung. Mehr Spaß. Einmal in der Woche richtig ausschlafen können. Mehr Anreize.
Du musst zur Schule gehen.	Du willst zur Schule gehen.	Dem Kind den Sinn der Schule nahebringen.	Die Verantwortung für den Schulgang wird dem Kind übergeben.	Jetzt kann überlegt werden, was das Kind braucht, um zur Schule gehen zu wollen.
Das müssen Sie sich vorstellen.	Wenn Sie sich das vorstellen, was denken Sie dann?	Spannenden Zusammenhang nahebringen.	Fantasie wird aktiviert.	
Die Schüler müssen den ganzen Tag still sitzen. Das sind schon arme Wesen.	Im Moment sitzen die Schüler den ganzen Tag. Ich will mir andere Methoden ausdenken, dass sie sich zwischendurch bewegen können.	Das eigene Mitleid mit den Schülern ausdrücken und sich dazu anspornen, sich weitere Methoden auszudenken.	Die eigene Verantwortung für einen abwechslungsreichen Unterricht wird übernommen. So können andere Methoden erarbeitet werden.	Zeit, Austausch mit anderen.
Ich muss diese Arbeit heute noch erledigen.	Ich will diese Arbeit heute noch erledigen.	Diesen Auftrag noch heute gut zu Ende führen.	Heute habe ich diese Arbeit erfolgreich abgeschlossen.	Heute nehme ich mir Zeit für diese Arbeit. Morgen schlafe ich aus und gehe später ins Büro.

Die letzten drei Übungen bauen aufeinander auf. Sie können Sie gezielt mit Einzelnen oder in der Gruppe anwenden. Wichtig dabei sind der Austausch und die Auswertungen der Ergebnisse im Vergleich mit der eigenen Entwicklung und mit den Ideen, die die anderen für ihre Wollenssätze haben.

»Müssen« wegzulassen stellt eine einschneidende Veränderung im Sprachgebrauch und in der Denkweise dar. Neben der Tatsache, dass sich Sätze und Satzkonstruktionen verändern, sind andere Denkprozesse notwendig. Wird bei der Nutzung der Begrifflichkeit »müssen« eine Zustimmung unter Zwang gedacht, ausgedrückt und gelebt, wird bei der Nutzung der Begrifflichkeit »wollen« dagegen eine Entscheidung gedacht, ausgedrückt und gelebt. Dies fordert im Denken einen Entscheidungsfindungsprozess, der das Gehirn in seiner gefühlsmäßigen und kognitiven Seinsweise fordert.

Im Entscheidungsfindungsprozess geht es um eine Analyse der Situation, das Vergegenwärtigen der Gefühle und der Empfindungen, das Zusammenbringen von Gefühl und Gedanke, um dann eine Entscheidung angesichts der Konsequenzen fällen zu können. Während dieses komplexen Prozesses sind sowohl die rechte und als auch die linke Gehirnhälfte aktiv. Das Sprachvermögen ist wie ein Netzwerk über das ganze Gehirn verteilt. Es werden im gesprochenen Entscheidungsweg sowohl die körperlichen Grundsignale als auch die Gefühle und die Gedanken zusammengedacht. Die viel propagierte Ganzheitlichkeit wird gelebt. Das Wollensystem wird spielend eingerichtet. Dazu ein Beispiel:

Der erfolgreiche und spannende Unterricht

Sandra B., eine Seminarbesucherin, ist Lehrerin. Sie hat gelernt, dass ihr allein Strenge bei ihren pubertierenden Schülerinnen Gehör verschafft. In ihrem Unterricht gibt es Strafarbeiten und Hinausschicken, der Lernstoff kommt zu kurz, die Motivation der Schülerinnen sinkt, und gleichzeitig wird viel gemeckert. Sandra B. ist traurig und gestresst, da sie weit hinter ihrem Pensum liegt und mit den Schülerinnen Streit hat. Sie hat Angst vor den kommenden Unterrichtsstunden.

Mit dem Entscheidungsgerechten Sprechen durchleuchtet Sandra B.
ihre Entscheidung, um herauszufinden, was sie wirklich will.

Die Analyse (Fortsetzung des Beispiels))

Eine Analyse der Situation ergibt Folgendes: Die Schülerinnen wollen ler-
nen, und sie wollen dafür gelockt und neugierig gemacht werden. Sandra
B. will den Lernstoff vermitteln. Neu ist für sie, dass die Schülerinnen ge-
lockt werden wollen. Die Gefühle werden angeschaut: Die Lehrerin und die
Schülerinnen sind gleichermaßen frustriert. Die Lehrerin wünscht sich im
Unterricht Gefühle wie Freude, Leichtigkeit und Neugier. Die Schülerinnen
wünschen sich Neugier, Erfolg und Spaß. Beide Momente werden zusammengedacht: Da Sandra B. zuständig für das
Gelingen im Unterricht ist, geht an sie die Frage: Was braucht sie selbst,
damit sie Freude und Spaß am Lernen hat? Die Antwort kommt spontan:
Ich lerne am liebsten spielerisch und mit praktischen Übungen.
Die Konsequenzen dieser Erkenntnis sind: Sandra B. bereitet ihren Unterricht anders vor, er enthält neben den theoretischen Inputs und den
Einzel- und Gruppenübungen mehr praktische und spielerische Elemente.
Den Schülerinnen erzählt sie gemäß dem Entscheidungsgerechten Sprechen von dieser Entscheidung, wie sie dazu gekommen ist und welches
Ziel sie damit verfolgt. Die Schülerinnen fühlen sich ernst genommen und
sind bereit, Konsequenzen bei Fehlverhalten zu vereinbaren. Gemeinsam
entscheiden sie sich dafür, dass eine störende Schülerin wiederholt, was
gerade an Lernstoff formuliert wurde. Kann sie diese Aufgabe nicht erfüllen, wiederholt eine andere den Lernstoff, und sie hört zu. Bei gutem und
engagiertem Mitmachen, gibt es Punkte, die ab sechs Punkten zu einer
positiven Benotung führen. Diese Orientierung an den Erfolgen, sport die
Schülerinnen an und eröffnet die Aufmerksamkeit auf ihre Ressourcen. So
erkennt sowohl Sandra B. als auch die Schülerinnen selbst, welches Potenzial sie haben und wie sie es für erfolgreiches Lernen umsetzen können.
Die Schülerinnen machen engagierter mit, und wenn sie sich wieder einmal Ausschweifungen hingeben, reicht oft die Erinnerung durch Sandra B.
oder durch andere Schülerinnen an die vereinbarten Konsequenzen. Der
Lernstoff kann erarbeitet werden, und das Lernklima ist interessiert und
offen.

Dieses Beispiel zeigt deutlich das Potenzial, welches im Wechsel vom Zwangssystem hin zum Wollensystem vorhanden ist:

o Verantwortlichkeiten und Zuständigkeiten werden den Personen zugeordnet, denen sie gehören.
o Eigene Ressourcen werden erkannt und genutzt.
o Der Entscheidungsweg wird allen Beteiligten bekannt gegeben. Dadurch sind und fühlen sich alle ernst genommen.
o Gemeinsam können für die Situation passende Ergebnisse erarbeitet werden, an denen sich dann auch alle orientieren.

Mit der folgenden Übung nutzen Sie Ihr eigenes Wollensystem und regen Ihre Klientinnen, Seminarteilnehmer oder Schülerinnen dazu an, ihr Wollensystem zu aktivieren.

Übung: Vom Müssen zum Wollen – Der zweite Schritt

In der Arbeit mit anderen Menschen, im Einzelsetting oder im Gruppensetting, ist es notwendig, dass Sie den Zusammenhang und die Konsequenzen der Begriffe müssen und wollen erläutern. Außerdem ist es gut, wenn Sie Folgendes beachten:

o Sie selbst sprechen konsequent im Wollensystem, machen auf den Gebrauch von müssen aufmerksam, unterbrechen und lassen den Inhalt neu im Wollensystem formulieren.
o Sie überprüfen, ob im Wollensystem das gesagt ist, was gemeint ist.
o Sie erfragen das Ziel, welches hier erreicht werden will.
o Überprüfen, ob es auch erreicht wurde.
o Falls es nicht erreicht wurde, lohnt es sich, das Ziel nochmals zu überprüfen. Vielleicht hat es sich ja auch verändert.
o Was wird gebraucht, um dieses Ziel zu erreichen.

Ziele der Übung

o Das Wollensystem kennenlernen.
o Entscheidungsgerechtes Sprechen üben.
o Das Wollensystem aktivieren, üben und sich darin einrichten.

Entscheidungen im Gerechten Sprechen

Wenn Zwangssituationen »auseinandergesprochen« werden (sie werden analysiert und in ihre Einzelteile zerlegt, und es wird darüber gesprochen), dann eröffnet sich den beteiligten Personen die Erkenntnis, dass einige Entscheidungen notwendig sind, bis es zu dieser Zwangssituation kommt, und jede dieser Entscheidungen Wahlmöglichkeiten enthält. Diese Wahlmöglichkeiten werden im Entscheidungsgerechten Sprechen bewusst. So wird aus einer scheinbaren Zwangssituation, in der jederzeit die Verantwortung an andere weitergegeben werden kann, eine Entscheidungssituation, in der die beteiligten Personen ihre Zuständigkeiten und Verantwortlichkeiten kennen und leben. Es wird ein System eingerichtet, welches sich am Wollen der Person orientiert und dieses Wollen gestaltet. Das Wollensystem wird aktiviert, weiterentwickelt und eingerichtet. So bildet der freie Wille den Ausgangspunkt für ein selbstbestimmtes Leben.

Die viel geliebten Schuldzuweisungen an andere Personen können allein im Zwangssystem getätigt werden, im Wollensystem und damit im Entscheidungsgerechten Sprechen sind sie langweilig und lästig, da die sprechenden Personen um das eigene Wollensystem wissen und damit die Eigenverantwortlichkeit erkennen. Personen geben sich selbst im Entscheidungsgerechten Sprechen die Erlaubnis zu handeln, zu denken, zu sein, sind sich selbst gegenüber die erlaubnisgebende Instanz und erkennen so ihr eigenes Wollensystem und richten es ein.

Für Kinder jeden Alters bedeutet das, dass die erlaubnisgebenden Instanzen mit ihnen im Wollensystem kommunizieren, sodass sich ihre Entwicklung am Wollensystem orientiert. So sprechen Sie als Lehrerin mit Ihren Schülern im Wollensystem, und Ihre Schüler entwickeln durch Zuhören, Nachahmen und Ausprobieren ihr jeweils eigenes Wollensystem. Die nach wie vor geforderte und sinnvolle Anpassung an wertvolle gegebene Verhältnisse, Regeln und Normen kann dann im Wollensystem gestaltet werden. So lernen Kinder ihre Lust am Lernen und ihre Neugier auch im Angesicht von Verpflichtungen und Herausforderungen zu erhalten. Sinnvoll ist es ebenfalls, die Eltern, sei dies durch gezielte Weiterbildung oder Hinweise an Elternabenden oder Erläuterungen im Einzelgespräch, mit in diese Veränderung einzubeziehen.

Jugendliche Personen lernen im »auseinandergesprochenen« Entscheidungsfindungsprozess, wie es geht, Entscheidungen zu finden und diese so auszusprechen, dass sie für sie selbst und andere verstehbar sind. Sie lernen ihr Wollensystem kennen, richten es ein und gestalten es. So können sie ihr Wollensystem dem Zwangssystem entgegensetzen und Selbstverantwortung übernehmen lernen.

In diesem Zusammenhang ist es hilfreich, zu wissen, dass das menschliche Gehirn erst um das 20. Lebensjahr herum vollständig ausgereift ist. Der letzte Bereich, der entwickelt wird, ist der Teil, mit dem Menschen über den Moment hinaus und für die Zukunft relevante Entscheidungen treffen können. Erst dann verfügen sie über die Fähigkeit, Möglichkeiten abzuwägen und sich selbst in Bezug zu den zu erwartenden Konsequenzen schon im Vorfeld entscheidend zu verhalten. In dieser Zeit werden Entscheidungsfindungswege ausprobiert und eingerichtet. Jetzt wird das Wollensystem entdeckt und kann so institutionalisiert werden, dass das eigene Wollen angesichts des Wollens der anderen so umgesetzt werden kann, dass das Eigene und das Andere wachsen und gedeihen kann. Die Berufswahl auch im Hinblick auf ein Studium, die heute von Mädchen und Jungen im Alter von ungefähr 16 Jahren erwartet wird, stellt in dieser Entwicklungsphase eine wahre Überforderung dar. Wesentlich für Menschen dieses Alters sind demnach erwachsene Personen, die sie in der Entwicklung und Nutzung ihrer Entscheidungsfindungssysteme im Wollensystem unterstützen.

Wird von Kindesbeinen an im Wollensystem kommuniziert, gehe ich davon aus, dass Menschen sich ihr Wollensystem orientiert und sich reibend am vereinbarten Wertesystem einrichten werden.

Entscheidungen begleiten

Tagtäglich treffen Personen eine Vielzahl von Entscheidungen. Diese bewusst zu treffen und dabei die Konsequenzen und Möglichkeiten zu bedenken macht das eigene Leben bewusster. Bewusste Entscheidungen zu sprechen eröffnet die Möglichkeit, die untergewussten Entscheidungen kennenzulernen. Getroffene Entscheidungen gilt es, durch Sprache zum Ausdruck zu bringen, denn Sprache benennt Wirklichkeiten und erschafft sie neu. So eröffnet Entscheidungsgerechtes Sprechen weitere gerechte Entscheidungen. Das eigene Entscheidungssystem, das im Wollensystem beheimatet ist, zu kennen, erleichtert die Arbeits- und Lebensgestaltung.

Als einen ersten Schritt hin zu den gerechten Entscheidungen lohnt es sich, wenn der eigene Entscheidungsfindungsweg herausgefunden wird.

o Wie machen Sie das oder wie gehen Sie vor, wenn Sie Entscheidungen treffen?

o Welche Wirksamkeiten in Denken, Fühlen und Handeln aktivieren Sie, damit Sie am Ende Ihres Weges wissen, was Sie wollen?

Diesen Fragen geht die Übung auf Seite 108 nach. Sie unterstützt Sie darin, Ihren Klienten beim Finden des eigenen Entscheidungsfindungsweges zu begleiten. Beginnen Sie mit den alltäglichen, sich wiederholenden Lebenszusammenhängen, die einen gelungenen Alltag ausmachen. Hier sind die Entscheidungen in der Regel automatisiert, sodass deren Analyse den eigenen Entscheidungsfindungsweg eröffnet. Diese Übung beinhaltet die Haltung des Sichselbst-Zuhörens, denn so können die sprechenden Personen auch die Entscheidungen hören, die im Untergewussten getroffen und dem Bewusstsein bisher verborgen geblieben sind. Die Konzentration auf die gelungenen Entscheidungszusammenhänge ist deshalb gewählt, weil diese Perspektive den so sprechenden und sich selbst zuhörenden Personen ihre Ressourcen und Kompetenzen eröffnet.

Die Übung auf Seite 109 kann im Schulkontext vor Prüfungen angewandt werden. Der Schwerpunkt dieser Übung liegt darauf, dass die Schülerinnen bewusst und klar entscheiden, dass sie die Prüfung machen wollen. Dieser bewusste Entscheidungsakt eröffnet ihnen das Nutzen ihrer Möglichkeiten. Ich empfehle diese Übung regelmäßig anzuwenden, damit Kinder und Jugendliche lernen, sich ihre Prüfungen wollend zu erschließen.

Übung: Entscheidungsfindung im Beratungssystem

Bitten Sie Ihre Klientin, Ihnen ihren Entscheidungsfindungsweg zu erzählen. Sie bekommt den Auftrag sich dabei selbst zuzuhören. Wenn sie selbst das Wort »müssen« hört, wird sie sich korrigieren und den gemeinten Zusammenhang im Wollensystem sprechen.

Sie hören zu und machen die Klientin darauf aufmerksam, wenn sie im Zwangssystem spricht, und geben ihr den Auftrag, dass Gesagte im Wollensystem auszudrücken.

Falls die Klientin Schwierigkeiten damit hat, ihre Zusammenhänge im Wollensystem zu sprechen, dienen Ihnen folgende Fragen als Wegleitung:

o   Was brauchen Sie, um zu wollen?

o   Gibt es etwas, was Sie sich wünschen?

o   Sagen Sie es jetzt bitte als das Gewollte.

Erarbeiten Sie nun mit Ihrer Klientin, welche Voraussetzungen oder Belohnungen oder andere Zusammenhänge für sie notwendig sind, damit sie sich im Wollensystem ausdrücken kann. Anschließend spricht sie ihren Entscheidungsweg nochmals.

Arbeiten Sie dann die einzelnen Schritte des gewollten Weges heraus auf den Ebenen des körperlichen Wohlbefindens, der Gefühlswahrnehmung, der Gedankenkapazitäten.

Die Klientin spricht nun nochmals ihr Entscheidungssystem, wie es sich jetzt darstellt.

Ziele der Übung

o   Die Entscheidungsfindung wird unter Anleitung so gestaltet, dass Personen lernen ihre Entscheidungen für sich selbst zu treffen.

o   Die Entscheidungsfindung wird nun vielfältiger und unter Einbezug von Körper, Gefühlen und Gedanken gestaltet.

o   Die Entscheidungsfindung wird verändert hin zu gewollten Entscheidungen.

o   Die Übernahme von Verantwortung und die Gestaltung von Zuständigkeiten werden vereinfacht.

Übung: Entscheidungsfindung für Schülerinnen und Schüler

Die Schüler begründen: »Ich will die Prüfung machen, weil ich das und das erwarte.«
Sie hören genau zu und machen darauf aufmerksam, wenn das Wollensystem verlassen wird. Sie unterstützen die Schüler mit Angeboten, warum sie diese Prüfung machen wollen. Zum Beispiel: Weil ich nach der Schule eine Ausbildung machen will. Weil ich dann gelobt werde. Weil ich es toll finde, wenn ich gewinne. Weil ich meinen Notendurchschnitt verbessern will. Weil ich zeigen kann, dass ich gelernt habe.

Falls Ihre Schüler Schwierigkeiten damit haben, sich ihre Prüfungen so positiv vorzustellen, fragen Sie nach, was sie denn brauchen, um so über ihre Prüfungen sprechen zu können.

Dann lassen Sie die Entscheidung »Ich will die Prüfung machen« nochmals sprechen.

Machen Sie diese Übung früh genug vor der Prüfung, damit Sie mit Ihren Schülern einige der Wünsche, zum Beispiel die nach der Vertiefung des Lernstoffes umsetzen können.

Ziele der Übung

o Lernen im Wollensystem.
o Sich selbst für eine Prüfung entscheiden.
o Die eigenen Ressourcen für die Prüfung aktivieren.

Entdecken der eigenen Ressourcen

Entscheidungsgerechtes Sprechen erfordert ein Denken, das auf einem Netz aus Vernunft, Gefühlen und Empfindungen aus bewussten und untergewussten Hintergründen aufbaut. In diesem Sinne erfordert und schafft Entscheidungsgerechtes Sprechen vernetztes Denken, welches im Wollensystem beheimatet ist. Es integriert in die Entscheidungsfindung die zur Verfügung stehenden Möglichkeiten. Den so sprechenden Personen erschließen sich ihre vorhandenen Ressourcen. Es eröffnen sich Wege, die zu den bisher liegen gelassenen Ressourcen führen. Durch die vor Ohren geführten Möglichkeiten des menschlichen Daseins bringt sich die sprechende Person mit dem eigenen Handlungspotenzial in Verbindung. Wenn Personen zwischen Wollen und Alternativen entscheiden können, sich Gedanken darüber machen, was sie brauchen, um zu wollen, wird die jahrzehntelange Wahrnehmung irritiert. Dadurch werden vergessene Träume, Begabungen, Wünsche, Visionen und Fähigkeiten wach und kommen wieder ins Bewusstsein. So kommen Menschen mit ihren Ressourcen und Handlungsfähigkeiten in Verbindung. Es entstehen neue Ideen und Gestaltungsmöglichkeiten. Andere Zusammenhänge werden wahrgenommen, die vorher übersehen wurden. Dann können Strategien entdeckt werden. Die Fähigkeit, den eigenen freien Willen lebendig zu halten und zu nutzen, wird gesteigert. So werden Findungsprozesse initiiert. Das Leben wird bewusster und lustvoller und satter, und Menschen erschaffen sich selbst zu Personen. Dazu ein weiteres Beispiel:

Erfolgreicher Umgang mit Legasthenie

Berta S. kommt in die Supervision und erzählt von ihrer schlechten Kollegin, die keine Ahnung hat von den wichtigen Zusammenhängen im Leben. Sie setzt zu einer abwertenden Rede an, indem sie sagt: »Ich soll mich doch tatsächlich um ihre Briefe kümmern. Ich muss die Briefe gegenlesen und korrigieren.« Ich frage nach den Zuständigkeiten von Berta S. und ihrer Kollegin. »Es ist schon so, dass wir gegenseitig Korrektur lesen müssen. Aber die stellt sich so dumm an. Ich frage nach, welchen Grund es gibt, die Kollegin so herunterzusetzen und schlechtzumachen, da doch dieser Wunsch von ihr genau dem Pflichtenheft entspricht und damit in die Zuständigkeit von Berta S. fällt. Nach einigem Hin und Her kommt heraus, dass Berta S. eine legasthenische Störung hat und es ihr daher sehr schwerfällt, Schreibfehler in einem Text zu erkennen.

Wir kommen auf folgenden Entscheidungsweg: Berta S. will diesen Job, sie will also das Gegenlesen der Briefe. Dabei kommt ihr ihre Störung in die Quere. Anstatt sich hinter einer Abwertung der Kollegin zu verstecken, geht es darum herauszufinden, was Berta S. beim Bewältigen der Korrekturaufgabe unterstützen kann. Die Situation hat sich verschoben, und Berta S. kann sich ihre Ressourcen erobern.

Dieser Fall zeigt den Zusammenhang zwischen Müssen und Abwerten in den Situationen, wenn Wissen oder Können ihre Grenzen erreicht haben. Berta S. wählte die Abwertung der Kollegin, andere werten sich selbst ab und machen sich klein oder die Arbeit, die sie verrichten, die Situation, in der sie leben. Wenn ein Zwangszusammenhang geschaffen wird, der an die Grenzen des Könnens führt, geschehen diese Abwertungen fast automatisiert. Werden der Zwangszusammenhang auseinandergesprochen und die Entscheidungen deutlich, kann erarbeitet werden, was es an Wissen, Kompetenzen oder Weiterbildung braucht, um das zu können, was gekonnt werden will. Wenn die Grenzen des Könnens in diesem Bereich wirklich erreicht sind, wird es möglich, eine passende Arbeit, eine Situation, einen Zusammenhang für das Können der Person zu entwerfen, zu finden oder zu erschaffen. Zentral an diesem Zugang ist, dass durch Entscheidungsgerechtes Sprechen die Abwertung der eigenen Person oder anderer Personen außerhalb jeder Denk- und Sprachbewegung liegt. (s. Übung S. 112)

Zu einer Begebenheit, einer Person, einem Gefühl bewusst Ja oder Nein zu sagen, bedeutet, sich selbst, das eigene Leben und die Realitäten zu gestalten und zu erschaffen. Auszuwählen, welche dieser Entscheidungen wem in welchem Maß und in welchem Zusammenhang mitgeteilt wird, liegt bei der jeweiligen Person. Es gibt allein die Entscheidung angesichts der Konsequenzen. Bei manchen Entscheidungen ist es wichtig, sie zu begründen, da sie erst dann von der Person selbst und anderen nachvollzogen werden.

Entscheidungsgerechtes Sprechen orientiert sich am Wollen der sprechenden Person und macht so die Entwicklung des Wollensystems und die eines eigenen Entscheidungsfindungssystems möglich. Diese Kombination, der auf dem Wollensystem fußenden Entscheidungen, eröffnet die vorhandenen Ressourcen und weitere Handlungsmöglichkeiten. Die eigene Definitionsmacht wird dabei bewusst in Anspruch genommen und gestaltet, der freie Wille eingesetzt, das eigene Personsein und das der anderen werden geachtet und respektiert.

Übung: Selbstabwertungen und Fremdabwertungen verhindern

Selbstabwertungen verhindern

Folgender Ablauf dient der Selbstdefinition, aufbauend auf Ressourcen und Zielen. Nacheinander werden die folgenden Fragen beantwortet:

o Was will ich?

o Wofür bin ich zuständig?

(Die Zusammenhänge, für die andere zuständig sind, werden im besten Fall an die zuständige Person übergeben.)

o Wie bekomme ich, was ich will?

o Was brauche ich, damit ich es bekomme?

Fremdabwertungen verhindern

Folgender Ablauf dient der Einschätzung von Fremdwahrnehmungen. Die Klientin verdeutlicht sich die folgenden Punkte selbst und verinnerlicht sie:

o Nur ich bin in der Lage, mich zu bewerten.

o Andere Personen nehmen Teilaspekte meines Seins wahr, und ich entscheide, wem ich erlaube, mir die jeweiligen Wahrnehmungen mitzuteilen.

o Ich entscheide, welche Wahrnehmungen ich mir zu eigen mache und welche ich ablehne.

o Mich kleinmachende Wahrnehmungen lehne ich ab und weise sie zurück.

o Fremdwahrnehmungen dienen allein dem Ausbau der eigenen Ressourcen und des eigenen Könnens.

Ziele der Übung

o Gekonnte Selbstdefinition erschaffen, die auf den eigenen Ressourcen und Zielen aufbaut.

o Einschätzen können von Fremdwahrnehmungen.

o Fremdwahrnehmungen für das eigene Gewordensein zur Person nutzen lernen.

Damit Sie einen Eindruck bekommen, wie entscheidungsgerecht im Wollensystem gesprochen werden kann, folgen nun einige Beispiele.

Beispiele zum Entscheidungsgerechten Sprechen

Du musst dich konzentrieren.
Entscheidungsgerechtes Sprechen: *Ich erwarte von dir, dass du dich konzentrierst. – Du willst die kommenden Prüfungen bestehen, also gehe ich davon aus, dass du dich jetzt auch konzentrieren willst.* (Kann noch erweitert werden mit der Frage: *Was brauchst du, damit du dich konzentrieren kannst?*)

Du musst dich entscheiden, was du später einmal werden willst.
Entscheidungsgerechtes Sprechen: *Weißt du schon, was du gern arbeiten möchtest? – Welcher Beruf interessiert dich? – Du willst dich entscheiden, welche Ausbildung du machen wirst.*

Das muss aber schwer für Sie sein.
Entscheidungsgerechtes Sprechen: *Während ich zuhöre, bekomme ich den Eindruck, dass diese Situation eine Herausforderung für Sie ist.*

Sie müssen einen Ausweg aus dieser Situation finden.
Entscheidungsgerechtes Sprechen: *Sie werden einen Ausweg aus der Situation finden.*

Wir müssen uns nur bemühen, beschreibende Sätze mit »ich« anstatt mit »du« zu beginnen, dann wird sich niemand angegriffen fühlen.
Entscheidungsgerechtes Sprechen: *Wenn wir beschreibende Sätze mit »ich« anstatt mit »du« beginnen, haben wir eine erhöhte Chance, verstanden zu werden. – Ich beginne meine Sätze mit »ich« anstatt mit »du«, weil ich von mir reden will.*

Das Wollensystem ist nun eingerichtet. Sie entscheiden im Bewusstsein Ihres freien Willens, aus Ihren Ressourcen heraus und leiten Ihre Klientinnen und Schüler dazu an, sich ihres Wollens bewusst zu sein. Im nächsten Schritt wird dieser Prozess im eigenen und in der Situation passenden Rhythmus gestaltet.

Rhythmusgerechtes Sprechen

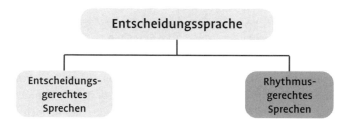

Im Rhythmusgerechten Sprechen wird den Rhythmen Rechnung getragen, die Personen für sich in Begegnungen mit anderen Personen und den sie umgebenden Verhältnissen leben und gestalten.

Menschen und ihre Zeitrhythmen werden verwoben

Es ist 6:00 Uhr und der Wecker klingelt.»Heute ist Frühlingsanfang«, denkt Carla, bevor sie aus dem Bett steigt. Sie reckt sich und gähnt. Es wird ein voller und schneller Tag. Zuerst die morgendliche Auseinandersetzung mit ihrer Tochter Jennifer und dann der Arbeitstag im Büro. Ihren Ehemann Max lässt sie schlafen, er ist arbeitssuchend und teilt sich den heutigen Tag entspannt ein. Doch jetzt erst einmal eine Tasse Kaffee; ganz langsam, um den aufkeimenden Frühling zu begrüßen. Es ist noch dunkel, und die Sonne lässt auf sich warten. Nachdem sie sich gewaschen und angezogen hat, weckt sie ihre vierjährige Tochter. Sie haben noch eine Stunde Zeit, bis sie die Wohnung verlassen. Wie jeden Morgen, spielt Jennifer genüsslich mit ihren Puppen, die sie eine nach der anderen weckt. Nicht alle wollen sofort in den Tag, manche schlafen einfach wieder ein. Carla drängt Jennifer zur Eile:»Jetzt zieh dich an, wir wollen doch pünktlich sein. Mach schnell!« Jennifer schüttelt den Kopf. Sie will im Bett bleiben, einige Puppen schlafen ja noch. Carla schaut auf ihre Uhr. Die Zeit drängt, und sie holt Jennifer aus dem Bett, die sich wehrt und schreit. Carla erklärt:»Du weißt doch, dass Mami arbeiten geht und pünktlich sein will. Jetzt stell dich nicht so an und komm.« Der morgendliche Kampf zwischen ihnen hat begonnen. Die Sonne zeigt sich langsam am Himmel, als Mutter und Tochter aus dem Haus und in ihren weiteren Tag hineinrennen.

Die verschiedenen Zeitrhythmen

Erst Rhythmus macht Zeit sinnlich fassbar. Alles Homogene, Gleiche, Harmonische ist allein intellektuell wahrnehmbar. Verschiedene Rhythmen und Takte, wenn die Nacht zum Tag wird, wenn der Arbeitstag endet und die Freizeit beginnt – das ist sinnlich erlebbar. Die fließend und homogen verlaufende Zeit wird gegliedert durch Rhythmen.

In jedem Zeitrhythmus bewegen sich Menschen, die sich sprachlich verständigen und austauschen. Zu jedem Zeitrhythmus verhalten sich Personen sprechend und handelnd. Da Sprache Wirklichkeiten benennt und erschafft, ist in jedem Zeitrhythmus Sprache zeiteinteilend und rhythmusgebend.

Im universellen Zeitrhythmus wird davon ausgegangen, dass Menschen sich mit Sprache in verschiedensten Lautmöglichkeiten austauschen. Durch Sprache erschließen sich Personen Vergangenheit, Gegenwart und Zukunft. In den Sprechhandlungen von gestern, heute und morgen werden die verschiedenen Wirklichkeiten zeitlich und rhythmisch benannt und erschaffen.

Im kollektiven Zeitrhythmus wird sich auf Sprachen geeinigt, die von allen Angehörigen einer Gesellschaft oder Gruppe oder Gemeinschaft gesprochen und verstanden werden. Zudem werden die getroffenen Vereinbarungen sowohl sprachlich als auch schriftlich festgehalten.

Im individuellen Zeitrhythmus wird durch die Sprache der eigene Rhythmus benannt, verstärkt oder verändert. Zudem wird der universelle und kollektive Zeitrhythmus interpretiert und bewertet und mit dem individuellen Zeitrhythmus in Einklang gebracht. Verschiedene individuelle Zeitrhythmen werden sprachlich aufeinander abgestimmt.

Mit der Übung »Rhythmen erkennen« (s. S.116) können Sie den individuellen Zeitrhythmus Ihrer Klientinnen, Ihrer Schüler erfassen. Den jeweiligen Zeitrhythmus zu kennen erleichtert die Wissensvermittlung und eröffnet Gestaltungsmöglichkeiten, zudem sind die Ressourcen besser zu erkennen. Wichtig ist, dass die verschiedenen Rhythmen gleichwertig nebeneinanderstehen.

Wenn Sie mit einer Person arbeiten, wissen Sie nun, im welchen Rhythmus diese Person am besten einen Veränderungs- oder Lernprozess gestaltet. Wenn Sie mit mehreren Personen arbeiten, wissen Sie um die einzelnen, in der Regel recht verschiedenen Rhythmen und können diese berücksichtigen.

Übung: Rhythmen erkennen

Fragen Sie Ihre Klientin nach der Gestaltung ihres Tagesbeginns. Lassen Sie den jeweiligen Tagesbeginn ab dem ersten Wachwerden beschreiben. Sie hören empathisch zu im Sinne des Gerechten Sprechens. Achten Sie auf Rhythmusbegriffe. Fragen Sie die Bedeutung nach, die die Begriffe für die Klientinnen haben.

Erläutern Sie den Zusammenhang von Sprache, Rhythmus, Arbeits- und Lerngestaltung.

Ziele der Übung

o Klientinnen wissen um ihren eigenen Rhythmus und kennen den der anderen.
o Rhythmusgestaltung der Klientin kennenlernen.

Zeitrhythmen im gesellschaftlichen Kontext

In unserer heutigen westlichen Welt bestimmt der kollektive Zeitrhythmus den individuellen Zeitrhythmus. Die abgemachten Arbeits- und Lernzeiten definieren Beziehungs-, Privat- und Freizeit. Der Arbeitszeitrhythmus bestimmt den Rhythmus für die Arbeitenden und die Arbeitssuchenden, für die Erwachsenen und die Kinder. Der Schulrhythmus bestimmt den Rhythmus der Kinder und deren Familien. Hier prallen die verschiedensten Rhythmen aufeinander.

Der kollektive Zeitrhythmus ist in unserer Gesellschaft einerseits ein schneller. Es geht darum, dass Personen in kurzer, in Stunden bemessener Zeit viel und effizient arbeiten. Akkordarbeit am Fließband und effiziente Höchstleistung in Unternehmen gehören zum Arbeitsalltag. Übervolle Lehrpläne, in denen in möglichst kurzer Zeit viel gelehrt und gelernt wird, prägen die Lernorte. Wenn dieser kollektive Zeitrhythmus dem individuellen widerspricht, kann es unter solchen Voraussetzungen zu Störungen wie Stress und Burnout kommen. Andererseits ist der kollektive Zeitrhythmus ein langsamer. So gibt es Leerzeiten, in denen die Arbeit erledigt ist, oder Zusammenarbeiten, in denen auf die Ergebnisse der Arbeit anderer gewartet wird. Wenn dieser kollektive Zeitrhythmus dem individuellen widerspricht, kann es unter solchen Voraussetzungen zu Störungen wie Frustration und Depression kommen.

Für die Arbeitssuchenden gibt es ebenfalls die Erfahrungen sowohl des langsamen als auch des schnellen kollektiven Zeitrhythmus. Diejenigen, die sich gern schnell eine neue Arbeitsstelle wünschen, warten oftmals sehr lange auf eine Information, ob die gefundene Stelle mit ihnen oder einer anderen Person besetzt wird. Und häufig wird bei einer Besetzung die sofortige Bereitschaft erwartet, zur Verfügung zu stehen. Auch diese Rhythmuskollisionen haben ihre persönlichen und gesellschaftlichen Konsequenzen.

Der eigene Zeitrhythmus bestimmt Ihren Umgang mit den Sie umgebenden verschiedenen anderen individuellen, kollektiven und universellen Zeitrhythmen. Viele Auseinandersetzungen in professionellen und privaten Zusammenhängen finden ihren Ursprung in den verschieden gestalteten Rhythmen. Gerade in Konfliktsituationen lohnt es sich, als einen Bereich der Lösungsfindung, die verschiedenen Rhythmen der Beteiligten zu benennen und kennenzulernen.

Zeiten und ihre Rhythmen planen

In einer Lehrsupervision verlangte Hans B. die Wiederholung dessen, was vor der Pause erarbeitet und geklärt wurde. Er wolle es gern nochmals überprüfen, um es sich besser einprägen zu können. Die anderen in der Gruppe hatten zunächst sehr viel Verständnis für ihn und stimmten seinem Anliegen zu. In Anbetracht der begrenzten Supervisionszeit reagierten sie aber bei der zweiten Bitte um Wiederholung gereizt und nervös. Eine Teilnehmerin maßregelte Hans B.: »Jetzt reißen Sie sich doch zusammen. Und stellen Sie sich nicht so kompliziert an. Wir alle wollen lernen. Konzentrieren Sie sich doch einfach besser und passen Sie sich gefälligst an.« Hans B. war beleidigt und schwieg schmollend.

Ich griff diesen Konflikt auf und integrierte ihn in das Programm, indem ich ihn zum Lernthema erklärte. Ich bat alle Teilnehmenden, sich ihren Lernrhythmus zu vergegenwärtigen und ihn dann uns allen zu erzählen. Sie berichteten von einem raschen Rhythmus über einen mittleren bis hin zum langsamen Rhythmus. Die erste Überraschung war groß. Sie alle hatten angenommen, dass ihr Rhythmus ganz normal, also bei allen mindestens ähnlich wie bei ihnen selbst sei. Die Erkenntnis um das Vorhandensein verschiedener Rhythmen eröffnete gegenseitiges Verständnis. Die Langsameren hatten mehr Verständnis für die Schnellen und umgekehrt. Nun kam es darauf an, diese verschiedenen Rhythmen mit der zur Verfügung stehenden Zeit in Einklang zu bringen.

Wir vereinbarten folgenden Ablauf der Lehrsupervision: Zu Beginn sammelten wir die zu bearbeitenden Themen und Fragen. Dann vereinbarten wir die Zeit, die für jedes Thema gebraucht wurde. Jeweils eine andere Person achtete auf die Zeit und machte regelmäßig auf die noch verbleibende Zeit aufmerksam. Nach jeder Pause planten wir feste Zeiten ein, in denen Fragen zum vorher Erarbeiteten gestellt werden konnten. Nach diesen Vereinbarungen und angesichts des Wissens um die verschiedenen Rhythmen, ließen sich alle Teilnehmenden mit Eifer auf die Lehrsupervision ein.

Als Lehrerin wissen Sie, dass Ihre Schüler über verschiedene Lernrhythmen verfügen. In der Regel bauen Sie dieses Wissen in Ihre Methoden des Unterrichtens ein. Zudem empfehle ich, dass auch die Schülerinnen von diesen verschiedenen Rhythmen erfahren. Dabei ist es wichtig, dass alle vorhandenen Rhythmen gleichwertig nebeneinanderstehen. Zudem besteht die Möglichkeit, die in jedem Rhythmus enthaltene Chance herauszuarbeiten. So beinhaltet zum Beispiel ein langsamer Rhythmus die Möglichkeit des genauen Hinhörens, und ein schneller Rhythmus ermöglicht es, in kurzer Zeit viel zu schaffen.

Die Übung »Lernrhythmus kennenlernen« ist geeignet für Lerngruppen mit Personen jeden Alters.

Übung: Lernrhythmus kennenlernen

Wenn Sie mit einer überschaubaren Gruppe von Lernenden arbeiten, ist es sinnvoll, zu Beginn abzuklären, welche Lernrhythmen vorhanden sind. Zudem bietet das Erzählen des eigenen Lernrhythmus die Möglichkeit, sich des eigenen im Verhältnis zum anderen Lernrhythmus zu vergewissern. Das erhöht gleichzeitig das gegenseitige Verständnis.
Unterstützend dabei sind folgende Fragen:

o   Wie lerne ich?
o   Was brauche ich, um zu lernen?
o   Wie teile ich meine Zeit ein, wenn ich lerne?
o   Als welchen Rhythmustyp beschreibe ich mich selbst?

Erarbeiten oder definieren Sie dann einen Ablauf, der den anwesenden Personen in ihrem Lernrhythmus entspricht.
In einer großen Lerngruppe gehen Sie davon aus, dass alle Lernrhythmen vorhanden sind. Darauf aufbauend, entwickeln Sie einen Ablauf, der insgesamt alle Rhythmen berücksichtigt.
In einer Gruppe von Kindern sind folgende Fragen unterstützend:

o   Was spielst du am liebsten?
o   Was macht dir dabei am meisten Spaß?
o   Was machst du, wenn andere schneller rennen als du?
o   Was machst du, wenn andere langsamer rennen als du?

Anhand der Antworten können Sie herausarbeiten, ob die Kinder lieber in schnellen oder langsamen oder wechselnden Rhythmen leben. Zudem erfahren Sie den Umgang der Kinder mit anderen Rhythmen. Dieses Wissen dient Ihnen zur Erarbeitung der verschiedenen Lernrhythmen der Kinder.
Die Tatsache der verschiedenen Rhythmen, deren Gleichwertigkeit und die darin vorhandenen verschiedenen Möglichkeiten teilen Sie den Kindern mit.

Ziele der Übung

o   Herausfinden und definieren des eigenen Lernrhythmus.
o   Kennenlernen der anderen Lernrhythmen.
o   Vereinfachtes Arbeiten mit der Gruppe.

Universelle, kollektive und individuelle Zeitrhythmen

Die Geschichte um den Tagesbeginn von Ehefrau, Tochter und Ehemann, die dieses Kapitel einleitet, ist eine Zeitgeschichte, in der die verschiedenen Zeitrhythmen aufeinanderprallen.

Der universelle Zeitrhythmus ist durch den Frühling und den Sonnenaufgang vertreten. Die Jahreszeiten, Tageszeiten, Nachtzeiten, Lebenszeiten zwischen Geburt und Tod, Vergangenheit, Gegenwart und Zukunft zählen zu diesem universellen Zeitrhythmus.

Der kollektive Zeitrhythmus ist vertreten durch die ausgemachte Arbeitszeit, vereinbarte Anfangszeit von Kinderkrippe, Schule und Arbeit. Zu diesem Zeitrhythmus gehört alles, was eine Gesellschaft oder eine Gemeinschaft an Zeitabmachungen eingeht, zum Beispiel Öffnungs- und Schließzeiten von Geschäften, Arbeitszeiten, Elternzeit, Urlaubszeit. Hier wird Zeit in einen standardisierten Rhythmus eingebettet, der für alle Beteiligten gleichermaßen synchronisiert und choreografiert wird.

Der individuelle Zeitrhythmus ist gleich dreifach vertreten: Erwachsenenzeitrhythmus mit und ohne Arbeitszeitrhythmus und der Kinderzeitrhythmus.

Zeitrhythmen werden verwoben

Carla bestimmt ihren Rhythmus erst langsam und dann schnell, Jennifer langsam, suchend und spielend, Max hat die Entscheidung für den täglichen Zeitrhythmus noch vor sich. Zum individuellen Zeitrhythmus gehören alle eigenen Zeitrhythmen, durch die der Ablauf eines Tages gestaltet wird.

Eine Person verfügt über vielfältige individuelle Zeitrhythmen, denn verschiedene Alltagssituationen erfordern unterschiedliche Geschwindigkeiten. Personen bestimmen, ob sie dem kollektiven Zeitrhythmus folgen, ihn mit dem eigenen verbinden oder ihren eigenen Zeitrhythmus leben. In der vorher erzählten Geschichte um Ehefrau, Tochter und Ehemann choreografiert die Ehefrau die Rhythmuskollision so, dass sie dem Ehemann seinen Rhythmus lässt und ihren Rhythmus zu dem der Tochter macht. In der privaten Welt, der Lernwelt und in der Arbeitswelt funktioniert diese Form der Koordination und Choreografie der verschiedenen Zeitrhythmen ebenso. Die Personen mit der größeren Definitionsmacht bestimmen den individuellen Rhythmus der anderen. In der Geschichte verfügt die Frau über diese Definitionsmacht, da sie in Bezug zur Tochter die erwachsene, erziehungsberechtigte Person ist. In der Koordination und Choreografie der verschiedenen Zeitrhythmen liegt ein großes Potenzial, das wenn es offengelegt wird, zur erfolgreichen Bearbeitung von Konflikten genutzt werden kann. Viele Konflikte entstehen dadurch, dass Personen die jeweils anderen Rhythmusgestaltungen außer Acht lassen und ihren eigenen als für alle verbindlich betrachten. Dann entstehen Rhythmuskollisionen, die sich reibend an Themen oder Personen ausgelebt werden.

Übung: Rhythmen und Konfliktsituationen

Fragen Sie die beteiligten Personen nach der Zeit, innerhalb derer dieser Konflikt sinnvoll gestaltet werden kann. Bitten Sie dann die Kontrahenten darum, ihren jeweiligen Rhythmus zu beschreiben.

Jetzt ist es wichtig, dass alle Rhythmen gleichwertig nebeneinanderstehen. Benennen Sie nun die Rhythmuskollision als einen Bereich des Konflikts. Erarbeiten Sie einen Zeitplan zur Gestaltung des Konflikts. Ergänzen Sie den Zeitplan mit passenden Maßnahmen. Vereinbaren Sie ein einzuhaltendes Kontrolldatum.

Ziele der Übung

o   Erkennen eines der Konfliktherde.
o   Diesen Konfliktteilbereich lösen.
o   Darauf aufbauend den gesamten Konflikt zur Lösung zu bringen.

Die Übung auf Seite 121 ist sinnvoll, wenn es zu einer Konfliktsituation gekommen ist. In Auseinandersetzungen liegt einer der Konfliktherde oft in einer Rhythmuskollision. Von daher ist es sinnvoll, herauszufinden, wer mit welchem Rhythmus funktioniert, denn diese Art der Auslegeordnung des Konflikts klärt ihn und hilft dabei, zu einer stimmigen Gestaltung der Situation zu finden.

Zeitrhythmen und Sprache

Die verschiedenen Zeitrhythmen bestimmen also jeden Tag und jede Person. Universell bestehen ein Tag und eine Nacht aus 24 Stunden. Kollektiv vereinbart sind acht Stunden Arbeit am Tag. Individuell wird ein Tag schnell oder langsam erlebt und bewertet. Sprache und Sprechen beschreiben die Verbindung oder die Kollisionen der verschiedenen Zeitrhythmen. Durch Sprache bestätigen Personen die Schnelligkeit oder Langsamkeit einer Zeiteinheit, und gleichzeitig erschaffen Personen durch Sprache den Rhythmus einer Zeiteinheit. Da Sprache sowohl Wirklichkeit benennt als auch Wirklichkeit erschafft, kann durch sie das individuelle Tempo erhöht oder verringert werden. Rhythmusgerechtes Sprechen sorgt dafür, dass dem individuellen und dem kollektiven Zeitrhythmus sprachlich so Rechnung getragen wird, dass Personen ihren Rhythmus im Alltag gestalten und leben können.

Tempobegriffe

Die Nutzung des Potenzials der verschiedenen Zeitrhythmen geschieht unter anderem durch Sprache. Sprache verfügt über Tempobegriffe: schnell, eilig, effizient, übereilt. Durch das Sprechen dieser Begriffe werden Situationen temporeich beschrieben und erschaffen. Im Rhythmusgerechten Sprechen werden diese Worte nur dann benutzt, wenn sie tatsächlich so gemeint sind.

Ein passender Arbeitszeitrhythmus

Regina B. ist Personalverantwortliche eines Konzerns. Sie ist für 150 Mitarbeiter zuständig. Tagtäglich führt sie Gespräche, handelt Konsequenzen aus, trifft Abmachungen, wird gefragt. Ihr Arbeitszeitrhythmus ist schnell. In ihrer Sprache kommt der Begriff »schnell« sehr häufig vor. »Schnell mal den Arbeitsplan besprechen.« »Eine schnelle Lösung finden.« Der Arbeitszeitrhythmus wird so sprachlich bestätigt. Gleichzeitig erhöht sich durch diese Bestätigung die Schnelligkeit des Arbeitszeitrhythmus. Gespräche und Vereinbarungen werden zwischen Tür und Angel besprochen, schnell eben. Dadurch entstehen Missverständnisse und Fehler, die zeitaufwendig bearbeitet werden. Der individuelle Stress steigt und der Arbeitsdruck erhöht sich. Im Rhythmusgerechten Sprechen geht es nun darum, den schnellen Arbeitszeitrhythmus dem individuellen Zeitrhythmus näherzubringen. Regina B. erhielt die Aufgabe, in den kommenden Wochen den Begriff »schnell« aus ihrem Vokabular zu streichen, ihn wegzulassen. Falls sie ihn spricht, den Satz neu und ohne den Begriff »schnell« zu sprechen. Als Konsequenz dieser Aufgabe entfielen größtenteils die »schnellen« Gespräche zwischen Tür und Angel. Sie bat die Mitarbeiter in ihr Büro und ließ sie zum Gespräch Platz nehmen. Für sie selbst überraschend hatte Regina B. dadurch mehr Zeit zur Verfügung als vorher, da die Gespräche klarer, die Abmachungen eindeutiger waren, die zu klärenden Missverständnisse geringer und die Fehler reduziert wurden. Auch ging sie ihrem Rhythmus gemäß durch die Gänge, weil sie den schnellen Arbeitszeitrhythmus in ihrem eigenen Rhythmus gestaltete. Sie war gelassener und ging ihren Aufgaben konzentriert nach.

Es zeigt sich, dass durch sprachliche Veränderung – in diesem Fall das Weglassen des zentral genutzten Begriffes »schnell« – Personen ihren Zeitrhythmus in den kollektiven Zeitrhythmus korrigierend einbringen können. Dadurch bestimmt die Person ihren Rhythmus selbst, und Stress, wie zum Beispiel bei Regina B., wird abgebaut. Ist es jedoch einmal nötig, schnell zu agieren oder zu reagieren, kann durch Sprache wie »Ich will das schnell erledigen« das Tempo punktuell erhöht werden.

Ein gemeinsamer Arbeitszeitrhythmus

In einem weiteren Schritt machte Regina B. ihre Mitarbeiter darauf aufmerksam, was sie gelernt und mit welchen Konsequenzen umgesetzt hatte. Sie ließ ihre Mitarbeiter an ihrer Entscheidung und dem neuen Rhythmus teilhaben. Darauf aufbauend, machte sie ihnen bewusst, dass acht Stunden Arbeitszeit zur Verfügung stehen und diese bewusst für die anstehende Arbeit eingesetzt werden.

Die Konzentration der Mitarbeiter kann sich mit dieser Perspektive weg von der Zeiteinheit, in der die Arbeit zu machen ist, hin auf die zu erledigende Arbeit richten. Die Arbeit und das Arbeitspensum bleiben gleich, der kollektive Arbeitszeitrhythmus verändert sich. Es findet eine Konzentrationsverschiebung statt, die die Qualität und den Spaß der Arbeit erhöhen. Ein solcher Perspektivenwechsel ist einschneidend im Umgang mit Aufgaben, die in einer bestimmten Zeit zu erledigen sind.

Ein solcher Perspektivenwechsel weg von der Zeiteinheit, die zur Verfügung steht, hin zur Kernaufgabe, die es zu bearbeiten gilt, ist in schulischen Zusammenhängen ebenso von Bedeutung.

Übung: Aufmerksamkeit auf das Wesentliche lenken

Sie geben das Datum der kommenden Prüfung bekannt. Sie benennen die zur Verfügung stehende Zeit. Dann erläutern Sie, dass Sprache Wirklichkeiten benennt und erschafft.

Wenn die Aufmerksamkeit auf dem zu Erlernenden liegt, wird es leichter, sich dieses Wissen zu erarbeiten.

Sammeln Sie passende Sätze, mit denen ausgedrückt wird, dass in der Vorbereitungszeit die Aufmerksamkeit auf der Wissenserweiterung liegt. Erinnern Sie regelmäßig an diese Sätze und den Zusammenhang von Sprache, Aufmerksamkeit, Wissenserweiterung, Zeit und Rhythmus.

Ziele der Übung
o   Schüler lernen, die ihnen zur Verfügung gestellte Zeit zu gestalten.
o   Sie lernen, ihre Aufmerksamkeit auf das Wesentliche zu richten.

So steht Schülerinnen, die sich auf eine Prüfung vorbereiten, mehr Konzentration zur Verfügung, wenn sie ihre Aufmerksamkeit auf den zu erarbeitenden Wissensstoff richten, als wenn sie sich auf die Zeiteinheit konzentrieren, in der sie das Wissen zu erlernen haben. »Ich habe nur noch eine Woche Zeit. Das wird sehr schwierig.« – Das ist vor Prüfungen eine häufig zu hörende Aussage. In dieser Formulierung liegt die Aufmerksamkeit auf der Zeit, die von anderen durch das Festlegen eines Prüfungsdatums definiert ist. Der eigene Handlungsspielraum ist gering, denn die Zeit und diejenigen, die sie definieren, geben den Rhythmus an. Der Druck von außen wird in einer so beschriebenen Situation als groß empfunden. Anders klingt es, wenn es heißt: »Ich habe noch zwei Bücher zu lesen und die Formeln für Mathe zu lernen.« Mit einer solchen Aussage lässt sich herausfinden, wann und in welchem Rhythmus das zu Lernende erarbeitet werden kann. Die Aufmerksamkeit liegt bei den Aufgaben, die Definitionsmacht über die Nutzung der Zeit liegt bei der Schülerin, und jetzt kann sie die dazu passenden Ressourcen oder Unterstützungen aktivieren. Gerade vor Prüfungen ist es also wichtig, den Schülerinnen den Zusammenhang von Zeit, Rhythmus, Aufmerksamkeit, Wissenserweiterung und Sprache zu vermitteln. So wird es möglich, die zur Verfügung stehende Zeit zu nutzen, anstatt sie mit Jammern und Lamentieren zu vergeuden.

Im Rhythmusgerechten Sprechen sind die verschiedenen Zeitrhythmen bewusst, und sie werden benannt; die Tempobegriffe werden weggelassen oder punktuell gezielt eingesetzt; die Konsequenzen werden gesprochen und sich selbst und damit anderen verständlicher.

Fragebeispiele und Anregungen für Coaches, Lehrerinnen und Trainer

Achten Sie beim Zuhören auf Tempobegriffe. Fragen Sie insbesondere die Tempobegriffe nach, die häufiger verwendet werden:
- o Was bedeutet dieser Begriff?
- o Was wollen Sie mit diesem Begriff erreichen?
- o Was verbinden Sie mit diesem Begriff?

Machen Sie darauf aufmerksam, dass Sprache Wirklichkeiten benennt und erschafft. Fordern Sie dazu auf, in der kommenden Zeit auf den häufig benutzten Tempobegriff zu verzichten.

Bei der kommenden Begegnung fragen Sie nach den Konsequenzen. Arbeiten Sie die Vorteile der Nutzung des Begriffes heraus. Arbeiten Sie die Vorteile des Sprechens im eigenen Rhythmus heraus. So werden alle Vorteile kennengelernt und nutzbar gemacht.

Langsamkeitsbegriffe

Das Gleiche gilt für Langsamkeitsbegriffe wie langwierig, halt, langsam, schleppend, bedächtig, lahm, zögerlich. Mit diesen Begriffen können schnelle Situationen verlangsamt und sowohl der individuelle als auch der kollektive Zeitrhythmus verändert werden.

Die gelöste Handbremse

Ursula R., Eventmanagerin, beschreibt folgende Situation: Ihr ist durch die Beschäftigung mit Gerechtem Sprechen aufgefallen, dass sie ihre Sätze gern wie folgt formuliert:»Ich mache das halt noch.«»Ich bin dann halt um acht Uhr dort.«»Ich schleppe mich halt durch den Tag.« Ursula R. beschreibt sich selbst als eine dynamische und schnelle Frau, die von anderen Personen die Rückmeldung bekommt, sie sei überfordernd und überrennend. Gleichzeitig hat sie aber einen Beruf, in dem es auf Schnelligkeit und Dynamik ankommt. So hat sie im Laufe der Zeit die Handbremse angezogen bei gleichbleibendem Tempo.

Die Wörter »lahm«, »schleppen« hielten die Handbremse fest, das Wort »halt« ließ sie innehalten bevor sie wieder losstürmte. Zugleich erschuf sich Ursula R. damit das Gefühl, sich doch wirklich Mühe zu geben, langsamer und bedächtiger zu werden. Diese paradoxe Situation führte Ursula R. an den Rand eines Burnouts. Anstatt ihrem individuellen Zeitrhythmus zu folgen, hatte sie sich einerseits an den viel langsameren individuellen Zeitrhythmus ihrer Umgebung angepasst und andererseits alle ihr übertragenen Aufgaben und Zuständigkeiten schnell und dynamisch erledigt. Jetzt wird Ursula R. lernen, die sprachliche Handbremse zu lösen und sich dann in ihrem Tempo zu bewegen. Will sie einen langsameren Zeitrhythmus leben, nutzt sie ganz bewusst die Langsamkeitsbegriffe, um selbst langsamer und ruhiger zu werden.

Übung: Arbeitszeitrhythmus

Erläutern Sie Ihrem Zielpublikum den Zusammenhang des eigenen Rhythmus mit den kollektiven Rhythmen. Machen Sie darauf aufmerksam, dass Sprache Wirklichkeiten benennt und erschafft. Erarbeiten Sie mit Ihrem Zielpublikum deren Arbeitsrhythmus. Folgende Fragestellungen sind dabei unterstützend:

o   Wie arbeite ich?
o   Was brauche ich, um zu arbeiten?
o   Wie teile ich meine Zeit ein, wenn ich arbeite?
o   Als welchen Rhythmustyp beschreibe ich mich selbst?

Wenn der jeweilige Rhythmustyp langsamer ist als der erwartete Arbeitszeitrhythmus, kann der individuelle Arbeitsrhythmus durch einen bewusst genutzten Tempobegriff punktuell erhöht werden. Beispiel: »Ich erledige meine Aufgaben rasch in der zur Verfügung stehenden Zeit.« Es lohnt sich, solche Sätze wiederholt zu sprechen und sich dabei selbst zuzuhören.

Wichtig: Nach der erbrachten Rhythmussteigerung im Arbeitsprozess, wird der genutzte Tempobegriff wieder aus dem Sprachgebrauch gestrichen. Unterstützt werden kann dies durch die Nutzung von Langsamkeitsbegriffen, um den Übergang zwischen Arbeits- und Freizeit zu gestalten.

Ziele der Übung
o   Erkennen des eigenen Arbeitszeitrhythmus.
o   Punktuelles Erhöhen des eigenen Arbeitszeitrhythmus.
o   Ausstieg aus dem schnellen und Einstieg in den eigenen Rhythmus.

In beratenden Gesprächszusammenhängen gilt es, auf die Tempo-
oder Langsamkeitsbegriffe zu hören und diese dann in ihrer Wort-
bedeutung nachzufragen. »Was meinen Sie, wenn Sie sagen ›Ich
mache das halt noch.‹« Oder: »Was bedeutet in Ihrem Satz das Wort
›schnell‹?« Diese Fragestellungen ermöglichen es Ihren Klientinnen, sich selbst Rechenschaft darüber abzugeben, welchen Rhythmus sie für ihre Lebensgestaltung gewählt haben. Aufgrund dieser
Erkenntnis kann der eigene Rhythmus entdeckt oder entwickelt
und dann bewusst in die Alltagsgestaltung integriert werden.

Im Rhythmusgerechten Sprechen erschließt eine Person sprachlich für
sich sowohl die dynamischen als auch die gemächlichen Momente des
Lebens. Der eigene, also individuelle Zeitrhythmus wird kennengelernt
und herausgefunden, wie er optimal gestaltet werden kann.

Oftmals ist die Konzentration während der Arbeit auf die Zeit gerichtet: Ich habe nur noch vier Stunden für all die Aufgaben. In der
Übung »Arbeitszeitrhythmus« geht es darum, den eigenen Rhythmus zu nutzen für die anstehende Arbeit in der zur Verfügung stehenden Zeit.

Häufigkeitsbegriffe

Ein weiterer Bereich im Rhythmusgerechten Sprechen sind die Häufigkeitsbegriffe immer, dauernd, ständig, ewig. Im Gewordensein
zur Person durchläuft ein Mensch die verschiedensten individuellen Zeitrhythmen, und jede Person hat aus vielfältigen Zeitrhythmen die Wahl. Durch Häufigkeitsbegriffe werden dieses Gewordensein und die zu jeder Zeit zur Verfügung stehenden Wahlmöglichkeiten außer Acht gelassen. Wenn etwas immer ist, dann sind
Veränderung, Entwicklung oder Entscheidungen für diesen Zusammenhang ausgeschlossen. Ein Beispiel wird das Gemeinte veranschaulichen:

Mit unterschiedlichen Rhythmen leben

Peter B. ist Parteisekretär. Er ist in seiner Selbstwahrnehmung immer präsent, sein Job fordert ihn immer sehr heraus und seine Arbeit ist immer sehr wichtig, denn es handelt sich immer um große Sachverhalte und Zusammenhänge. Dieses Immer hat Konsequenzen in seinem gesamten Alltag. Nicht nur bei der Arbeit ist Peter B. immer herausgefordert, sondern auch in der Familie fühlte er sich immer gefordert, und so verhielt er sich zu Hause wie im Büro. Er war angestrengt, hoch konzentriert und schnell von den Wiederholungen der Kinder genervt.

Seine Aufgabe in den kommenden Wochen bestand darin, auf das Wort »immer« zu verzichten. Er hörte sich beim Sprechen selbst zu, und falls er doch »immer« hörte, bekam er die Aufgabe, den Satz neu zu sprechen. Auch hier sind beträchtliche Konsequenzen zu erzählen.

Da die anfallenden Arbeiten nicht mehr immer wichtig waren, konnte Peter B. lernen, Prioritäten zu setzen und zu erkennen, dass einige der Arbeiten sehr gut delegiert werden konnten. Auch die Sachverhalte, in politischen Zusammenhängen von zentraler Bedeutung, konnten zugeordnet, in ihrer Wichtigkeit erkannt und zu gegebener Zeit bearbeitet werden. Der Arbeitsalltag bekam einen anderen Rhythmus, der auch in der familiären Situation fühlbar wurde. Da nun jeder Moment in der je eigenen Qualität von Peter B. wahrgenommen wurde, konnte er sich zu Hause im Vaterzeitrhythmus bewegen. Er hatte sich eine Auswahl seiner ihm zur Verfügung stehenden Zeitrhythmen wieder erschaffen.

Durch Häufigkeitsbegriffe werden Zusammenhänge und Seinszustände eingefroren. Es sind altbekannte Sätze, die darauf aufmerksam machen:»Immer wenn du das sagst, weine ich.«»Das ist doch seit ewigen Zeiten das Gleiche mit dir.«»Ständig hackst du auf mir herum.« Wie im Beispiel erläutert, reduziert ein Häufigkeitsbegriff einen Zustand und einen Seinszusammenhang auf eine Ausdrucksmöglichkeit, die dann in anderen Situationen wiederholt eingesetzt wird.

So richten und prägen sich Personen ihre Grundmuster im Handeln, Verhalten und Sein ein. Erst durch das Aufbrechen des einen sich in einer wiederholenden Zeitschlaufe befindenden und durch einen Begriff gefangenen Ausdrucks werden weitere Seinsweisen eröffnet. Da Sprache Wirklichkeiten benennt und erschafft, werden durch offene Formulierungen auch offene, zu gestaltende Situationen entworfen.

Fragebeispiele für Coaches, Lehrerinnen und Trainer

o Was meinen Sie, wenn Sie »immer« sagen?
o Was bedeutet der Begriff »ewig«?
o Wenn Sie »ständig« sagen, was wollen Sie dann damit ausdrücken?
o Wenn Sie diese Situation immer so erleben, gibt es da auch Ausnahmen? Wenn ja, beschreiben Sie diese bitte.
o Ich habe gehört, dass Sie das ständige Kritisieren Ihres Chefs aufregt. Was bedeutet ständig?
o Welches Ziel verfolgen Sie mit diesem sich wiederholenden Grundmuster?

Im Rhythmusgerechten Sprechen werden die verschiedenen zur Verfügung stehenden individuellen Zeitrhythmen erkannt, und aus ihnen wird ausgewählt; die Häufigkeitsbegriffe werden weggelassen oder punktuell eingesetzt, wenn sie einen Sachverhalt tatsächlich beschreiben.

Rhythmusgerechtes Sprechen und Burnout

Insbesondere gestresste Personen und die, die mit Symptomen des Burnouts zu kämpfen haben, sind für das Rhythmusgerechte Sprechen sehr empfänglich. Machen Sie in Ihren Beratungs- und Lehrsituationen darauf aufmerksam, dass eine tempowortreiche Sprache auch temporeiche Situationen schafft und dass häufig benutzte Begriffe Einseitigkeiten produzieren. Erst das Bewusstmachen der sprachlichen Verfestigung des eigenen Tempos eröffnet die Möglichkeit, den eigenen Rhythmus zu verändern. Erst das Bewusstmachen der sprachlichen Verfestigung auf eine Seinsweise ermöglicht es, die weiteren Seinsweisen zu entdecken und zu leben.

Übung: Den eigenen Zeitrhythmus gestalten

Den eigenen Zeitrhythmus zu kennen ist eine Voraussetzung für die passende Rhythmusgestaltung des eigenen Lebens. Zudem wird es möglich, die Begegnungen mit anderen Personen für sich und die anderen rhythmusgerecht anzugehen.

1. Erarbeiten Sie mit Ihren Klienten folgende Fragen:
   - Welche Tempobegriffe nutzen Sie?
   - Welche Langsamkeitsbegriffe nutzen Sie?
   - In welchen Zusammenhängen nutzen Sie welche Begriffe?

2. Im zweiten Schritt geht es darum, die Tempo- und Langsamkeitsbegriffe zu streichen.
   - Wenn Sie Ihren Zeitrhythmus verändern wollen, streichen Sie in einem ersten Schritt die Tempobegriffe, die Langsamkeitsbegriffe aus Ihrem Sprachgebrauch.
   - Hören Sie sich beim Sprechen selbst zu.
   - Korrigieren Sie sich und sprechen Sie das, was Sie sagen wollten, nochmals neu.
   - Schließen Sie sich mit anderen zusammen und machen Sie sich gegenseitig darauf aufmerksam, wenn Sie Tempobegriffe, Langsamkeitsbegriffe sprechen.
   - Notieren Sie sich die Veränderungen in Ihrem Tagesablauf.
   - Notieren Sie sich die Veränderungen in Ihrem Wohlbefinden.

3. Entwickeln eines eigenen und passenden Zeitrhythmus in den Möglichkeiten des eigenen Seins.
   - Gemeinsam mit Ihrem Klienten werten sie seine Notizen aus. Entwickeln Sie daraus den passenden Zeitrhythmus.
   - Wichtig ist die Verankerung des Zeitrhythmus mit den dazu gehörigen Begriffen. So wird durch die Nutzung der Begriffe der Zeitrhythmus aktiviert.

Ziele der Übung

o Den eigenen Zeitrhythmus kennen und verändern lernen.
o Den eigenen Zeitrhythmus über Sprache gestalten lernen.

Wenn Ihrer gehetzten Klientin oder Ihrem gestressten Schüler bewusst wird, dass sie sich mittels ihrer eigenen Sprache antreiben und vorwärtsdrängen, obwohl sie zum Beispiel Ruhe und Gelassenheit suchen, können Sie zusammen mit ihnen eine Sprache entwickeln, in der sie sich Ruhe und Gelassenheit gönnen. Wenn sich die stets konzentrierte Managerin und der sich ewig gestresste Schüler bewusst werden, dass sie sich durch ihre eigene Sprache auf eine Möglichkeit ihres Seins fokussieren und sich darin einfrieren, können Sie mit ihnen eine Sprache entwickeln, in denen die Managerin und der Schüler ihre weiteren Seinsweisen entdecken und entfalten können.

Die Übung auf Seite 131 ist speziell für diese Zielgruppe geeignet. Besonders wichtig ist hier der Zusammenschluss mit anderen Personen, die im Alltag auf die gesprochenen Tempobegriffe aufmerksam machen. Wenn es den gestressten und von Burnout bedrohten Personen gelingt, ihre Sprache auf diese Weise zu verändern, kehren nach und nach Ruhe und Gelassenheit in den Lern-, Arbeits- und Lebensalltag zurück.

Zeitrhythmen verdichten

Rhythmusgerechtes Sprechen verdichtet Zeit und Zeitrhythmen. »Verdichten« wird hier im doppelten Wortsinn gebraucht: Es bedeutet nah-zusammen-führen von etwas und einen Zusammenhang in einem Erzählakt zu dichten. In der Erzählung vergangener Erlebnisse holen Personen diese in die Gegenwart, und durch die Reflexion dieser Erlebnisse schaffen sie sich Erfahrungen für die Zukunft.

In solchen Erzählmomenten ist der individuelle Zeitrhythmus mit dem universellen Zeitrhythmus verbunden. Das Vergangene wird in die Gegenwart geholt und für die Zukunft gesprochen. Diese Form des Rhythmusgerechten Sprechens gilt es, so zu gestalten, dass das Vergangene für die Gegenwart einen Erkenntniszuwachs enthält und eine Zukunft eröffnet. Solche Verdichtungen können Romane sein oder das eigene erzählte Leben in beratenden Zusammenhängen oder in einer freundschaftlichen Runde. Die verschiedenen individuellen Zeitrhythmen eröffnen den Zugang zu vergangenen Erlebnissen. Sich sprachlich in den kindlichen Zeitrhythmus hineinzubegeben weckt die Erinnerungen an diese Zeit.

Der sprachliche Zeitrhythmus von Kindern ist ein suchender, der durch Suchbegriffe hervorgerufen werden kann: suchen, forschen, finden, spielen. Was haben Sie als Kind gern gespielt? Diese Frage löst bei den meisten erwachsenen Personen ein Horchen nach innen aus, um dem Spiel der Kindheit suchend und findend auf die Spur zu kommen. In der Regel verlangsamt sich der Sprachrhythmus, Worte und Begriffe werden gesprochen, die sonst im Untergewussten, nahe dem Unterbewusstsein, außerhalb des alltäglichen Gebrauchs schlummern. Dadurch werden die Erinnerungen schärfer und erzählbar, das Unterbewusste wird ein wenig zugänglicher.

In Beratungssituationen kann mit diesem Sprachspiel gearbeitet werden. Eine solche Sprachhandlung eröffnet den Zugang zu den untergewussten und den unterbewussten Anteilen der Erinnerung an das eigene Gewordensein. Die so sprechende Person eröffnet sich die bis dahin verborgene Ressourcen, Ideen oder Möglichkeiten, aufgrund derer anstehende Lebenszusammenhänge anders wahrgenommen und neue Gestaltungswege entwickelt werden können.

Eine neue Zukunft

Die große Frage von Christiane F. lautet.»Was soll ich in Zukunft nur machen? Der jetzige Job ist langweilig. Meine Kinder sind aus dem Haus. Ich habe sehr viel Zeit und kann richtig loslegen. Und jetzt weiß ich nicht, was mir überhaupt Freude machen würde.« Meine Frage lautet:»Was haben Sie denn als Kind gern gespielt?« Christiane F. lacht.»Was soll denn das jetzt? Das weiß ich doch nicht mehr.« Ich bitte sie:»Denken Sie nach. Was haben Sie als Kind gern gespielt?« Sie lehnt sich zurück, schließt die Augen und sinniert vor sich hin. Dann lächelt sie und schaut mich an.»Ich habe als Kind gern mit meinen Puppen gespielt. Ich habe tagelang Rollenspiel um Rollenspiel mit ihnen aufgeführt. Jedes Mal ließ ich mir etwas Neues einfallen. Andere Rollen und andere Dialoge. Und als junge Frau habe ich dann eine Ausbildung zur Regieassistentin begonnen. Das hatte ich total vergessen. Ich habe die Ausbildung wegen der Kinder abgebrochen. Ach das würde mir wirklich wieder Spaß machen.« Jetzt strahlt Christiane F., sie weiß wieder, was ihr Freude bereitet. Jetzt beginnen wir mit den konkreten Überlegungen, wie sie ihre Zukunft gestalten will.

Das Wissen um das geliebte Spiel in der eigenen Kindheit öffnet die Erinnerung an vergessene weitere Lebenszusammenhänge. Darauf aufbauend kann das Kommende gestaltet werden.

Fragebeispiele für Coaches, Lehrerinnen und Trainer

o Was haben Sie als Kind gern gespielt?
o Wie findest du das, was du suchst?
o Was bedeutet »forschen«?
o Was möchtest du gern erforschen?
o Was wolltest du schon immer gern wissen?

In privaten Zusammenhängen ermöglicht die Frage nach dem Kinderspiel in der je eigenen Vergangenheit einen interessanten und oft lustvollen Abend. Es ist ein wirklich schönes Gesellschaftsspiel.

Damit Sie einen Eindruck bekommen, wie rhythmusgerecht gesprochen werden kann, finden Sie im Folgenden einige Beispiele.

Beispiele für das Umformulieren in Rhythmusgerechtes Sprechen

o *Ständig hackst du auf mir herum.*
   Rhythmusgerechtes Sprechen: Ich höre deine Kritik nun schon zum dritten Mal. Was willst du wirklich von mir?
o *Lass uns das mal eben klären.*
   Rhythmusgerechtes Sprechen: Ich möchte etwas mit dir klären. Von daher schlage ich vor, dass wir uns dafür die passende Zeit nehmen.
o *Ich will das noch rasch erledigen.*
   Rhythmusgerechtes Sprechen: Ich habe hier noch etwas zu erledigen. Dafür brauche ich noch 15 Minuten, dann gehe ich nach Hause.
o *Jetzt mach mal schnell deine Hausaufgaben und dann kannst du spielen.*
   Rhythmusgerechtes Sprechen: Zuerst erledigst du deine Hausaufgaben, und dann hast du Zeit zum Spielen.

Entscheidungssprache – Eine Zusammenfassung

Entscheidungssprache ist als Fachterminus in zwei Bereiche unterteilt: Entscheidungsgerechtes Sprechen und Rhythmusgerechtes Sprechen.

Im **Entscheidungsgerechten Sprechen** machen sich Personen ihre Entscheidungsfindung bewusst, sie sprechen die daraus entstandenen Entscheidungen auseinander und teilen sie dann mit, wenn sie sie aussprechen wollen. Personen erschließen sich so die eigenen Verantwortlichkeiten und Zuständigkeiten, damit werden Schuldzuweisungen überflüssig.

Ein wesentlicher Zugang zu dieser Form der Sprache besteht darin, das Wort »müssen« aus dem Sprachgebrauch zu streichen und es durch das Wort »wollen« zu ersetzen. Wollen enthält die Möglichkeit der Ablehnung und holt die so sprechende Person in die Entscheidung zwischen Ja, Nein und den dazugehörigen Zwischentönen. Personen erkennen sich selbst mit ihren Ressourcen und Wunderbarkeiten in ihrer vollen Größe. Die zur Verfügung stehenden Wahlmöglichkeiten werden sprachlich vergegenwärtigt. Da Sprache Wirklichkeiten benennt und erschafft, entwerfen sie sich so Wirklichkeiten, die wiederum weitere Wahlmöglichkeiten enthalten. Entscheidungsgerechtes Sprechen fordert und fördert vernetztes Denken und eröffnet vorhandene Ressourcen. Personen, die entscheidungsgerecht sprechen, erweitern ihre Handlungsfähigkeiten und -möglichkeiten, schärfen ihre Wahrnehmung und nehmen die Definitionsmacht bewusst in Anspruch.

Im **Rhythmusgerechten Sprechen** geht es darum, sich die unterschiedlichsten Zeitrhythmen bewusst zu machen, den jeweiligen individuellen Zeitrhythmus zu wählen und ihn mit dem kollektiven und universellen Zeitrhythmus in Verbindung zu bringen. Dabei wird auf Tempobegriffe und Langsamkeitsbegriffe entweder verzichtet, oder sie werden gezielt und ganz bewusst eingesetzt, um Situationen, Zusammenhänge, Arbeitsabläufe, das eigene Leben zu verlangsamen oder zu beschleunigen. Durch den Verzicht

auf Häufigkeitsbegriffe lösen sich eingefrorene Grundmuster auf
und die Personen erschließen sich sie umgebenden Zusammenhänge, verändern diese oder gestalten sie neu. Durch gezieltes Nutzen
verschiedener Zeitrhythmusbegriffe können sie in ihre vergangenen oder zukünftigen Zeitrhythmen eintauchen und Zeit und Zeitrhythmen verdichten.

Anwesende Sprache

Die Anwesende Sprache drückt die innere Vielfalt und die äußere Welt in ihren wahrgenommenen Anwesenheiten aus. In der Alltagssprache wird eine Vielzahl von Begriffen genutzt, die Abwesenheiten benennen. So heißt es: »Ich bin unglücklich«, »Das war nicht nett«. Damit wird die Abwesenheit von Glück und Nettigkeit beschrieben, was gerade gefühlt oder erlebt oder wahrgenommen wird, ist jedoch ausgeschlossen. Die Aufmerksamkeit der sprechenden Person liegt bei dem, was gerade abwesend ist, außerhalb des Gefühls liegt, neben dem Blickwinkel liegt.

Da Sprache Realitäten schafft, entsteht bei einer Abwesenheitsbeschreibung eine reale Abwesenheit. Mit anderen Worten: Indem Abwesenheitsbeschreibungen benutzt werden, schafft dies ein Gefühl, eine Situation, einen Moment der Leere. Der eigentliche Sinn der Situatuion wird verzerrt.

Die Auflösung des Nichts

In Michael Endes Buch »Die unendliche Geschichte« breitet sich das Nichts im Land Phantasien aus. Dieses Nichts ist eine geballte Leere, die alles in sich aufsaugt und zum Nichts werden lässt, was sich ihm in den Weg stellt. Erst der gesprochene Name der kindlichen Kaiserin durch den anwesenden Menschen beschreibt und bestätigt sie und erschafft damit auch wieder das Land, für welches sie steht und für das sie verantwortlich ist. Damit wird das Nichts aufgelöst.

Diese Geschichte beschreibt metaphorisch, was hier mit Anwesender Sprache gemeint ist: Erst das Sprechen des anwesenden, wahrgenommenen Seins in der inneren und in der äußeren Welt macht dieses Sein buchstäblich, präsent, mitteilbar und bearbeitbar. Zudem gilt es, aus der eigenen Verantwortung heraus und in der dazugehörigen Tiefe zu sprechen. Die sprachliche Fassung der inneren und äußeren Welt in der persönlichen Wahrnehmung ermöglicht eine

Bestätigung des Wahrgenommenen und eine Veränderung dessen. Wenn Personen wissen, wer sie sind, wo sie stehen, was sie können, für was sie wann Verantwortung haben, was sie wollen und wie sie diese Welt wahrnehmen, lassen sich Ziel und Richtung des eigenen Lebens und der Weltgestaltung erarbeiten. Diese Wahrnehmungen der inneren und äußeren Welt und die jeweilige Verantwortungstiefe gilt es, in ihren Anwesenheiten zu sprechen. Anwesende Sprache ist unterteilt in drei Bereiche:

o Gefühlsgerechtes Sprechen – hier geht es um den Zusammenhang der inneren Welt und Sprache.
o Situationsgerechtes Sprechen – hier geht es um den Zusammenhang der äußeren Welt und Sprache.
o Verantwortungsgerechtes Sprechen – hier geht es um darum, wer in welcher Form und Tiefe für was verantwortlich ist.

Anwesende Sprache bezieht sich auf all das, was in sich und um sich herum wahrgenommen wird. Dieses Wahrgenommene wird als Ressource gewertet. Anstatt also dem Verlorenen, Abwesenden oder Ersehnten nachzutrauern oder sich mit dem zu beschäftigen, was fehlt oder defizitär ist, oder sich in Verlust- oder Katastrophenszenarien zu suhlen, geht es in der Anwesenden Sprache darum, die Ressourcen und die Möglichkeiten in den wahrgenommenen Anwesenheiten zu erkennen und zu nutzen. Diese radikale Ressourcenorientierung ermöglicht es so sprechenden Personen, sich selbst und die anderen in der Fülle der Möglichkeiten wahrzunehmen.

Als Trainerin, Coach oder Lehrerin vergegenwärtigen Sie bei sich selbst und bei Ihrer Klientel die vorhandenen Möglichkeiten. Indem Sie die anwesenden Gefühle als Ressource zur Lebens-, Alltags-, Berufs- oder Lernbewältigung begreifen, eröffnen Sie sich und Ihren Klientinnen und Schülern eine große Quelle der Lebensbevollmächtigung. Wenn Sie sich anstatt »unwohl« »frustriert« fühlen, können Sie die Kraft der Frustration nutzen, anstatt sie brachliegen zu lassen. Das Gleiche gilt für die Wahrnehmung von Situationen. Vielleicht stellen Sie sich bisher vor, was das Schlimmste ist, was geschehen kann, um sich auf ein kommendes Ereignis vorzubereiten. Nun geht es darum, sich das Beste, was Ihnen geschehen kann, vorzustellen. Um dann herauszuarbeiten, wie Sie dieses erreichen können. Zudem sind Sie sich Ihrer eigenen Verantwortung bewusst, auf der aufbauend die Zuständigkeiten der anderen erkannt werden können.

Wachsendes Vertrauen

Eine Lehrerin sagt dazu: »In meiner Tätigkeit als Lehrerin konnte ich das wachsende Vertrauen der Kinder und Jugendlichen beobachten. Nach rund einem Jahr, in dem ich in der Anwesenden Sprache spreche, kann ich feststellen, dass sie sich mir gegenüber viel besser erklären können. Dadurch kann ich sie besser darin unterstützen, herausfordernde Situationen zu meistern.«

Gefühlsgerechtes Sprechen

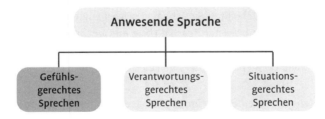

Gemeinhin wird angenommen, dass Gefühle die Menschen bestimmen. Sie tauchen überraschend auf und stellen alles andere, Gedanken, Überlegungen, Entscheidungen in den Schatten. Der Mensch hat ganz plötzlich nur die Wahl, dem aufkeimenden Gefühl zu folgen und sich dem daraus ergebenden Taumel zu überlassen. Alles ist nach einem solchen Taumel anders, als es vorher war, und gleichzeitig haben alle Verständnis: Der Mensch kann doch nur den spontan aufkommenden Gefühlen folgen. Auch diejenigen, die ihre Gefühle unter Kontrolle haben und sie zurückzudrängen verstehen, wissen, dass sie sich eines Tages dampfkesselgleich den Weg nach draußen bahnen werden. Gleichzeitig sind die anderen Beteiligten, manchmal auch erinnerten Personen oder die Situationen verantwortlich und zuständig für die aufkommenden Gefühle.

Gefühle gestalten

Im Gerechten Sprechen ist die Person selbst verantwortlich und zuständig für ihr Leben, Handeln und ihr Dasein. Also ist auch jede Person selbst verantwortlich und zuständig für ihre Gefühle, deren Zusammensetzung und deren Nutzung. Diese Grundannahme hat bedeutende Folgen für Sprache, Sprechen und für die zwischenmenschliche Kommunikation.

Verantwortlich telefonieren

Konnte bisher gesagt werden:»Wenn du eine Woche nicht anrufst und auch sonst nichts von dir hören lässt, bekomme ich Angst, dass dir etwas passiert ist. Ich muss wissen, dass alles in Ordnung ist.« So lautet der Zusammenhang im Gerechten Sprechen:»Da ich neugierig bin und wissen will, ob alles in Ordnung ist, rufe ich dich an und will dich fragen, wie es dir geht. Wenn du etwas anderes zu tun hast, gehe ich davon aus, dass es dir gut geht, und versuche es später noch einmal.«

So übernimmt die neugierige und wissen wollende Person die Verantwortung für das Stillen ihrer Neugier und ihres Wissenshungers. Sie kann den Gefühlsbereich, um den es hier geht, die Neugier, ausleben, anstatt eine Situation zu entwerfen, in der die andere Person verantwortlich und zuständig gesprochen wird für das eigene Fühlen, die Angst. Wie Sie von der ersten Satz- und Gefühlskonstruktion mit der Zuweisung der eigenen Verantwortung an eine andere Person zur zweiten Satz- und Gefühlskonstruktion mit der gestalteten Eigenverantwortung finden und wie Sie diesen Prozess initiieren können, erläutert das *Gefühlsgerechte Sprechen*.

Körper, Gehirn und Gefühle

Betreiben wir nun die *Bezauberung* der alles überlagernden Gefühlswelt. Der Begriff »Bezauberung« ist bewusst gewählt. Der abwesende Begriff der »Entzauberung« der an einer solchen Stelle gewöhnlich benutzt wird, beschreibt das Wegnehmen des innewohnenden Zaubers. Im Gefühlsgerechten Sprechen geht es jedoch darum, sowohl die klare Realität als auch den Zauber der Gefühle als zu nutzende Ressource zu betrachten.

Gefühle sind ein komplexer innermenschlicher personaler Prozess. Da sind die Empfindungen. Darunter wird das körperliche Sensorium mit den verschiedenen körperlichen Grundsignalen verstanden, die jeder Mensch hat. Empfindungen sind zum Beispiel Kribbeln im Bauch, feuchte Hände, weiche Knie, Nackenhaare sträuben sich, Druck auf der Brust und vieles andere mehr.

Als Gefühle werden die Bewertungen dieser Empfindungen bezeichnet. So kann ein Kribbeln im Bauch als Verliebtsein oder als Angst bewertet werden. Dies hängt jeweils von der aktuellen Situation und der inneren Haltung der Person ab, in der die Empfindung »Kribbeln im Bauch« entstanden ist.

Empfindungen entstehen sofort und spontan in der Situation. Gefühle geschehen anschließend und ebenfalls sofort und in der Regel spontan. Dieser Vorgang findet im Gehirn des Menschen statt. Weil das körperliche Sensorium und das Gehirn einen zusammengehörigen Organismus bilden und sich wechselseitig beeinflussen, entstehen Empfindungen auf der Körperebene, die im Gehirn direkt eine Bewertung, also eine Gefühlszuordnung erfahren. Umgekehrt entstehen im Gehirn Gefühlszuordnungen, die direkt auf der Körperebene Empfindungen auslösen. Dieses Gefühlssystem geschieht meistens außerhalb des bewusst gestalteten Lebens im untergewussten Teil des menschlichen Seinszusammenhangs.

Sprache ist eine Möglichkeit, dieses Gefühlssystem in die Bewusstheit zu transferieren. Neurowissenschaftliche Erkenntnisse zeigen, dass die Fähigkeit zu sprechen wie ein Netzwerk im gesamten Gehirn angelegt ist. Deshalb wird durch das Sprechen einer anwesenden Empfindung, eines anwesenden Gefühls das gesamte Bewusstsein aktiviert. Davon ausgehend, dass Sprache Wirklichkeiten benennt und Sprache Wirklichkeiten erschafft, werden gesprochene Empfindungen und Gefühle sowohl beschrieben als auch durch die Wahl der Nennung erschaffen. Von daher erfordert Gerechtes Sprechen einerseits, dass die anwesenden Empfindungen und die spontan dazugehörigen Gefühle in ihrer eigentlichen Seinsweise erkannt, interpretiert und gesprochen werden und andererseits Gefühle und Empfindungen gezielt durch das Nutzen von Gefühlsbegriffen erschaffen werden.

Gefühle und Person

Gefühle gelten in unserer Gesellschaft entweder als störend oder als Allheilmittel im zwischenmenschlichen Umgang. Im Gerechten Sprechen wird eine andere Sicht auf die Welt der Gefühle gelegt: Empfindungen und Gefühle gehören zum Menschen; als Personen genießen und gestalten sie ihre Empfindungs- und ihre Gefühlslandschaften. Sprache bietet Personen einen direkten Zugang zur Erkundung und Gestaltung dieser Landschaften. Demnach ist jede Person selbst für ihre Gefühls- und Empfindungslandschaften verantwortlich und zuständig.

Verliebt in Venedig

Stellen Sie sich vor, Sie befinden sich in einer neuen Stadt, sagen wir Venedig. Es ist ein wenig nebelig, und die Dämmerung setzt ein. Es wird dunkler und dunkler. Sie gehen durch die Straßen, die menschenleer sind. Sie hören Schritte. Ein Kribbeln im Bauch macht sich breit. Jetzt haben Sie mehrere Möglichkeiten, diese Empfindung Kribbeln als Gefühl zu bewerten: Ist es eine Warnung vor dem, was vielleicht auf Sie zukommen wird? Ist es eine Angst, die zum Weglaufen einlädt? Ist es das Verliebtsein in diese Stadt, die Ihnen ein so intensives Empfinden schenkt?

Im Gefühlsgerechten Sprechen wählen Personen aus den jeweils zur Verfügung gestellten Möglichkeiten aus, diese Wahl legen sie sich sprechend dar und erschaffen sich so das Gefühl aus der Empfindung, das ihnen zum Beispiel in einer solchen Situation in Venedig dienlich ist. Die Bezauberung der alles überlagernden Gefühlswelt hat gerade erst begonnen.

Empfindungen sind die spontanen Körperreaktionen auf Ereignisse, Erinnerungen, auf alles, was von außen und innen auf Menschen einströmt. Gefühle sind deren spontane Bewertungen, und sie geschehen in einem erlernten Bedeutungsrahmen. Gefühle sind das, was Personen leben wollen. Im Gefühlsgerechten Sprechen geht es darum, den Bedeutungsrahmen zu erweitern. Dies geschieht durch das Bewusstmachen all der Gefühlsbegriffe, welche die Sprache zu bieten hat. Bekannte Zuordnungen von Gefühlsbegriffen zu bestimmten Empfindungen werden hinterfragt und gegebenenfalls neu entworfen. Auch hier wie schon in der Entscheidungssprache gilt: Personen wählen aus verschiedenen zur Verfügung gestellten Möglichkeiten und erschaffen sich wieder und wieder neue Möglichkeiten. So werden Gefühle buchstäblich zu dem, was Personen ausleben wollen. Bei einem tragischen Ereignis wollen Personen traurig sein und weinen. Bei gelungenen Momenten wollen Personen glücklich sein, lachen und strahlen.

Alle Gefühle sind gut, da sie den Menschen bei der Einordnung in der Welt behilflich und dienlich sind. Sogenannte negative Gefühle werden auf ihre Nützlichkeit und Dienlichkeit hin untersucht. Darauf aufbauend, wird die Einteilung der Gefühle in negativ und positiv überflüssig, wenn erkannt wird, dass alle Gefühle dem Menschen dienlich und als Personen zu genießen sind.

Übung: Gefühlswörter kennenlernen

Diese Übung können Sie mit jeder Gruppe, in jeder Größe umsetzen. Sie eignet sich besonders für Gruppen, die sich mit Kommunikation beschäftigen, ihre Sprachvielfalt und ihren Wortschatz erweitern wollen oder für Gruppen, in denen mit Selbsterfahrung gearbeitet wird oder auch in Schulklassen mit ab Vierzehnjährigen, um den Wortschatz zu erweitern, mit dem sie einen Bereich ihres Daseins beschreiben.

Fordern Sie die Teilnehmenden auf, die Gefühlswörter, die sie kennen je auf ein Blatt zu schreiben. Wenn alle Teilnehmer fertig sind, beginnt eine Person, ihre Gefühlsbegriffe zu nennen, und legt die einzelnen Blätter in den Kreis oder heftet sie an eine Tafel oder Pinnwand.

Dabei kann sie die folgenden Fragen beantworten. Wählen Sie die Fragen je nach Gruppeninhalt und Gruppenziel aus.

o   Was bedeutet dieses Gefühlswort?
o   Was bedeutet dieses Gefühl für Sie?
o   Wie fühlt es sich wo im Körper an?

Die anderen Personen folgen nach, beantworten ebenfalls die ausgewählten Fragen und ordnen ihre Gefühlsbegriffe den genannten Begriffen zu. Die Zuordnung wird begründet. Hier kann eine Diskussion entstehen, denn Beschreibungen und Zuordnungen von Gefühlen sind individuell verschieden. Die mehrfach auftauchenden Gefühlsbegriffe legen oder heften sie übereinander. Abschließend gehen Sie der Frage nach: Kennen alle anwesenden Personen alle genannten Gefühlsbegriffe? Zudem gibt es die Möglichkeit, bei www.kickshop.ch das 444 Gefühlskartenset zu bestellen. Die 444 Gefühlswörter sind in mehreren Seminaren zum Gerechten Sprechen gesammelt worden und in dieser Box zusammengefügt. Sie können die Gefühlskarten ziehen lassen und dann so arbeiten, wie oben aufgezeigt. Sie können auch erst selbst Gefühlswörter sammeln und dann ergänzend die Gefühlswörterbox einsetzen.

Ziele der Übung

o   Gefühlswörter kennen- und verstehen lernen.
o   Die Vielfalt der Gefühlswörter kennenlernen.

Den Gefühlen gerecht zu werden bedeutet auch zu erkennen, dass sie lebensnotwendig für Menschen sind. Jede Empfindung hat mindestens einen Grund. Gefühle sind zum Verständnis und zum Bewältigen der Empfindungen da. Gleichzeitig sichern sie die Handlungsfähigkeit der Person und weisen auf die Gestaltungsmöglichkeiten hin. In der Regel bewegen Personen sich in dem von ihnen gelernten und gekannten Bedeutungsrahmen.

Verliebt durch Venedig

So wird in der auf Seite 142 f. erzählten Venediggeschichte zuerst kaum jemand auf die Idee kommen, dass die Empfindung Kribbeln im Bauch das Gefühl Verliebtsein in Venedig bedeuten kann. Erweitern wir jedoch den Bedeutungsrahmen um diese Möglichkeit, eröffnen sich ganz andere Handlungsfähigkeiten in den Gassen von Venedig: Die Sinne sind geschärft, der Duft der Abendluft wird wahrgenommen, die Schritte werden gehört, die Aufmerksamkeit steigt, und das Spannungsverhältnis im Körper ist straff und klar. Wird aus den gehörten Schritten ein verklingender Ton in der Nacht, werden Sie mit Genuss an diese kleine Szene denken. Wird aus den gehörten Schritten eine Bedrohung, sind Sie klar und aufmerksam, schnell und laut.

Gefühle für den Prozess des eigenen Gewordenseins zu nutzen eröffnet eine sprudelnde Quelle an Ressourcen. Personen nutzen diese Quelle in den verschiedenen Lebenszusammenhängen für sich, in der Begegnung mit anderen Personen und in der Bewältigung ihres Alltags.

Gefühle und Arbeitswelt

In der heutigen Arbeitswelt wird in den dienstleistenden Betrieben von den Mitarbeiterinnen Gefühlsarbeit verlangt. Verkäufer sind freundlich und zugewandt. Flugbegleiterinnen sind aufmerksam und lächelnd. Pflegefachleute sind höflich und aufmunternd. Zum Beruf gehören die als passend gedachten Gefühle und was auch immer die jeweiligen Menschen erlebt haben mögen: Als Berufspersonen leben sie die von ihnen erwarteten Gefühle. Personen können also ihre Gefühlslandschaft so kombinieren, wie es von ihnen gefordert wird. Anstatt diesen Umstand zu beklagen, kann die Chance darin erkannt werden, dass Personen die Fähigkeit haben, ihre Gefühlslandschaften zu erkennen und sie so zu gestalten, dass es ihnen in der jeweiligen Situation wohl ist. Sprache bietet eine Form der Gestaltung. Durch die sprachliche Benennung der anwesenden spontanen Gefühle und die sprachliche Erweiterung der gewünschten Gefühle wird der Bedeutungsrahmen, in dem die Bewertungen stattfinden, erweitert und ausgebaut. Langsam und sicher vergrößern sich die Möglichkeiten der Gefühlsbewertungen.

Die spontanen Gefühle, die die Empfindungen bewerten, sind in der Regel eine wohlgeformte Landschaft, ein choreografiertes Ensemble. Einige der Ensemblemitglieder sind alte Bekannte und werden sofort wieder sichtbar. Andere sind weniger bekannt und doch anwesend. Wieder andere sind in den hintersten Ecken versteckt und wollen von der zuständigen Person gefunden werden. Im Gefühlsgerechten Sprechen geht es darum, alle Gefühle kennenzulernen, um sich so die Möglichkeit zu erschaffen, diese auch in spontanen Gefühlsensembles zum Ausdruck bringen zu können.

Und noch einmal die Venediggeschichte. Bei vielen Frauen werden Schritte in einer nebeligen neuen Stadt mit einem Gemisch von Angst, Lähmung und Sehnsucht nach Flucht verbunden. Ein so zusammengesetztes Gefühlsensemble entsteht aufgrund von Erfahrungen, Wissen oder Zugehörtem. Ein solcher Bewertungsrahmen ist bekannt, selbst erlebt und tausendmal gehört und gesehen. Die Schritte bleiben in der nebeligen Nacht in Venedig. Jetzt geht es darum, sich der spontanen Gefühle *Angst*, *Lähmung* und *Sehnsucht nach Flucht* bewusst zu sein, sie zu akzeptieren und sie dann sprechend anzureichern mit *Neugier* und *Mut*.

Dieses Gefühlsensemble bietet eine andere Choreografie: Angst warnt und gibt Adrenalin, Lähmung gibt Bodenhaftigkeit, Sehnsucht einen klaren Blick, Neugier die Schärfe im Blick, und der Mut gibt dem Adrenalin die gezielte Richtung. Jetzt kann sich die Frau aufrichten, sich ihrer Kräfte bewusst werden, ihre Stimme frei machen und die Situation gestalten. Sie hat die Wahl zu gehen, zu warten, anzusprechen oder zuzuschlagen, anstatt nur auf das zu warten, was eventuell auf sie zukommen könnte. Mit anderen Worten: So übernimmt die Frau die Verantwortung für sich selbst und für ihre Gestaltung der Situation.

Die Übernahme von Selbstverantwortung in einer als Bedrohung empfundenen Lage eröffnet den so agierenden Personen Handlungsfähigkeiten, die sowohl in der aktuellen Situation als auch in deren Verarbeitung die eigenen Stärken und Ressourcen zugänglich machen. Damit werden leider weder Übergriffe noch Vergewaltigungen weniger, die Eigenstärke dieser Personen jedoch wird größer, und die Chance auf Widerstand wächst.

Anwesende Gefühle

Auf die alltägliche Frage »Wie geht es dir?« nutzen Personen oftmals Abwesenheitsbegriffe, um ihre Gefühlslandschaft zu beschreiben: unglücklich, antriebslos, unwohl, hoffnungslos, unlustig, unselig, unbehaglich ... Damit wird die Abwesenheit des jeweiligen spontanen Gefühls, das die Interpretation einer Empfindung ist, beschrieben. Die Empfindung bleibt, sie findet jedoch keinen Widerhall im Gefühl. Daraus resultiert ein Gefühl von Leere oder Anspannung, je nach Person und Situation.

Anstatt sich nun mit diesen Gefühlen der Leere oder Anspannung auseinanderzusetzen, ist es im Gefühlsgerechten Sprechen viel interessanter zu wissen, was denn anwesend ist, wenn das bezeichnete Gefühl abwesend ist. Da bietet Sprache einige Möglichkeiten, um das jeweilige Gefühl zu beschreiben.

Zur Verdeutlichung dient nachfolgend ein Beispiel:

Mit Wut zur Selbstverantwortung

Erika R. kommt zum ersten Mal in die Einzelsupervision. Sie nimmt Platz. Ich beginne das Gespräch mit meiner üblichen Frage: »Wie geht es Ihnen?«

Sie schaut mich mit großen Augen an.»Ich bin so unglücklich. Ich weiß nicht mehr ein noch aus. Ich kann nicht mehr. Ich bin so unglücklich.« Schon beim Sprechen kullern ihr die Tränen über das Gesicht. Ich reiche ihr Taschentücher und warte eine Weile. Dann frage ich sie:»Welches Gefühl ist denn da, wenn das Glück weg ist?« Sie schluckt und weint und sagt:»Ich verstehe nicht. Was meinen Sie?« Ich versuche es noch einmal:»Sie sagen, Sie sind unglücklich. Das heißt, dass Sie zurzeit ohne Glück sind, dass das Glück gerade nicht da ist. Das Glück ist weg. Und wenn das Glück weg ist, welches Gefühl haben Sie denn dann?« Ruckartig setzt sie sich kerzengerade hin.»Ich bin wütend. Ich bin ganz schrecklich wütend. Immer werde ich angegriffen, und es stimmt gar nicht. Ich bin ja so wütend.« Erika R. hat aufgehört zu weinen. Jetzt will sie ihre Situation selbstverantwortlich gestalten.

Das Beispiel zeigt, welche Kraft die passende Bezeichnung eines Spontangefühls hat. Erika R. war eben noch versunken in einer Leere, in der ihre Handlungsfähigkeit auf Weinen und Selbstmitleid beschränkt war. Durch die klare Bezeichnung des spontanen Gefühls, das tatsächlich ihre Empfindung ausdrückt, wird ihr Selbstmitleid überflüssig, ihr Weinen versiegt, und die weiteren Handlungsfähigkeiten und Ressourcen melden sich: Gestaltungswille, Klarheit, Zielstrebigkeit. Jetzt kann sie ihre Situation schildern. Vor diesem Hintergrund kann sie zu einer passenden Gestaltung finden.

! **Fragebeispiele für Coaches, Lehrerinnen und Trainer**

- o Was ist denn da, wenn das Glück weg ist?
- o Sie sind zurzeit also ohne Glück. Was fühlen Sie denn dann, wenn Sie kein Glück fühlen?
- o Beschreiben Sie Ihre körperlichen Empfindungen. Welches Gefühl passt für Sie zu Ihren Beschreibungen?
- o Hören Sie bitte in sich hinein. Welches Gefühl hören Sie?

Nach der Nennung der anwesenden Gefühle:

- o Was lösen Sie mit diesem Gefühl in sich aus?
- o Was bedeutet dieses Gefühl für Sie?

- Was ist das Tolle an diesem Gefühl?
- Was wollen Sie mit diesem Gefühl erreichen?
- Wie aktivieren Sie dieses Gefühl?
- Öffnen Sie mit diesem Gefühl Ressourcen?
- Welche Ressourcen öffnen Sie mit diesem Gefühl?
- Wie steigern Sie sich in dieses Gefühl hinein?

Im Gefühlsgerechten Sprechen geht es darum, den passenden Begriff für das spontane Gefühl zu sprechen. Durch den passenden Begriff entfaltet sich das Potenzial eines jeden Gefühls. Anstatt der Leere breitet sich dann das aus, was dem Gefühl als Botschaft und als Potenzial innewohnt.

Jeder Begriff beschreibt ein anderes Gefühl. Jedes Gefühl verfügt über einen eigenen Begriff. Es lohnt sich demnach, viele Gefühlsbegriffe zu kennen, zu wissen, was sie bedeuten, und die Ressourcen zu entdecken, die in ihnen liegen.

Übung: Anwesende Gefühlswörter kennenlernen

Diese Übung folgt auf die Übung, in der Gefühlswörter gesammelt wurden.

Durchsuchen Sie die gesammelten Gefühlswörter nach denen, die abwesend benannt sind. Erläutern Sie die Auswirkungen von abwesenden Gefühlswörtern und den Sinn von anwesenden Gefühlswörtern.

Nun erarbeiten Sie mit der Gruppe, welche Gefühle denn anwesend sind, wenn dieses genannte Gefühl abwesend ist.

Steht zum Beispiel auf einer Karte »hoffnungslos«, lassen Sie darüber nachdenken, was denn gefühlt wird, wenn die Hoffnung gerade nicht gefühlt wird.

Die Erfahrung zeigt, dass sehr verschiedene Gefühlszusammenhänge in der Anwesenheit genannt werden. Um beim genannten Beispiel zu bleiben, können bei der Abwesenheit von Hoffnung sowohl Traurigkeit als auch Wut, als auch Angst oder Zorn, gestresst, nervös oder aufgeregt oder verzweifelt sein gefühlt werden.

Nehmen Sie die abwesend formulierten Gefühlswörter aus der Sammlung heraus. Fügen Sie die neuen Wörter der Sammlung bei. Oder suchen Sie sie im Gefühlskartenset.

In einem weiteren Schritt können Sie eine Auswahl der folgenden Fragen diskutieren:

o Was bedeutet dieses Gefühl für Sie?
o In welchen Lebenszusammenhängen erleben Sie es?
o Wie aktivieren Sie dieses Gefühl?
o Wo fühlen Sie es körperlich und wie fühlt es sich dort an?
o Welche Ressourcen öffnen Sie damit?
o Was wollen Sie mit diesem Gefühl erreichen?

Ziele der Übung
o Erstes Einüben von anwesenden Gefühlen.
o Erkennen der eigenen Gefühlsvielfalt.
o Die Vielfalt der Gefühlswörter entdecken.

Das Gefühlsensemble

Und noch einmal: Sprache benennt und erschafft Wirklichkeiten. Jeder Begriff erschafft den dazugehörigen Gefühlszustand. Wenn wir zum Beispiel bei der Abwesenheit von Glück, das vorhandene Gefühl mit Ärger benennen, obwohl es Wut ist, dann ergibt sich entweder eine Irritation im Gefühlsensemble oder eine Erweiterung. Die sprachlich stimmige Benennung erst macht es möglich, sich mit dem tatsächlichen Gefühlsensemble auseinanderzusetzen, es zu akzeptieren, zu nutzen oder zu verändern.

Die Wut im Gefühlsensemble von Erika R. ist noch angereichert durch Traurigkeit. Wut ist eine Energie, die schnell, zielstrebig und aufbrausend ist. Traurigkeit ist ein Gefühl, das langsam und zähflüssig ist. In der Geschlechterordnung der westlichen Welt fällt es Frauen leichter, ihre Wut zu leben, wenn sie mit einer Portion Traurigkeit übergossen ist. Denn wütende Frauen, die schnell und zielstrebig und aufbrausend ihre Wünsche verfolgen, sind nach wie vor ein Dorn im Auge des gesellschaftlichen Spiels um Macht und Prestige. So haben die meisten Frauen gelernt, ihre Wut durch einen Schuss Traurigkeit zu mildern und damit weicher werden zu lassen.

Selbstverantwortlich zur Freude

Kommen wir wieder zu Erika R. Nachdem ihr bewusst ist, welche Funktion die Traurigkeit haben kann, ist sie sehr froh, dass sie dieses spontane Gefühlsensemble gewählt hat. So hat sie jetzt die Zeit und die Möglichkeit, ihre Situation genau zu analysieren, das passende Gefühlsensemble zusammenzustellen und damit die Situation konkret zu gestalten. Zu Wut und Traurigkeit gesellt sie die Freude.

Wut	Traurigkeit	Freude

Freude bietet eine Form von Leichtigkeit, die zusammen mit Wut und Traurigkeit ein gutes Gefühlsensemble in Auseinandersetzungen bietet.

Es lohnt sich offensichtlich, sich mit Gefühlsbegriffen zu beschäftigen. Wenn die Bedeutung der einzelnen Gefühlsbegriffe bekannt ist, werden die anwesenden spontanen Gefühle durch ihre Versprachlichung bestätigt und angestoßen. Zudem können weitere für die Person und die Situation wichtige Gefühle hinzugesprochen werden, die neu angesprochenen Gefühle werden geweckt und aktiviert.

Mit passenden Gefühlen den Tag gestalten

Erika R. nimmt zu ihrem spontanen Gefühlsensemble Wut, Traurigkeit und Freude noch die Neugier, als ein nach vorn weisendes Gefühl, zudem fügt sie noch die Freundlichkeit als ein vermittelndes Moment zu ihrem Gefühlsensemble hinzu. Mit diesem Gefühlsensemble kann sie ihrem Vorgesetzten, der sie täglich abschätzend behandelt, entgegentreten. Dieser kommt am anderen Morgen wieder mit Hohn auf den Lippen in ihr Büro. Sie steht wütend auf, geht zielstrebig auf ihn zu, blickt ihn freundlich an und sagt ihm voller Neugier auf seine Reaktion: »Guten Morgen, das ist ein schöner Tag heute.« An diesem Morgen hat sie ihre Ruhe.

| Wut | Traurigkeit | Freude | Neugier |

Das Beispiel von Erika R. zeigt uns: Wenn das eigene Gefühlsensemble passend für die Person selbst und die Situation choreografiert ist, steigt das Selbstwertgefühl, und ein innerlich gefestigtes Auftreten, das auch authentisch genannt werden kann, ist die Folge.

Personen sind zentriert und in sich beheimatet und gehen von dort aus in die Welt. Die eigenen Kompetenzen und Ressourcen werden erkannt und können gelebt werden. Nach zwei Supervisionssitzungen fühlte sich Erika R. stark und ausgeglichen genug, um mit ihrem Vorgesetzten und dem Ombudsmann der Firma ein klärendes Gespräch zu führen. Ihr Vorgesetzter bekommt die Auflage, ein Coaching in Führungsverhalten zu absolvieren. Er kündigt noch in dem laufenden Quartal. Erika R. wird in den Prozess um die Neubesetzung der Stelle mit einbezogen.

Übung: Gefühlsensemble

Diese Übung kann vor einer Prüfung mit einer Schulklasse gemacht werden oder auch mit Klienten, die vor einer Herausforderung stehen.
Lassen Sie konzentriert und kurz folgende Fragen beantworten: Wie geht es mir jetzt? Was sind meine Gefühle?

Die Gefühle werden alle jeweils einzeln auf einen Zettel aufgeschrieben. Die Gefühlszettel werden ihrer Wichtigkeit gemäß untereinandergelegt.

Anschließend wird gefragt: Wie will ich mich jetzt fühlen? Welche Gefühle brauche ich jetzt zur Unterstützung?

Die Gefühle werden wieder jeweils einzeln auf einen Zettel aufgeschrieben. Auch diese Gefühlszettel werden ihrer Wichtigkeit gemäß untereinandergelegt.

Anschließend werden die beiden Gefühlsreihen einander gegenübergelegt. Die erste Gefühlsreihe wird verabschiedet. Die zweite Gefühlsreihe bleibt während der Prüfung auf dem Tisch liegen und wird regelmäßig angeschaut und gelesen.

Bei wichtigen Terminen oder Herausforderungen, die weiter entfernt liegen, wird die Gefühlskette fotografiert und in die Agenda integriert. Vor dem Termin wird sie angeschaut und gelesen. Es besteht die Möglichkeit, sich in dieses Gefühlsensemble hineinzusteigen.

Ziele der Übung

o   Nutzen der eigenen Gefühle für eine herausfordernde Situation.

o   Das eigene Gefühlsensemble einsetzen für die eigene Unterstützung.

nervös	erregt
ängstlich	Hoffnung
Versagensangst	neugierig
angespannt	zuversichtlich
durcheinander	aufgeregt
frustriert	vertrauensvoll

Gefühlsstrategien

Das passende Gefühlsensemble aus spontanen und gewünschten Gefühlen stellt eine tägliche Herausforderung dar. Um die spontanen Gefühle sprachlich erfassen und gewünschte Gefühle hinzuchoreografieren zu können, braucht es die Kenntnis der Gefühlsbegriffe und der Bedeutung von Gefühlen. Im Gefühlsgerechten Sprechen erschließen Personen sich diese Begriffe und ihre Bedeutungen nach und nach. Dies geschieht am leichtesten durch den Akt des Sich-selbst-Zuhörens. Dann können Personen hören, wenn sie Abwesenheitsbegriffe nutzen, und sich fragen, welches Gefühl anwesend ist. Wenn ein gesprochenes spontanes Gefühl anders ist als die Empfindung, gibt es die Möglichkeit, nach innen zu fragen, welches der vielen Gefühle denn da ist. Und da jedes Gefühl eine Stimme hat, wird sie sich der fragenden Person mitteilen. In den Seminaren rund um Gerechtes Sprechen wird in diesem Zusammenhang regelmäßig die Frage nach der Manipulation des eigenen Selbst und der anderen Person gestellt.

Im Gerechten Sprechen gehen wir davon aus, das der Mensch selbst zuständig und verantwortlich für das eigene personale Gewordensein ist. Für die Gefühlswelten der Person bedeutet das, dass jede Person selbst ihre Gefühle bestimmt, aussucht, lebt und umsetzt. Davon ausgehend, können wir sagen, dass jedes Ausleben von Gefühlen eine Manipulation des eigenen Selbst und anderer Personen darstellt. Und da jeder Sprechakt Wirklichkeiten erschafft, ist auch jeder Sprechakt eine Manipulation. Sprechen wir also am besten so, dass eine gerechte Wirklichkeit möglich wird.

Die weinende Frau und der wütende Mann

Nehmen wir zwei Beispiele: Die weinende und schluchzende Frau, die diese Gefühlswelt in der Regel inszeniert, um von dem Mann das zu bekommen, was sie will: Zuneigung. Der wütende und sich falsch verstanden fühlende Mann, der diese Gefühlswelt in der Regel inszeniert, um von der Frau, das zu bekommen, was er will: Recht und seine Ruhe.

Spätestens jetzt wird bei den Zuhörerinnen in den Vorträgen und Seminaren rund um Gerechtes Sprechen Wut und Abwehr laut: »Wir inszenieren doch keine Gefühle. Es fühlt sich in der Situation wirklich so an. Das ist ganz spontan und nicht etwas Gemachtes.«

Übung: Hineinsteigern in Gefühle

Damit Gefühle effizient eingesetzt werden können, ist die Methode des Hineinsteigerns hilfreich.bitten Sie Ihre Klientin oder Ihren Schüler darum, das Gefühl zu benennen, das für die zu meisternde Situation wichtig ist. Dann geht es darum, dieses Gefühlswort oder die Gefühlswörter – einem Mantra gleich – wiederholend vor sich hin zu sprechen. Dabei hören sich die sprechenden Personen selbst zu.

Nun stellt sich Ihre Klientin oder Ihr Schüler die zu meisternde Situation als gelungene Situation vor, in der ein Erfolg erzielt wird.

Falls die Grenzen des momentanen Könnens erreicht sind, erarbeiten Sie die Fragen:

o Was brauchen Sie, um diesen Erfolg zu erzielen?

o Was brauchst du, damit du die Prüfung so bestehst, wie du dir das jetzt vorgestellt hast?

Wichtig ist diese Art des Hineinsteigerns in unterstützende Gefühle vor Prüfungen oder wichtigen Auftritten wie Vorstellungsgespräche oder wichtigen Verhandlungen. Anstatt sich in Nervosität und Angst hineinzusteigern, wird sich hier ressourcenorientiert in unterstützende Gefühlszusammenhänge hineingesteigert.

Ziele der Übung

o Unterstützende Gefühlszusammenhänge kennen und nutzen lernen.

o Hineinsteigern in unterstützende Gefühle üben.

Bleiben wir beim Gefühlgerechten Sprechen, so wissen wir, dass jedes Gefühl eine Entscheidung darstellt, egal wie schnell und spontan sie empfunden werden. Personen entscheiden sich für dieses oder für ein anderes Gefühl in der jeweiligen Situation, dies geschieht spontan, schnell und eingebettet in bekannte und trainierte Gefühlsreaktionsmuster. Dann steigern Personen sich in dieses Gefühl hinein. Auch wenn das Hineinsteigern in die Gefühle gerne geleugnet wird, so ist es eine menschliche Qualität, die meist aus dem Untergewussten heraus zielgerichtet eingesetzt wird. Den Vorgang des Hineinsteigerns als Inszenierung oder als Strategie zu analysieren ermöglicht es, ihn gezielt zu nutzen und gewollt zu wiederholen.

Im Gefühlsgerechten Sprechen geht es darum, die eigenen Gefühlslandschaften besser zu kennen, sie gezielt zu nutzen, einzelne oder mehrere Gefühle größer oder kleiner werden zu lassen und das Hineinsteigern in die Gefühlswelten als Kompetenz wahrzunehmen, sodass die Gefühlsensembles eigenverantwortlich für sich selbst, die jeweilige Begegnung und für die Situation optimal genutzt werden können.

Die meisten Personen kennen das Hineinsteigern in Gefühle wie Angst, Wut, Aggression, Liebe und Traurigkeit. Oder auch das Hineinsteigern in zukünftige Ereignisse, die als Horrorszenarien abgebildet werden. Das Hineinsteigern in Gefühle wie Glück, Hoffnung, Mut und Neugier wird jedoch kaum geübt und umgesetzt. Auch das bewusste Hineinsteigern in zukünftige Ereignisse, die als erfolgreiche Situationen abgebildet werden, wird vernachlässigt. (s. Übung S. 154 f.)

In den Seminaren zum Gerechten Sprechen hat sich erwiesen, dass Personen dieselben Gefühlsbegriffe unterschiedlich nutzen. Es gibt demnach keine Definition von Gefühlen und ihren Bedeutungen, die für alle Menschen dieselbe Gültigkeit haben. Jedes Gefühl wird in einer jeweils zur Person passenden Weise erlebt und bewertet. So hat Erika R. die Freundlichkeit als vermittelndes Element in ihr Gefühlsensemble hineingenommen. Hans B. hingegen wird Freundlichkeit als Öffnung bewerten. Es lohnt sich demnach, wenn Gefühle gesprochen werden, die Bedeutung der Begriffe nachzufragen.

Fragebeispiele für Coaches, Lehrerinnen und Trainer

o Was bedeutet das Gefühl für Sie?
o Welche Farbe geben Sie diesem Gefühl und was lösen Sie mit der Farbe in Ihnen aus?
o Wo in Ihrem Körper wohnt das Gefühl?
o Beschreiben Sie, wie sich das Gefühl anfühlt.
o Beschreiben Sie, wie das Gefühl aussieht.
o Hören Sie nach innen zu: Was sagt Ihnen dieses Gefühl?

Gefühlsbegriffe

Zum näheren Verständnis, zur Überprüfung oder zur Abgrenzung werden nun einige Gefühlsbegriffe erläutert.

Es gibt in der deutschen Sprache Gefühlsbegriffe, die ähnlich oder sogar gleich genutzt werden. So werden zum Beispiel Wut und Zorn und Groll und Ärger gleichgesetzt.

○ Dabei beschreibt *Wut* ein schnelles Gefühl, einen momentanen Zustand äußerster Erregung.

○ *Zorn* hingegen beschreibt einen leidenschaftlichen Zustand, der gewählt wird, wenn etwas dem eigenen Willen zuwiderläuft. Zorn benennt ein langsameres Gefühl, als mit dem Begriff Wut ausgedrückt wird. Zorn gleicht mehr einem Boden, auf dem die Wut sich als momentaner Gefühlsausdruck entladen kann.

○ *Groll* beschreibt den zurückgehaltenen Zorn, der im Gefühlsinnern weiter lebt und gärt. Manchmal äußert sich Groll durch überschäumende Wut.

○ *Ärger* beschreibt den Zustand, der dann aufgerufen wird, wenn zum Beispiel Erwartungen enttäuscht, also der Täuschung beraubt werden.

Jeder dieser vier Begriffe benennt und weckt ein anderes Gefühl. Es gibt mehrere ähnlich gelagerte Gefühlsbegriffe, die wir geneigt sind, gleich zu benutzen. Zum Beispiel die Gefühlsbegriffe: Angst, Furcht und Panik.

Die eigentliche Bedeutung der Begriffe und der dazugehörigen Gefühle entdecken Personen in einem Prozess der gerecht sprechend gestalteten Eigenwahrnehmung. Wieder und wieder kann ausprobiert werden, welcher Begriff dem spontanen Gefühl gerecht wird. Als Erstes lohnt es sich, in anwesenden Begriffen von der eigenen Gefühlslandschaft zu sprechen. Schon dies eröffnet die Wahl zwischen dem, was bisher bekannt ist und sich gern und häufig zu erkennen gibt, und dem, was sich zu entdecken lohnt. Auf Dauer und mit etwas Übung werden die Gefühle wahrnehmbar, die lange verleugnet wurden. Hören Sie diesen Gefühlen zu, sie werden Ihnen mitteilen, wer sie sind und was sie wollen. Dann werden Sie bald auch die Gefühle zur Kenntnis nehmen, von denen Sie annahmen, dass die in Ihnen sicher abwesend sind. Menschen verfügen über alle Gefühle, Personen genießen und nutzen sie.

Das Spiel mit den Gefühlen

Sicherlich kennen Sie auch die Momente im Leben, die sich wiederholen, wiederholen und wiederholen. Das gleiche spontane Gefühlsensemble reagiert auf ähnliche Situationen und Begebenheiten. Personen erschaffen sich im Laufe ihres Gewordenseins Reaktions- und Verhaltensgrundmuster, die sie regelmäßig aktivieren und von denen sie manchmal bedauernd behaupten, sie seien eingeschliffen und wiederholen sich weiter und weiter. So werden Sie zum Beispiel sofort wütend, wenn Ihr Freund Sie fünf Minuten warten lässt. Oder Sie sind sogleich traurig, wenn Ihre Mutter oder eine ältere Frau einmal Nein anstatt Ja sagt. Sie haben den Eindruck, dass Sie diesem jeweiligen Zusammenhang auch in Zukunft begegnen werden. Mit anderen Worten: Dieses Muster ist eingeschliffen.

Gekonnt die eigene Meinung sagen

Hans B., ein Teilnehmer in der Weiterbildung Gerechtes Sprechen, erzählt von so einer sich wiederholenden Begebenheit. Hans B. wird, wenn jemand ihm gegenüber die Stimme erhebt und lauter spricht, klein, mucksmäuschenstill, und er schweigt. So hat er die Strategie entwickelt, sich schnell und gekonnt anzupassen. Jetzt hat er sich verliebt und sein neuer Freund ist ein leidenschaftlicher und deutlicher Mann, der seine Meinung zu vertreten weiß. Hans B. passt sich sofort an, wenn er etwas sagt oder sich etwas von ihm wünscht. Dieser Zustand ist für den Freund langweilig und für Hans B. anstrengend. Nun möchte er an seinem Zustand etwas verändern. Zuerst bitte ich ihn, aus den Gefühlskarten die stimmigen Karten auszuwählen und sein spontanes Gefühlsensemble zusammenzustellen, das er in einer solchen Situation kreiert. Er sucht sich folgende Begriffe aus: *Furcht, Rückzug, verschlossen, genervt sein, ärgerlich über sich selbst* – dies ist das Gefühlsensemble, welches nach seiner Aussage jedes Mal in einer solchen Situation zusammenkommt.
Er bekommt den Auftrag, die einzelnen Karten so zueinander in Bezug zu legen, wie er es fühlt. Hans B. legt alle Karten aufeinander. Zuerst die »Furcht«, dann »verschlossen«, »ärgerlich über sich selbst«, »genervt«, obenauf liegt der »Rückzug«.

In einer ersten Übung bekommt Hans B. den Auftrag, dieses Gefühlsensemble mit den Karten neu zu choreografieren, und zwar so, wie er es am liebsten zueinander in Bezug hätte. Er legt die Karten weiter auseinander: links die »Furcht«, direkt daneben »ärgerlich über sich selbst«, ganz rechts »verschlossen« und »Rückzug« und in die Mitte legt er »genervt«.

Ich bitte ihn, ein wenig zurückzutreten und sich dieses Gefühlsensemble anzuschauen, es laut vorzulesen und sich selbst dabei zuzuhören. Er beginnt links zu lesen. »Furcht, ärgerlich über sich selbst ...« Hans B. macht eine Pause. Zuerst grinst er, und dann lacht er. Er gibt zu, dass er nicht ärgerlich auf sich selbst, sondern wütend auf sein jeweiliges Gegenüber, im Moment auf seinen neuen Freund ist. Ich bitte ihn, das Gefühlsensemble zu verändern. Er legt die Karte mit dem Begriff »Wut« an die Stelle der Karte »ärgerlich über sich selbst«. Wieder beginnt er zu lesen. »Furcht, Wut, genervt ...« Er holt tief Luft. Dann sagt er: »Und jetzt werde ich heute Abend mit ihm reden, ihm sagen, dass ich mich nicht mehr zurückziehen werde, dass er mich nicht mehr anschreit.«
Eine Teilnehmerin aus dem Seminar macht Hans B. darauf aufmerksam, dass nur er für seinen Rückzug zuständig ist, dass er ganz allein für seine Wünsche und sein Wollen verantwortlich ist. Wenn er sich also nicht zurückziehen will, was will er denn dann? »In Ruhe reden, auch streiten, meine Meinung sagen«, antwortet Hans B. Ich frage ihn: »Welches Gefühl-

sensemble brauchen Sie dazu, damit Sie dieses Ziel erreichen?« »Ich habe schon die Furcht, die Wut und das Genervtsein. Was also noch?« Er schaut mich fragend an. Ich schlage ihm vor:»Furcht macht aufmerksam und hellhörig nach innen, Wut ist eine schnelle Energie, die ebenfalls nach vorne treibt, ›genervt‹ zeigt an, dass Ihre Nerven angeregt bis aufgeregt sind. Dann haben Sie vorhin gelacht. So scheint mir, ist auch eine Spur Humor vorhanden. Humor gibt mehr Klarheit in der Selbstwahrnehmung. Das haben Sie alles. Was brauchen Sie nach Ihrer Meinung noch?« Hans B. sagt spontan:»Etwas Ruhe und ein Bodengefühl, das mich trägt. Sicherheit. Ich fühle mich in mir sicher, ich kann mich auf mich verlassen.«

Hans B. ordnet die Karten neu:»Furcht«, »Wut«, »genervt« legt er auf die beiden Karten»Humor« und»Sicherheit«.

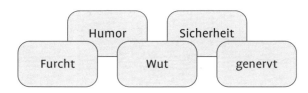

Er liest sein Gefühlsensemble laut vor und strahlt:»Das fühlt sich stark und gut an.« Am Abend spricht Hans B. mit seinem Freund. Er kann sagen, was er sagen will, und bleibt bei seiner Meinung. Mitten im Gespräch merkt er, dass er seinem Freund nicht zuhört. So nimmt er zu seinem Gefühlsensemble noch bewusst Freundlichkeit und Zugewandtsein hinzu. Hans B. findet mehr und mehr Gefallen daran, seine Meinung zu sagen und sich einzumischen.

Wir können an diesem Beispiel erkennen, dass auch die alteingesessenen, gut bekannten spontanen Gefühlsensembles verändert werden können. Dabei ist es hilfreich, die Gefühlsbegriffe lesen, hören, fühlen und bewegen zu können. Auf diese Weise werden die angesprochenen Gefühle intensiv geweckt und in die Pflicht gerufen. Bei der Bewusstmachung der spontanen Gefühle kann es sein, dass, wie bei Hans B. deutlich wird, eines der Gefühle eine falsche Bezeichnung erfährt.

Wenn die Person ihren Gefühlszustand erkannt hat, bewirkt die passende Bezeichnung eines Gefühls den Rückzug anderer spontaner Gefühle, weil sie ihren Teil beigetragen haben, andere wiederum können hinzukommen, da sie jetzt von Bedeutung sind. So entsteht und verändert sich das Gefühlsensemble und bietet der Person die Basis, mit der sie weiter ins Leben hineinschreiten will.

Fragebeispiele für Coaches, Lehrerinnen und Trainer

o Was bedeutet das Gefühl für Sie?
o Mit welchen weiteren Gefühlen verbinden Sie es?
o Was bedeuteten diese Gefühle für Sie?
o Dieses Ensemble, die Kombination von Gefühlen, mit welchem Ziel haben Sie dieses gewählt?
o Was wollen Sie mit diesem Gefühlsensemble erreichen?
o Hören Sie nach innen zu: Was sagt Ihnen dieses Gefühlsensemble?

Choreografie der Gefühle

Ein gekonnter Umgang mit dem Gefühlsensemble lässt große stärkende Gefühlszusammenhänge wie Selbstwertgefühl, Selbstbewusstsein, Selbstzufriedenheit wachsen. Diese Gefühlszusammenhänge sind das Resultat einer gelungenen Choreografie von Gefühlen.

Viele Frauen sagen von sich, dass sie ein mangelndes Selbstwertgefühl haben. Wenn sie zum Beispiel in das Gefühlsensemble, das dem Selbstbewusstsein zugrunde liegt, das Gefühl der *Abwertung* integriert haben, wird der eigene Wert infrage gestellt oder gar herabgesetzt. Dann sinkt das Selbstbewusstsein, weil das Selbstwertgefühl abnimmt.

In solchen Fällen ist es wichtig, die Frage zu klären, mit welchem Ziel das Gefühl Abwertung in das Gefühlsensemble Selbstbewusstsein hineinchoreografiert wurde. Die Gefühle »Abwertung«, »sich selbst kleinmachen« sind in der Regel übernommene Bewertungen der eigenen Person durch andere Personen. Andere kleinzumachen und abzuwerten sind Momente, die Personen einander zumuten. Sie werden übernommen, zu Selbstaussagen umformuliert und finden so Einzug in das jeweilige Gefühlsensemble. Da sie selbstständig ins eigene Gefühlsensemble hineinchoreografiert werden, geben Personen Selbstabwertungen wieder zurück an diejenigen, die sie gesprochen haben. Dies kann eine erziehungsberechtigte Person gewesen sein, eine Freundin oder ein Freund, eine vorgesetzte Person oder ein Kollege, eine Kollegin. Die Abwertung kann schon sehr lange vorbei sein oder gerade erst geschehen sein.

Zweifel, Skepsis, Zwiespalt hingegen sind wichtige, dem Menschen dienliche Gefühle. Sie machen Personen darauf aufmerksam, dass eine Handlung oder ein gesprochenes Wort nochmals überdacht wird, um zu klären, ob es den eigenen Maßstäben und Anschauungen entspricht.

Mit der Gefühlschoreografie zum Erfolg

Cordula C. kommt in die Supervision. Sie schaut kaum auf und spricht sehr leise. Sie sagt: »Heute komme ich, weil ich mich total klein und abgewertet fühle. Mein Selbstwertgefühl ist vollkommen weg. Ich bin sehr niedergeschlagen, richtig traurig.« Ich hole die Gefühlskarten und bitte Cordula C., ihr jetziges Gefühlsensemble zu legen. Sie sucht eine Zeit lang, bis sie die richtigen Begriffe gefunden hat. Es sind die Gefühlsbegriffe *traurig, verletzt, niedergeschlagen*.

»Und es fehlt etwas«, sagt Cordula C. »Ich fühle mich *abgewertet*. Das Wort habe ich nicht gefunden.« Ich gebe ihr einen Zettel, auf den sie »abgewertet« schreibt und ihn zu den anderen legt.

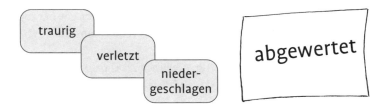

»Was bedeutet ›abgewertet‹?«, frage ich sie. »Meine Kollegin macht mich fertig. Sie sagt, dass ich dieses und jenes nicht kann. Dass ich sowieso immer alles falsch mache und zudem noch schlecht aussehe. Das macht sie seit einem Monat, und irgendwie fange ich an, ihr zu glauben. Ich schaue mich schon gar nicht mehr im Spiegel an, mache meine Arbeiten nur noch oberflächlich, weil sie sowieso nicht gelingen.«

Die Kollegin arbeitet hart daran, Cordula C. abzuwerten, und Cordula C. hat sich dieses Gefühl zu eigen gemacht. Die Kollegin ist für die Abwertung zuständig, und Cordula C. hat sie übernommen. Ich frage sie, mit welchem Ziel sie die Abwertung in ihre Gefühlswelt integriert hat. Cordula C. überlegt, dann sagt sie: »Vielleicht mag sie mich ja dann und hört auf damit, und ich habe meine Ruhe.«

Ich frage sie weiter, aus welchen Gefühlen sich ihr Selbstwertgefühl zusammensetzt. Sie sucht wieder in den Karten und legt die folgenden Begriffe zusammen: Hoffnung, Neugier, Lust, ich bin wichtig.

»Und wie komme ich dort wieder hin?«, fragt sie. Sie legt die Karten in zwei Reihen einander gegenüber.

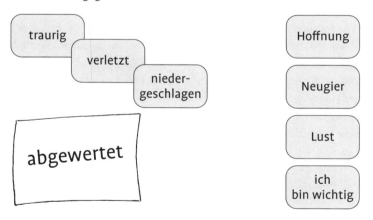

»Abwertung lässt sofort das Selbstwertgefühl sinken. Nehmen Sie die Abwertung doch bitte aus der Gefühlsreihe heraus. Was möchten Sie dort liegen haben, sodass der Weg zur anderen Seite frei wird und Sie Ihr Ziel erreichen, damit Sie Ihre Ruhe haben?« Sie sucht und findet: »Ich nehme den Mut. Das tut mir gut.« Sie legt die Karte an die Stelle der Abwertung.

Ich erläutere weiter: »Oftmals wird die eigene Abwertung, wie bei Ihnen auch, von außen angeregt durch stattfindende verbale direkte Angriffe auf die eigene Person, auf die geleistete Arbeit. Dann ist es wichtig, diese Aussagen und damit die Abwertung an die dafür zuständige Person zurückzugeben.

Machen Sie das bitte mit dem Briefeschreiben. Schreiben Sie Ihrer Kollegin einen Brief, in dem Sie ihr die gesamten Abwertungen, die sie gesprochen hat, in der Art zurückgeben, die Ihnen dienlich ist. Sie lesen diesen Brief weder während des Schreibens noch nachher. Wenn Sie den Brief mit der Hand schreiben, lassen Sie ein weißes Blatt über den schon geschriebenen Text laufen. Wenn Sie ihn mit dem Computer schreiben, stellen Sie die Schriftfarbe auf weiß. Damit wird verhindert, dass Sie den Brief lesen. Mit dem Schreiben werfen Sie das Gefühl der Abwertung aus Ihrem Gefühlsensemble heraus. Durch das Lesen nehmen Sie es wieder hinein. Sie schicken den Brief auf keinen Fall ab. Sie werden ihn verbrennen oder zerreißen. Nachdem Sie die Abwertung dergestalt übergeben haben, füllen Sie sich an mit dem Mut, den sie neben ›traurig‹, ›verletzt‹, ›niedergeschlagen‹ gelegt haben. – Wie fühlt sich das an?«»Schon viel besser. Ich bin wieder viel näher bei mir. Doch da fehlt noch etwas.«

Bis zur folgenden Supervision gebe ich Cordula C. folgende Aufgabe: Sie wird Symbole suchen, die den Gefühlsbegriffen entsprechen, die sie herausgefunden hat. So ein Symbol kann jeder Gegenstand sein, den Cordula C. in ihrer Wohnung hat: Nippes oder Pflanzen oder Bücher. Diese Gegenstände werden zu Symbolen für die jeweiligen Gefühle, indem sie dem Gegenstand den entsprechenden Gefühlsnamen gibt. So wird jeder Gegenstand sprechend zum Symbol erklärt und so zueinandergestellt, wie es sich am besten anfühlt. Dann gibt Cordula C. ihnen den Auftrag, das Selbstwertgefühl wieder herzustellen. Die Gefühle werden das Selbstwertgefühl erarbeiten.

Nach einer Woche kommt Cordula C. wieder. Sie strahlt.»Ich habe alles gemacht, und ich fühle mich wunderbar. Ich finde mich wieder richtig klasse. Die Symbole stehen noch dort und arbeiten. Das funktioniert wirklich. Und stellen Sie sich vor: Mein kleiner Neffe, er ist sieben Jahre alt, war zu Besuch. Er hat diese Symbolgruppe angeschaut, sehr genau betrachtet, ohne sie zu berühren. Dann hat er gesagt: ›Die haben noch einiges zu besprechen, die lasse ich besser in Ruhe‹ Dann hat er mit anderen Sachen gespielt. Das hat mich sehr beeindruckt.«

Cordula C. hat mit ihrer Kollegin gesprochen und ihr gesagt, dass sie sich diese verbalen Abwertungen verbittet und sie in aller Form zurückweist. Nach ersten Zurückweisungen gibt die Kollegin zu, dass sie neidisch auf Cordula C. ist. Nun können sie ihre Zusammenarbeit neu gestalten. Als Erstes vereinbaren die beiden Frauen regelmäßige Gespräche.

Die sprechende Aufstellung von Gegenständen, die die eigenen Gefühle symbolisieren, spricht alle Wahrnehmungskanäle an: den Körper, die Augen, die Nase und die Ohren. Der erteilte Auftrag an die Gefühle wird gefühlt, gesehen, gerochen und gehört. So arbeiten tatsächlich die angesprochenen Gefühle und bringen den Auftrag wunschgemäß zu Ende. Als Kinder spielen Menschen dieses Spiel sehr intensiv. Vielleicht erinnern Sie sich noch an die vielen Fantasiespiele, bei denen jeder Gegenstand einen Namen bekam und nach dem Spiel sich die Welt richtig gut angefühlt hat.

Die gesprochenen und mündlich ausgetauschten Inhalte, können sehr gut mit dieser Übung des Briefeschreibens ergänzt werden. So wird es möglich, auch Altlasten wieder an die zuständige Person zurückzugeben.

Fragebeispiele für Coaches, Lehrerinnen und Trainer

o Was bedeutet das Gefühl für Sie?
o Welche Gefühle sind auch noch da?
o Was bedeuten diese Gefühle für Sie?
o Sind alle Gefühle Ihrem Ziel dienlich?
o Unterstützen Sie mit diesem Gefühlsensemble das Erreichen Ihrer Ziele?
o Gibt es Gefühle, die der Zielerreichung im Wege stehen?
o Welche Gefühle brauchen Sie zusätzlich, um Ihre Ziele zu erreichen?
o Geben Sie diesem Gefühlsensemble die für Sie passende Choreografie.

Übung: Briefeschreiben

Nachdem Sie herausgearbeitet haben, wer wofür zuständig ist, werden die Zuständigkeiten an die dafür verantwortlichen Personen übergeben. Das kann in Gesprächen geschehen. Es gibt Situationen, in denen das direkte Gespräch abgelehnt wird. Hier kommt das Briefeschreiben zum Zug.

Die betroffene Person, die Zusammenhänge an die dafür zuständigen Personen, Institutionen, Systeme zurückgeben oder übergeben will, schreibt einen Brief. Der Brief ist adressiert an die zuständige Instanz. Der Brief wird geschrieben, wie es der schreibenden Person dienlich ist.

Erläutern Sie folgenden Zusammenhang: Der Brief wird weder während des Schreibens noch nachher gelesen. Denn das Schreiben befreit von der Zuständigkeit und übergibt sie. Das Lesen nimmt die Zuständigkeit wieder zurück in die schreibende Person.

Wenn der Brief mit der Hand geschrieben wird, wird weißes Blatt über den schon geschriebenen Text laufen gelassen. Wenn der Brief mit dem Computer geschrieben wird, wird die Schriftfarbe auf weiß gestellt. Damit wird verhindert, dass der Brief gelesen wird.

Der Brief wird nicht abgeschickt. Er dient einzig der Zuständigkeitsübergabe der schreibenden Person. Der Brief wird verbrannt, zerrissen, weggeworfen oder gelöscht.

Danach füllt die schreibende Person den nun frei gewordenen Platz aus. Dies geschieht durch die Nennung der Gefühle, die nun den Platz ausfüllen.

Manchmal reicht ein Brief, manchmal braucht es für eine Klärung mehrere Briefe.

Ziele der Übung

o Selbstreinigung von angehäuften Zusammenhängen, für die andere zuständig sind.

o Stärkung der eigenen Person durch das Nutzen des eigenen inneren Raumes für sich selbst.

Im Gefühlsgerechten Sprechen geht es darum, sich der spontanen Gefühle bewusst zu sein und sie so zu choreografieren und/oder anzureichern, dass sie der Person und der Sache dienlich sind. Dafür ist es notwendig, die eigenen Bedeutungen der Gefühlsbegriffe zu kennen, zu ordnen und sprechen zu können. Das Innere-Zuhören und das Sich-selbst-Zuhören beim Sprechakt unterstützen das Finden der Bedeutungen. Alteingesessene Muster lassen sich so verändern, und große Gefühlszusammenhänge werden erschaffen. Personen definieren ihre spontane Seinsweise und ihr Gewordensein. So übernehmen sie die Verantwortung für die Gestaltung ihrer Gefühlslandschaften und für die Handlungen, die sie aus diesen Gefühlen heraus begehen. Personen verstehen sich als zuständig für die gefühlten Reaktionen auf erlebte Situationen und von anderen angebotenen Aktionen.

Die folgenden Beispiele zeigen, wie sich Aussagen durch das Gefühlgerechte Sprechen verändern lassen:

Beispiele zum Gefühlsgerechten Sprechen

o Wenn Sie einen Brief mit Fehlern abschicken, ist mir das peinlich, und mein Ruf als Inhaberin der Firma ist gefährdet.
Gefühlsgerechtes Sprechen: Sie sind für das Verfassen der Briefe zuständig. Die letzten Briefe haben Sie mit Fehlern verschickt. Ich erwarte von Ihnen, dass Sie Ihre Arbeit ordentlich machen. Falls Sie Schwierigkeiten dabei haben, sprechen Sie mit mir.

o Wenn ich das von dir höre, bin ich beleidigt.
Gefühlsgerechtes Sprechen: Ich höre dir zu, und ich will beleidigt sein.

o Wut und Trauer brachen einfach so aus mir heraus. Ich konnte gar nicht anders.
Gefühlsgerechtes Sprechen: Ich bin wütend und traurig. Und ich habe diese Situation gewählt, um meine Gefühle auszuleben.

Situationsgerechtes Sprechen

Abwesenheiten prägen die alltägliche Sprache. Personen sprechen von dem, was sie nicht wollen – also abwesend ist; was sie sich nicht vorstellen können – also verweigert wird; was sie nicht haben – also vermisst wird. Hier eine Auswahl:»Das war nicht nett.«»Das hat mir gar nicht gefallen.«»Ich bin nicht da.«»Ich habe keine Zeit.«

In so gesprochenen Zusammenhängen betonen Personen die Momente, die sie ablehnen oder die sie verwerfen wollen, die also gerade abwesend sind. Demnach liegt die Aufmerksamkeit bei den Schwächen, denn das, was gerade abwesend ist, liegt außerhalb der Nutzungsmöglichkeit und betont die vorhandenen Defizite. Daraus schlussfolgernd, wird deutlich, dass die Ressourcen zugedeckt werden und verborgen bleiben.

Im Situationsgerechten Sprechen wird das gesprochen, was anwesend ist.»Ich mag lieber deutliche und freundliche Kritik.«»Ich mache mir dann einen ruhigen Abend.«»Ich suche noch nach weiteren Möglichkeiten und hoffe, dass ich auch das Passende finden werde.« – Erst wenn gewusst wird, was anwesend ist, kann eine Situation angenommen, gestaltet, verändert werden.

Im Folgenden wird anhand von verschiedenen Schwerpunkten und Beispielen das Situationsgerechte Sprechen so vorgestellt, dass Sie es in bekannten, sich regelmäßig wiederholenden Situationen wiedererkennen und damit anwenden können. Berücksichtigt sind insbesondere solche Zusammenhänge, die für viele Personen alltäglich sind. Dieses Vorgehen ist gewählt, damit die im Gerechten Sprechen zugrunde liegende radikale Ressourcen- und Wirkungsorientierung in den Grundzügen verstanden, nachvollzogen und umgesetzt werden können.

Eine Situation ist eine Situation und bleibt eine Situation

Schon fast inflationär wird der Begriff »Problem« in der deutschen Sprache benutzt. Alles, was auch nur im Anflug eine Herausforderung darstellt, wird als Problem definiert. Eine solche Definition der Situation schränkt einerseits die Sicht auf diese ein. Andererseits wird der Aufwand der Gestaltung auch gleich zu einer Lösungsfindung hochstilisiert. Das ist sehr aufwendig. Wissen wir doch, dass Sprache Wirklichkeiten benennt und erschafft. Machen wir uns also dieses Wissen zunutze und nennen die Situationen beim Namen: Situation.

Literaturtipp

Im Booklet der »75 Bildkarten Konfliktmanagement« (2015) zeigen Charlotte Friedli und Cornelia Schinzilarz wie in konsequenter Weise gerade in Konfliktsituationen auf den Begriff Problem verzichtet werden kann. Dadurch wird eine leichtfüßige Gestaltung vielfältiger Konflikte unter Einbezug spannender Bildkarten möglich.

Und wenn dann tatsächlich einmal ein wahres Problem zu bewältigen ist, ist es möglich, dieses auch so zu nennen. Dann ist der Aufwand, den die Suche nach der Lösung mit sich bringt, auch gerechtfertigt. Zudem gibt es noch diese Kombination mit der Abwesenheit: »Das ist kein Problem.« Was ist es denn dann, wenn es kein Problem ist? Die Antwort liegt auf der Hand: Es ist eine Situation. Bleiben wir daher von Beginn an bei dieser Formulierung: Eine Situation ist einen Situation und bleibt eine Situation. Auch wenn es einiges zu klären, zu fragen, zu entdecken, zu lernen und zu gestalten gibt.

Gerade in der sprechenden Arbeit mit Menschen wird dieser sehr gezielte Einsatz des Begriffs Problem geschätzt. Es ist auffällig zu sehen, wie groß und vielfältig die Gestaltungsmöglichkeiten wieder werden, wenn eine Situation wieder Situation heißt.

Vom Loslassen und Übergeben

»Ich kann nicht loslassen.« Diesen Satz sprechen viele Eltern in Bezug auf ihre Kinder, die bereit sind, selbstständig in die Welt zu gehen. Zudem prägt die Haltung, die mit diesem Satz ausgedrückt wird, auch die Gestaltung des Arbeitsplatzes. An folgenden Aussagen ist diese Haltung, die sowohl bei Frauen als auch bei Männern anzutreffen ist, zu erkennen: »Ich kann nicht delegieren. Die Arbeit wird dann nicht so erledigt, wie ich es mir vorstelle.«»Die anderen können das nicht, da mache ich es lieber selbst.«»Bis ich die anderen in die Arbeit eingewiesen habe, habe ich das Ganze schon dreimal erledigt.«

Abschied nehmen

Auch Berta H. kommt mit diesem für sie belastenden Lebenszusammenhang in die Supervision. Sie weint viel, will den Sohn, der 21 Jahre alt ist, nicht ausziehen lassen, wendet sich an seine Berufsschullehrer, um ihnen zu sagen, wie sie am besten mit ihrem Sohn umgehen können, und besucht ihre 23-jährige Tochter täglich. Ihr Mann ist genervt, und es gibt viel Streit. In einer der letzten Auseinandersetzungen mit ihrem Sohn, an der eine seiner Berufsschullehrerinnen beteiligt war und er ihr vorwarf, dass sie sich massiv in sein Leben einmische und ihn dadurch bei seinen Lehrern als Muttersöhnchen vorführe, fasste sie den Entschluss, in die Beratung zu kommen.

Berta H. weiß, dass sie ihre Kinder ihr eigenes Leben leben zu lassen hat, doch es fällt ihr sehr schwer, sie loszulassen.

Im Situationsgerechten Sprechen wird in einer solchen Situation nach dem gefragt, was denn anwesend ist, wenn das Loslassen abwesend ist: Was kann Berta H., wenn sie nicht loslassen kann? Was fällt ihr leicht, wenn ihr das Loslassen schwerfällt? Damit wird die

Aufmerksamkeit vom nicht Gekonnten auf das gelegt, was gekonnt wird, auf die vorhandene Ressource.

Verantwortung übergeben und übernehmen

Nach einigem Zögern kommt Berta H. zu der Erkenntnis, dass sie auf jeden Fall gut festhalten kann. Und jetzt gilt es, den Wert des Festhaltens herauszufinden, um die hier vorhandene Stärke besser kennenzulernen. Der Wert des Festhaltens bedeutet, das zu behüten und zu bewahren, wofür Verantwortung übernommen wurde und wird. Berta H. behütet ihre Kinder gut und diese, mittlerweile erwachsen geworden, wollen sich nun selbst behüten. Jetzt ist es wichtig, die Situation auseinanderzusprechen und die Zuständigkeiten zu klären: Wer ist zuständig dafür, die erwachsen gewordenen Kinder zu behüten? Die Antwort auf diese Frage fällt Berta H. leicht: »Natürlich sind die beiden dafür zuständig, sich zu behüten. Das kann ich eigentlich gar nicht mehr. Dafür sind sie doch schon zu groß.«
Auch wird ihr deutlich, dass ihr Sohn wirklich besser in seiner Berufsausbildung Bescheid weiß als sie.
Das Mädchen und der Junge sind Frau und Mann geworden, und als solche übernehmen sie Verantwortung für ihr Leben. Sie sind sich jetzt selbst die Erlaubnis gebende Instanz. Sie erschaffen sich mehr und mehr zu Personen. Sie sind zuständig für sich, für das, was sie machen, denken und sagen. Sie bewahren und behüten sich selbst. Nach dieser Erkenntnis geht es nun darum, dass die Mutter die Verantwortung an die nun Zuständigen übergibt und die Frau den gewonnenen Freiraum gestalten wird. Das fällt auch Berta H. leichter. Spontan hat sie die Idee, ein schönes Fest zu veranstalten, an dem sie ihren beiden Kindern die Verantwortung für ihr Leben übergeben wird. Dann will sie nochmals wiederkommen, um herauszufinden, was sie mit ihrem Freiraum alles machen will.

Der Begriff des Loslassens, der in der deutschen Sprache gern in den Zusammenhängen gebraucht wird, in denen es darum geht, Verantwortung und Zuständigkeiten abzulegen, ist ein hinterhältiger Begriff. Beinhaltet er doch, dass etwas, das lange und oftmals intensiv das eigene Gewordensein begleitet und ausgemacht hat, weggeworfen wird. Dieser hinter dem Begriff lauernde Umstand ist es, der es so schwierig macht loszulassen.

Um vieles einfacher gestaltet sich die Verschiebung von Verantwortung und Zuständigkeit, wenn diese auch sprachlich wertschätzend ausgedrückt wird. Anstatt »Ich lasse meine Kinder los« heißt es dann »Ich übergebe meinen Kindern die Verantwortung für ihr Leben«. Anstatt »Ich lasse meine Arbeit los« heißt es dann »Ich gehe in Pension und übergebe meine Zuständigkeiten und Aufgaben der neuen Person«. In diesen sprachlichen Zusammenhängen wird das einmal Erschaffene weitergegeben.

Fragebeispiele für Coaches, Lehrerinnen und Trainer

o Was können Sie gut, wenn sie das Gesagte nicht können?
o Was fällt dir denn leicht, wenn dir das schwerfällt?
o Welches Können liegt denn in dem, von dem Sie sagen, dass Sie es nicht können?
o Was ist anwesend, wenn das, was Sie nicht können, abwesend ist?
o Welches Können, welche Ressource, welches Wissen liegt in dieser Anwesenheit?
o Was können Sie mit dieser Anwesenheit erreichen?
o Was wollen Sie mit dieser Anwesenheit erreichen?

Zusammenfassend und auf die radikale Ressourcenorientierung, die dem Gerechten Sprechen innewohnt, nochmals aufmerksam machend, wird deutlich: Die abwesend gesprochenen Situationen, Zusammenhänge oder Erlebnisse werden auf ihre anwesenden Wunderbarkeiten hin untersucht, die dann herausgefilterte Situation wird auseinandergesprochen, also sprachlich in Einzelteile zerlegt, und von dort aus werden Möglichkeiten gefunden. Dann dreht sich dieser Gestaltungsprozess darum, Gekonntes herauszufinden, Verantwortungen zu klären und sie an die zu übergeben, die zuständig sind.

Das Gleiche gilt für erträumte, gewünschte und ersehnte Zusammenhänge, gegen deren Umsetzung Personen sich im Laufe ihres Lebens entscheiden. Es ist wahrlich belastend, Träume, Wünsche und Sehnsüchte loszulassen und sie damit wegzuwerfen. Wenn sie jedoch in die Erinnerung übergeben werden, können sie weiter erinnert und damit als Erinnerungen geträumt werden. Sie werden vor dem Vergessen geschützt, leben als erinnerte Träume weiter und sichern damit eine hoffnungsvolle Zukunft.

Mit Träumen um die Welt reisen

So erzählte eine Klientin von ihrer Großmutter, die nie das kleine Dorf, in dem sie geboren wurde, verlassen hatte und die als über Achtzigjährige von ihren Reisen schwärmte. Sie erzählte so intensiv, bunt und lebendig von Afrika, dass alle, einschließlich sie selbst, ganz berauscht von ihren Erlebnissen waren. Diese alte Dame erinnerte ihre Träume und wusste sie als Quelle der Inspiration und Kraft zu nutzen.

Von der Freude des Delegierens

»Bis ich das erklärt habe, habe ich es schon dreimal selbst gemacht. Ich kann halt nicht delegieren.« – Diese Erklärung für das Anhäufen von Arbeit, für die andere zuständig sind, ist oft von Mitarbeiterinnen der mittleren Führungsebene zu hören. Sie häufen Arbeit an, für die Kollegen zuständig sind. Die Mitarbeiterinnen verlieren sich in der vielen Arbeit und den dazugehörigen Details, und die Kollegen werden befördert, da sie lästige Arbeiten abgeben und sich auf das Wesentliche konzentrieren können. Gern gesprochenes und gehörtes Lob »Du kannst das doch viel besser als ich« oder zugestandene und gehörte Schwächen »Ich bin in diesem Zusammenhang eine Niete, das weißt du doch« werden zur Manifestierung dieser Haltung gesprochen und gehört.

Durchdenken wir dieses Beispiel doch einmal auf der Grundlage des Situationsgerechten Sprechens: Was können diese Mitarbeiterinnen, wenn sie nicht delegieren können? Sie können die Arbeit selbst und besser machen.

Diese Schlussfolgerung schließt die Aufteilung von Verantwortlichkeiten und Zuständigkeiten im Arbeitsverhältnis aus und öffnet der Selbstausbeutung und der Ausbeutung Tür und Tor. Die vermeintlich starke Antwort ist ein Selbstbetrug, der zur Verweigerung der eigenen Ressourcen führt. Neben der Tatsache, dass die Zuständigkeit für diese Arbeit bei einer anderen Person liegt und die Zeit, die dafür gebraucht wird, ebenfalls einer anderen Person zur Verfügung steht, beschäftigt sich die Mitarbeiterin mit Aufgaben, die sie von ihrem eigenen Arbeitsfeld ablenken. Mit anderen Worten: Die Arbeitsbelastung der Mitarbeiterin steigt und steigt, und der Kollege verfügt über bezahlte freie Zeit oder weiß diese Zeit für die eigene Karriere zu nutzen. Es wird notwendig, nach den Zuständigkeiten zu fragen. In Teilen ist die Mitarbeiterin selbst zuständig für diese Arbeit, in anderen Bereichen ist es der Kollege, und die Mitarbeiterin ist auf die Arbeit des Kollegen angewiesen. Wenn die Arbeit nun nach Zuständigkeiten aufgeteilt wird, die Mitarbeiterin jedoch auf die Arbeit ihres Kollegen zu warten hat, gehen dem Betrieb wichtige Zeitressourcen verloren. Hier benötigen die Beteiligten klare Absprachen, an die sich alle zu halten haben. Handelt eine Person regelmäßig gegen die Absprachen, ist die nächste Instanz dafür zuständig herauszufinden, was die Person braucht, um ihre Arbeit zu erledigen. Übernimmt die Mitarbeiterin diese Zuständigkeit, überschreitet sie, neben der selbst inszenierten Überbelastung, ihre Kompetenzen. Diese Situation ist hinlänglich und aus vielen Betrieben bekannt.

Nachdem die Aussage nun auseinandergesprochen ist, ergibt sich folgende Aussage der Mitarbeiterin: »Ich leiste die Arbeit, für die ich zuständig bin. Zudem treffen mein Kollege und ich Absprachen zu den Schnittstellen unserer Arbeit. Falls einer von uns die Abmachungen verletzt, besprechen wir unsere Zuständigkeiten und erneuern unsere Absprachen. Falls einer die Abmachungen regelmäßig verletzt, werden wir unseren Vorgesetzten informieren, damit eine bessere Aufteilung für alle gefunden werden kann.«

Die Mitarbeiterin hat ihre Verantwortlichkeiten und Zuständigkeiten geklärt und sie hat sich klar und deutlich positioniert, sodass sie neuen Schmeicheleien gegenüber aufmerksam sein wird. Der Weg von einer abwesend formulierten Defizitaussage »Ich kann nicht delegieren« hin zur Erkenntnis, dass es dabei um die Verantwortlichkeiten und Zuständigkeiten gemäß der Arbeitsverteilung unter Kollegen geht. Stellt sich heraus, dass die Mitarbeiterin die Arbeiten deshalb übernimmt, weil sie sich davon Anerkennung und Wertschätzung erhofft, gilt es herauszuarbeiten, wie sie das von ihr Erwünschte im Rahmen ihrer eigenen Tätigkeit bekommt.

Durch diesen Klärungsprozess der Zuständigkeiten ist es möglich geworden, die jeweiligen Stärken zu benennen und hier und da im gegenseitigen Einvernehmen einander Arbeiten abzunehmen. Dies wird in einem ausgewogenen Verhältnis geschehen, sobald alle Beteiligten sich auf ihre Zuständigkeiten und Stärken beziehen.

Fragebeispiele für Coaches, Lehrerinnen und Trainer

Ablauf einer Klärung im Situationsgerechten Sprechen. Sie können folgende Fragen stellen:

o Was können Sie gut, wenn Sie nicht delegieren können?
o Wofür sind Sie zuständig?
o Wofür ist Ihr Kollege zuständig?

Manchmal braucht eine Klientin eine deutlichere Sprache:

o Wofür werden Sie bezahlt?
o Wofür wird Ihr Kollege bezahlt?
o Arbeiten Sie in Ihrem Zuständigkeitsbereich?
o Gibt es Arbeiten, für die Ihr Kollege zuständig ist?
o Was ist nötig und was brauchen Sie, damit Sie die Arbeiten leisten können, für die Sie zuständig sind?
o Welche Position wollen Sie in den Vereinbarungsgesprächen mit Ihrem Kollegen einnehmen?
o Was brauchen Sie dazu?

Vereinbaren Sie dreimal ein Kontrolldatum, um zu überprüfen, ob die Abmachungen auch eingehalten werden. Wenn regelmäßig gegen die Abmachungen gehandelt wird, braucht es ein Gespräch mit der nächsten zuständigen Instanz.

Umgang mit Ressourcen in Lernprozessen

Im Situationsgerechten Sprechen interessiert, was dieser Schüler gut kann, dass ihm Mathematik so gut gelingt. Als Erstes wird also abgeklärt, welche Stärke und Ressource hinter dem Können liegt: Der Schüler kann gut logisch kombinieren und versteht komplexe und komplizierte Zusammenhänge. Er kann einmal Verstandenes auf andere Situationen anwenden und diese zum Ergebnis bringen. Das Knobeln und Durchdenken erfüllt ihn mit Freude.

Der Mathematiker

»Ich bin nicht gut in Fremdsprachen. Schon wieder habe ich da eine schlechte Note. In Mathe bin ich gut, und eigentlich brauche ich als Mathematiklehrer – das will ich einmal werden – auch keine Fremdsprache. Aber trotzdem ist meine Versetzung gefährdet. Was kann ich nur machen?«

In einem nächsten Schritt wird herausgearbeitet, wie dieses Können auf das Sprachenlernen anzuwenden ist. Es geht also bei diesem Schüler darum, die Logik einer Sprache zu verstehen, ihren Aufbau zu rekonstruieren und, darauf aufbauend, das Gesamte des Sprachsystems zu erfassen. Vor diesem Hintergrund erschließt sich der Schüler die Fremdsprache als ein logisches Konstrukt, welches ihm im Alltag nützlich sein wird. Zuerst gilt es, die Logiken der Grammatik und des Sprachaufbaus zu entschlüsseln und zu verstehen. Dann werden die Zusammenhänge von Begriffen, Satzkonstruktionen und Textaufbau verstanden. Darin eingliedernd werden die Kenntnisse der einzelnen Wörter und von Satzkonstruktionen erarbeitet. Jetzt hat sich der Schüler einen logischen Aufbau der Fremdsprache zusammengesetzt und kann diesen mit weiteren Begriffen und Satzkonstruktionen auffüllen und damit beweisen, dass diese Sprache eine Logik hat und wo sie diese Logik mit welchem Ziel verlässt.

Bewusst habe ich hier die beiden recht unterschiedlichen Lernzusammenhänge Fremdsprache und Mathematik gewählt. Eine Sprache zu lernen wird oftmals damit gleichgesetzt, dass viel auswendig zu lernen ist, viel geübt und sich so auf Dauer an die Sprache erinnert wird. Mathematik zu lernen wird damit gleichgesetzt, dass die Zusammenhänge verstanden und nachvollzogen werden und erst darauf aufbauend der mathematische Zusammenhang gelernt werden kann. In diesem Beispiel geht es darum, den Lernzugang, der gekonnt wird, für weitere Lernzusammenhänge zu nutzen.

Fragebeispiele für Coaches, Lehrerinnen und Trainer

Umgang mit ressourcenorientiertem Lernen:
o Was fällt dir leicht zu lernen?
o Wie lernst du das?
o Wie machst du das, dass du umsetzen kannst?
o Welche Schritte unternimmst du, damit du die nächste Prüfung bestehen kannst?
o Wie gehst du vor beim Lernen?

Nun geht es darum, das Vorgehen in diesem gekonnten Bereich herauszuarbeiten. Es gilt, das Lernsystem zu erkennen. Dieses Lernsystem wird bei weiteren, auch ganz anderen Lernzusammenhängen angewandt.

Hier ist es wichtig zu beachten, dass sich daraus in der Regel ein individueller Lernzugang eröffnet, der vielleicht nur von dieser einen Person gegangen werden kann.

Dieses Vorgehen braucht eine andere Betreuung, als sie zurzeit in den meisten Schulen von den Lehrpersonen erwartet wird. Im jetzigen Schulsystem wird leider noch immer an den Defiziten der Lernenden gearbeitet. Im Situationsgerechten Sprechen geht es darum, die Ressourcen der Lernenden herauszuarbeiten und deren Anwendung in weiteren Lernzusammenhängen zu erproben.

Ausreden und ihre Folgen

Die Ausrede »Ich habe keine Zeit« ist ebenfalls ein Abwesenheitssatz, der tagtäglich mehrfach benutzt wird. – Da Sprache Wirklichkeiten erschafft, wird mit diesem Abwesenheitssatz eine zerrissene

Realität geschaffen. Wie aus dem Rhythmusgerechten Sprechen bekannt ist, verfügen Personen über einen individuellen Zeitrhythmus, den sie mit dem kollektiven und universellen Zeitrhythmus verbinden. Vor diesem Hintergrund wird deutlich, dass Zeit immer zur Verfügung steht. Die Prioritätensetzung ist es, um die es hier geht und die Personen zu sprechen haben. Das Sprechen der eigenen Prioritäten verhindert viele Fehlschlüsse und klärt Situationen. Personen verstehen zuhörend besser, was sie hören, wenn ihr Gegenüber sagt, was es meint, und meint, was es sagt. Jede Person spricht ihre eigene Sprache.

Wenn es nun so ist, dass schon eine andere Verabredung getroffen wurde oder die Zeit gefüllt ist mit der vorhandenen Arbeit, wird dieser Zusammenhang auch ausgesprochen.

Im Situationsgerechten Sprechen geht es darum, das zu sprechen, was wahrgenommen wird. Davon ausgehend, dass Menschen ihre Wahrnehmungen in ihrem geschlossenen System verarbeiten, bewerten Personen die gleiche Situation unterschiedlich. Um sich selbst zu verstehen und die eigene Wahrnehmung zu überprüfen, ist es notwendig, sich sprachlich zu vergegenwärtigen, was wahrgenommen wurde, und dieses in den eigenen Bewertungskontext zu integrieren. Dies geschieht im gerechten Verhältnis zu sich selbst, also sich unterstützend, weiterbringend, klärend und im gerechten Verhältnis zu den anderen Personen, also aufmerksam und wertschätzend.

Mit anderen Worten kommt es darauf an, wiederholte Formeln – »Ich habe keine Zeit« – wegzulassen und durch Erzählen der eigenen Geschichte, Meinung oder Ansicht der Situation an der Erschaffung der gemeinsamen Realität teilzuhaben. Dieses Gestalten und Mitgestalten, macht es möglich, dass Personen sich ein klares und passendes Selbstbewusstsein erarbeiten. Anstatt in den Zusammenhängen zu leben, die andere entworfen haben, wird mehr und mehr der eigene Anteil in der Gestaltung der umgebenden Verhältnisse wahrgenommen. Genutzte Formeln und Floskeln, an die wir uns so wunderbar gewöhnt haben, zu durchbrechen und das selbst Wahrgenommene und Gemeinte zu sprechen führt die eigene Macht und Handlungsfähigkeit vor Augen und Ohren und lässt sie wachsen.

Übung: Steigerung des Selbstbewusstseins

Die andere Art, Tagebuch zu schreiben

Diese Übung ist anwendbar in einer Gruppe oder mit Einzelpersonen jeden Alters und Geschlechtes.

Zur Erinnerung: Das menschliche Gehirn braucht drei bis vier Wochen bis es neue neuronale Verbindungen aufbaut. Notwendig für diesen Neuaufbau sind regelmäßige Wiederholungen.

Anleitung: Schreiben Sie drei bis zehn Talente auf. Hier geht es darum, dass Sie sich aufschreiben, was Sie gut können, wo Ihre Stärken liegen. – Lassen Sie, je nach Gruppensituation, drei dieser Talente den anderen erzählen.

Jetzt schreiben Sie sich auf, was Ihnen Freude macht. Lassen Sie, je nach Gruppensituation, wieder drei dieser Freudenpunkte den anderen erzählen.

Jetzt schreiben Sie auf, was Ihnen Tag für Tag gut gelingt. Lassen Sie, je nach Gruppensituation, drei dieser gelungenen Momente den anderen erzählen.

Nehmen Sie diese Aufzeichnungen mit. Legen Sie sich auf den Nachttisch und lesen Sie sie jeden Abend vor dem Einschlafen durch.

Legen Sie sich ein Talente-Tagebuch an, in dem Sie nur diese drei Zusammenhänge – Talente, freudvolle Zusammenhänge und gelungene Ereignisse – festhalten.

Wahrscheinlich fällt Ihnen dann noch mehr dazu ein, ergänzen Sie Ihre Talente, freudvollen Zusammenhänge und gelungenen Ereignisse. Und lesen Sie in Ihrem besonderen Tagebuch mindestens vier Wochen jeden Abend vor dem Einschlafen.

Ziele der Übung

o Erkennen der eigenen Ressourcen, Stärken und Fähigkeiten.
o Verankern der eigenen Ressourcen, Stärken und Fähigkeiten.
o Aufbau eines klaren und passenden Selbstbewusstseins.

Manche Ausreden sind erfundene Geschichten oder Lügen, oftmals erdacht, um den Konsequenzen der eigenen Tat oder des eigenen Wortes aus dem Weg gehen zu können.

Es gilt das gesprochene Wort

Dazu sagt eine Lehrerin:»Es gilt das gesprochene Wort‹ – Das ist eine Hauptaussage des Gerechten Sprechens. Wenn ich die Jugendlichen beim Wort nehme und auf das eingehe, was ich höre, führt das dazu, dass sie sich genau überlegen, was sie sagen, da sie wissen, dass ich sie beim Wort nehme. Umgekehrt ist es dann wichtig, dass ich die Dinge, die ich sage, auch einhalte. So sind angekündigte Versprechen oder Konsequenzen absolut einzuhalten, sonst werde ich den Jugendlichen gegenüber fragwürdig.«

Diese Aussage verdeutlicht die Reichweite, die die Grundannahme »Es gilt das gesprochene Wort« in der Arbeit mit Menschen hat. Wenn das Wort gilt und einander beim Wort genommen wird, fühlen sich die Beteiligten ernst genommen und überlegen sich, ob sie das Gesagte auch tatsächlich so meinen.

Vom Umgang mit Zwischentönen

Steht das Zugehörte im Widerspruch zu dem, was eine Person erwartet oder annimmt, und entstehen in ihr Irritationen, Zweifel oder Vermutungen, geht es darum, dass die Person nachfragt, was sie zuhörend verstanden hat, um es zu überprüfen. Die Zwischentöne, die bisher bei den sprechenden Personen lokalisiert und als zusätzliche, manchmal widersprüchliche Botschaft zur gesprochenen Aussage interpretiert wurden, sind im Situationsgerechten Sprechen bei der zuhörenden Person angesiedelt. Die zuhörende Person nimmt neben dem zugehörten Wort in sich weitere Signale wahr. Durch das Gedächtnis und das empathische Zuhören auf die eigenen Gefühle, Erinnerungen und Gedanken kann es sein, dass sich widersprechende Zusammenhänge wahrgenommen werden.

Klara und Karl: Vom glücklichen Weinen

So sagt der weinende Karl, auf die Frage »Wie geht es dir?«, »Mir geht es gut.« Die zuhörende Klara geht aufgrund ihrer eigenen inneren Verhältnisse davon aus, dass Tränen und Gutgehen im Widerspruch zueinander stehen. Sie ist irritiert. Diese Irritation liegt in Klaras Zuständigkeit, es sind ihre Zwischentöne, die mit Karl nur insofern zu tun haben, weil er die wahrgenommene Person ist. Anstatt nun die eigenen Interpretationen auf Karl zu projizieren oder gar Karl für die Zwischentöne verantwortlich zu machen, wird im Situationsgerechten Sprechen das Wort nachgefragt: »Was bedeutet für dich ›gut‹?« Erst jetzt erhält der weinende Karl die Möglichkeit, die eigenen Verhältnisse zu sprechen, wenn er sie sprechen will. Und jetzt kann Klara hören, dass Karl glücklich darüber ist, endlich weinen zu können, und sich über jede Träne freut – und es ihm deshalb ausgesprochen gut geht.

Nachzufragen und herauszufinden, was gemeint ist, lohnt sich im privaten Umfeld nur dann, wenn wirklich gewusst werden will, was die andere Person auszudrücken gedenkt. In beruflichen Kontexten, bei zwischenpersonalen Begegnungen, insbesondere in hierarchisierten und beratenden Kontexten, ist es dagegen sehr wichtig, nachzufragen und zu klären, worum es in den einzelnen Nachrichten inhaltlich geht.

So werden Missverständnisse vermieden und Stresssituationen reduziert. Die eigenen Interpretationen dienen allein der Klärung in Form einer Nachfrage und werden als solche deklariert. Die verschiedenen Ebenen des zuhörenden Verstehens, die im Empathischen Zuhören näher erläutert sind, werden genutzt, um den Sinn, die Bedeutung und den Inhalt der Nachricht zu verstehen. Aus diesem Verstehensprozess heraus wird die Gestaltung der Situation ermittelt, die die Klientin finden will.

Übung: Umgang mit Zwischentönen

Diese Übung eignet sich besonders für Ausbildungsgruppen oder als Weiterbildung im Bereich Beratung, Coaching, Personalführung oder für pädagogische Berufe. Die beiden folgenden Vergewisserungen sind einerseits dafür da, dass Sie sich nochmals die Theorie Gerechtes Sprechen in diesen beiden Punkten vergegenwärtigen. Zudem ist es sinnvoll, der Gruppe diese drei Zusammenhänge zu erläutern, bevor Sie die Übung beginnen.

o Erste Vergewisserung: Das Gesagte und Gehörte stellen einen Unterschied dar.

o Zweite Vergewisserung: Empathie bedeutet die verstehende Einfühlung in sich selbst.

o Dritte Vergewisserung: Der Zuhörprozess und die darin vorkommenden Grundhaltungen.

Eine Person erzählt einer zweiten Person eine Geschichte mit einer Überraschung. Die andere Person hört empathisch zu im Sinne des Gerechten Sprechens. Dann gibt die zuhörende Person Rückmeldung wie folgt:

o Erster Schritt: Das habe ich inhaltlich gehört.

o Zweiter Schritt: Das habe ich dabei gefühlt.

o Dritter Schritt: Das habe ich mir dazu gedacht.

o Vierter Schritt: Die Zwischentöne sind für mich bedeutsam weil ...

Die sprechende Person hört empathisch zu im Sinne des Gerechten Sprechens und gibt Rückmeldung in folgenden Schritten:

o Erster Schritt: Habe ich das so gemeint, wie ich es jetzt gehört habe?

o Zweiter Schritt: Was habe ich beim Zuhören gefühlt?

o Dritter Schritt: Was bedeuten mir die zugehörten Zwischentöne?

Dann wechseln sich die beiden Personen ab.

Ziele der Übung

o Erkennen, wie viel Eigenes in eine Nachricht hineingehört wird.

o Erkennen: Zwischentöne sind eigene Töne.

o Interpretationen stören das Verstehen des Gehörten.

Im Situationsgerechten Sprechen geht es darum, das tatsächlich gesprochene/zugehörte Wort und den tatsächlich gesprochenen/ zugehörten Inhalt zu verstehen. So wird Sprache auf das konzentriert, worauf es beim sprachlichen Austausch zwischen Personen ankommt: auf die Sprache und das Zugehörte. Dies macht Sprache reichhaltiger und vielfältiger. Hinweise auf die weiteren Gefühle, Wahrnehmungen, Seinsweisen bieten neben den in der zuhörenden Person stattfindenden und nachzufragenden Zwischentönen die verwendeten Wörter, Begriffe und Satzkonstruktionen. Hier verbergen sich die Teile der zugehörten Nachricht, die zurückgehalten werden oder noch im Untergewussten verborgen liegen. Es gilt dann, die gesprochenen Begriffe und Begriffsverbindungen nachzufragen, um den Inhalt und den Sinn der Nachricht zu verstehen. Wenn sich eine Person dazu entscheidet zu schweigen anstatt zu reden, kann auch das nachgefragt werden: Was bedeutet dein Schweigen? Was willst du mir damit sagen? Was willst du mit diesem Schweigen erreichen?

Fragebeispiele für Coaches, Lehrerinnen und Trainer

o   Ich habe gehört, es geht Ihnen gut. Was bedeutet »gut«?

o   Ich bin irritiert. Können Sie mir das noch einmal erklären?

o   Ich höre jetzt .... und das ist jetzt reine Interpretation. Habe ich das richtig verstanden?

Vielleicht braucht es Mut, so nachzufragen und die andere Person zu konfrontieren. Geht es doch allein um das gesprochene/zugehörte Wort und den damit verbundenen Inhalt. Erst wenn alle Beteiligten wissen, worum es inhaltlich geht, können solche Gestaltungen gefunden werden, die für alle passend sind.

Und nochmals Klara und Karl

Wenn Klara Karl zu trösten beginnt, obwohl er froh um seine Tränen ist, wird es zu Missverständnissen und Streit kommen. Nachdem Karl gesprochen hat, wie er die Verbindung Tränen und Gutgehen bewertet, ergibt sich die Möglichkeit, dass Klara und Karl über das sprechen, was sie im Moment bewegt: das Glück der Tränen und die Irritation über diese Kombination.

Chancen erkennen und nutzen

Situationsgerechtes Sprechen bedeutet, die Momente, Situationen, Zusammenhänge so zu sprechen, wie die jeweilige Person sie in ihren Anwesenheiten wahrnimmt. Erst von dort aus eröffnen sich Gestaltungswege. Manchmal ist es notwendig, Strategien zu entwickeln, dann wieder gibt ein anderes Gefühlsensemble die passende Unterstützung, oder es braucht ganz einfach den Willen, das zu sagen, was gemeint ist, und das zu meinen, was gesagt ist.

Q Möglichkeiten erkennen, wählen und gestalten

Michael G. leitet ein Sozialzentrum. Aufgrund der Veränderungen in der Sozialpolitik wird seine gesamte Abteilung umstrukturiert. Die Beraterinnen sagen ihm, wie er seine Abteilung künftig zu strukturieren und zu leiten hat. Er ist frustriert und sagt:»Ich habe keine Chance.« Ich frage ihn, was er denn hat, wenn er keine Chance hat? Sofort wird er wütend. »Die sagen, was ich zu tun habe, und ich habe zu folgen. Da habe ich keine Chance.«

Ich erkläre ihm, dass die Wiederholung der Abwesenheit nur noch mehr verschleiert, was da ist, wenn eine Chance abwesend ist. »Ich bin ein Opfer dieser Politik. Da oben wird entschieden, und ich habe zu folgen.« Michael G. ist also ein Opfer. Ich bleibe bei dem Begriff:»Opfer bedeutet im Wortsinn: Jemand ist auf Gedeih und Verderb einer anderen Person, einer Situation oder der Natur ausgeliefert.«

Michael G. jedoch ist in seiner Situation mitdefinierend tätig und handlungsfähig. Wir arbeiten heraus, dass er die Möglichkeit hat, zu bleiben oder zu gehen. Er hat mindestens diese Wahl.

Durch das Situationsgerechte Sprechen wird die Wahlmöglichkeit aufgezeigt, die Michael G. in seiner Situation hat. Dieser Wechsel von der Fixierung auf die Abwesenheit von Chancen hin zu seiner Entscheidungskompetenz, macht es ihm möglich, sich daran zu erinnern, dass er an der neuen Umstrukturierung beteiligt ist und er sein zukünftiges Leitungskonzept zu erstellen hat. Er hat also die Chance der Gestaltung. Die Situation hat sich verändert. Nach seinen Gefühlen gefragt, sagt Michael G., dass er sich überfordert fühlt, dieses Konzept zu entwerfen. Jetzt hat er seine tatsächliche Situation erkannt und benannt. Die Gestaltungsmöglichkeit besteht darin, dass er sich Wissen über Konzepterstellung aneignet. Aus der Supervision wird eine Weiterbildung. Das Gefühl der Sicherheit breitet sich nach und nach bei Michael G. aus, und er macht sich frohen Mutes daran, einen ersten Entwurf seines Leitungskonzepts zu erstellen.

Und eines ist sicher: Eine solche mutige Sprache ruft Respekt hervor. Die eigenen Positionen, Meinungen, Perspektiven und Prioritäten zu sprechen und sie damit anderen Personen als Inhalt, Diskussionsgrundlage oder Ausgangspunkt zur Verfügung zu stellen, lässt Gestaltungsmöglichkeiten erarbeiten, Kompromisse aushandeln oder auch Klarheit in den verschiedenen Meinungen erlangen. In jedem Fall sind so sprechende Personen verlässlich, zuverlässig und werden als integre Menschen betrachtet. Und in diesem Sinne ruft eine gerechte Sprache wahrlich Respekt und Gerechtigkeit hervor.

Die aufgezeichneten, sich regelmäßig wiederholenden Situationen und von vielen Personen gelebten Zusammenhänge mögen an dieser Stelle ausreichend sein, um die Anwendung des Situationsgerechten Sprechens zu veranschaulichen, nachvollziehbar und für Sie in Ihrem Alltag einsetzbar zu machen. Ein weiterer Aspekt im Situationsgerechten Sprechen ist das vorher schon erwähnte Auseinandersprechen von Situationen, das im Folgenden eine Vertiefung erfährt.

Das Auseinandersprechen

Hochkomplexe Zusammenhänge werden gern in einem Satz ausgedrückt. Dadurch entstehen Missverständnisse, Fehler und Meinungsverschiedenheiten. Dann wird diese Situation als Problem definiert, Auswege und Lösungen werden gesucht, die dieses Problem vertiefen, anstatt es zu lösen. Auf der Basis des Situationsgerechten Sprechens bleibt eine Situation eine Situation und auf den Begriff »Problem« wird verzichtet. Dann kann diese Situation auseinandergesprochen und so in die vorhandenen Einzelheiten zerlegt werden. Damit wird ein riesiger Berg zu kleinen Hügeln, die leichtfüßig zu bewältigen sind, und eine abweisende Mauer wird zu einzelnen Steinen, aus denen etwas Neues gebaut werden kann. Das Auseinandersprechen ist anwendbar für vergangenes, gegenwärtiges und zukünftiges Leben.

Ablauf einer Beratungssitzung mit Berufspersonen oder Lernenden, die sich ausgeliefert fühlen

1. Die beratende Person geht in die Haltung des Gerechten Sprechens. Das bedeutet:
   - absolute Ressourcenorientierung
   - sich selbst zuhören
   - empathisches Zuhören im Sinne des Gerechten Sprechens
   - Es geht um die Anwesenheiten im Leben.
   - Es gibt Wahlmöglichkeiten.
2. Die Situation wird erzählt anhand der Frage: Mit welchem Ziel fühlst du dich ausgeliefert? Oder: Was willst du mit dem Ausgeliefertfühlen erreichen? Die zuhörende Person achtet auf die zentral genutzten Begriffe, die das Ausgeliefertsein umschreiben. Falls dies in Abwesenheiten geschieht, ergibt sich folgende Frage: Was ist anwesend, wenn das Gemeinte abwesend ist?

Begriffe werden geklärt, die genutzt werden: Was bedeuten sie für die sprechende Person? Was bedeuten diese Begriffe vom Wortsinn her? Sind diese Begriffe auf die beschriebene Situation tatsächlich anwendbar? Mit welchem Ziel haben Sie diese Begriffe genutzt?

Wechsel hin zur Entscheidungskompetenz und Wahlmöglichkeiten entwickeln: Welche Wahlmöglichkeiten stehen zur Verfügung? Welche Entscheidungskompetenz hat die Person?

Für welche Möglichkeit wird sich entschieden? Was braucht die Person dazu, diese umzusetzen? Hat sich die Ausgangssituation verändert?

3. Die neue Situation erzählen lassen, empathisch zuhören im Sinne des Gerechten Sprechens und daraus die nun passenden Fragen entwickeln: Welches Gefühlsensemble wird nun empfunden? Was braucht die Person, um die nun anstehenden Fragen zu bearbeiten und zu einer Lösung zu führen?

Ein Beispiel zur Verdeutlichung:

Gewordensein zur Person (1)

»Wissen Sie, ich funktioniere so. Meine Eltern haben mich immer geschlagen, und daran bin ich zerbrochen.« Bernhard S., Stationsleiter in einem Krankenhaus, wurde von seiner Pflegedienstleiterin in die Supervision geschickt. Hier kann er seine Personalführungskompetenzen vertiefen und lernen, bei Auseinandersetzungen sachlich und zielorientiert zu handeln, anstatt sich beleidigt und verletzt zu fühlen, um dann aufbrausend zu sein. Die gleich eingangs gesprochene Erklärung hat sich Bernhard S. in einigen Therapien erarbeitet. Heute dient sie ihm erfolgreich als Entschuldigung für sein Verhalten.

Ich biete ihm an, seine Erklärung mit ihm auseinanderzusprechen, um ihrem Inhalt auf die Spur zu kommen. Ich sage ihm, dass zerbrochen bedeutet, dass etwas kaputt ist und ich ihn als einen Mann wahrnehme, der sich eine Leitungsposition erarbeitet hat und der mir ganz erscheint, wie er dort vor mir sitzt. Er ist geschockt und fühlt sich abgelehnt. Ich bleibe bei dem Bild:»Wenn etwas zerbricht, ist es zerstört. Und Sie haben einen Leitungsjob, eine Familie und kommen in die Supervision. Ich kann mehr Ganzes als Zerbrochenes entdecken.« Er gibt zu, dass das Bild ein wenig drastisch ist.»Die Schläge haben mich und mein Leben geprägt«, sagt er nach einer Weile.

Menschen gestalten ihr Gewordensein und damit ihre Prägungen selbst. Als Personen machen sie sich diesen Zusammenhang bewusst und nutzen ihn unterstützend für sich selbst.

Gewordensein zur Person (2)

Ich erläutere Bernhard S., dass er sein Gewordensein, seine Prägung aus den Schlägen selbst gewählt hat. Und er jetzt Umprägungen vornehmen kann, wenn er will. Dann frage ich das Wort »immer« nach. »Immer« bedeutet permanent, ständig.

Auf die Nachfrage, ob er tatsächlich ständig von seinen Eltern, also von Vater und Mutter, geschlagen wurde, sagt Bernhard S.: »Natürlich nicht ständig, mehr als Bestrafung, wenn ich frech war oder laut. Meistens war es der Vater.«

Der Vater hat demnach als Bestrafung in der Erziehung seines Sohnes mit Schlägen gearbeitet. Die Entscheidung des Vaters gilt es in der Supervision zur Kenntnis zu nehmen und sie bewertbar zu machen. Für den Jungen Bernhard S. waren es zu viele Schläge. Der erwachsene Bernhard S. stellt die Entscheidung des Vaters infrage und definiert die Schläge in seiner Erziehung als falsches und sein Gewordensein behinderndes Instrument. Aufgrund dieses Prozesses besteht jetzt für Bernhard S. die Möglichkeit, seine Eingangserklärung so zu sprechen, wie sie nach dem Auseinandersprechen für ihn gilt.

Gewordensein zur Person (3)

Nach einigen Versuchen sagt Bernhard S.: »Als Kind hat mein Vater mich mit Schlägen bestraft. Heute bin ich selbst für mich und mein Leben zuständig. Ich kann mein Gewordensein in Zukunft selbst gestalten und für das vergangene Gewordensein Verantwortung übernehmen. Hier will ich lernen, wie ich meine Mitarbeiterinnen besser führen und in ihrem Arbeitsalltag begleiten kann.«

Die Zuständigkeiten in der Situation um Bernhard S. sind folgende: Der Junge war zuständig für sein Wachsen und Werden. Der Vater war zuständig, dieses Wachsen und Werden zu begleiten und ihm eine Richtung zu geben. In der Verantwortung des Vaters lag es, die passende Wahl für Lob und Strafe zu finden. Hier hat dieser Vater für diesen Jungen zu viel die schlagende Strafe genutzt. Jetzt geht es im Situationsgerechten Sprechen darum, die Zuständigkeiten bei denen zu lassen oder sie denen zu übergeben, die auch die Verantwortung haben. Bernhard S. trägt das Geschlagen-Werden noch immer mit sich herum, obwohl dies zur Zuständigkeit des Vaters gehört. Es gilt nun, diese Zuständigkeit dem Vater zu übergeben. Ich trage ihm auf, Briefe an den Vater zu schreiben, in denen er ihm die Schläge zurückgibt. Diese Briefe werden von Bernhard S. nicht gelesen und auf gar keinen Fall dem Vater zugeschickt. Wenn sie fertig geschrieben sind, werden sie verbrannt oder zerrissen und weggeworfen. Das Schreiben macht die schreibende Person frei und übergibt der zuständigen Person das, worauf es ankommt. Bernhard S. kann seinem Vater die Schläge zurückgeben und den nun frei gewordenen Raum anfüllen mit dem, was er jetzt braucht und will. Er füllt sich an mit Klarheit, Kraft und Liebe. Nachdem Bernhard S. sich Schritt für Schritt dergestalt umgebaut hat, merkt er deutlich, dass er nicht zerbrochen, sondern ganz ist.

Das Auseinandersprechen hat ergeben, dass aus den immer schlagenden Eltern der in der Erziehung mit Schlägen zur Bestrafung arbeitende Vater wurde und dass Bernhard S. aus diesen Schlägen eine Prägung für sich und sein Leben gemacht hat. Eine Verschiebung der heutigen Zuständigkeit ist die Konsequenz: Der Vater ist zuständig für die Schläge. Bernhard S. ist zuständig für sein Leben, er selbst bestimmt, was er macht und wie er auf andere Menschen zugeht. Jetzt kann er die Schritte gehen, die ihn dazu führen, seine Personalführungskompetenzen zu vertiefen und die Strategien zu lernen, die zu mehr Sachlichkeit, Wirkungs- und Gestaltungsorientierung führen.

Es wird deutlich, dass das Auseinandersprechen von schon lange zurückliegenden Ereignissen das heutige Leben zutiefst verändern kann. Es eröffnet die Möglichkeit, rückwirkend die Verantwortung für das eigene Gewordensein zu übernehmen, und damit die Chance der Umgestaltung des eigenen Lebens.

Einen Ablauf, wie das Auseinandersprechen gestaltet werden kann, finden Sie unter www.beltz.de bei diesem Buch.

Das Gleiche gilt für das Auseinandersprechen von bevorstehenden Situationen. Zuständigkeiten werden herausgearbeitet. Eigene Zuständigkeiten werden übernommen, die anderen dort gelassen, wo sie hingehören. Das eigene Wollen und die Ziele werden formuliert, Wege, die dort hinführen, vorgesprochen. Das eigene Gefühlsensemble wird erkannt und passend choreografiert. Falls die gewollte Situation es erfordert, werden Bündnispartnerinnen gefunden. Jetzt geht es los, sich das zu holen, was erreicht werden will.

Verantwortungsgerechtes Sprechen

Sprache ist ein äußerst machtvolles Instrument, denn mit Sprache werden Wirklichkeiten erschaffen. Sobald wir sprechen, gestalten wir Realitäten und Zusammenhänge. Es kommt also darauf an, wie wir sprechen, was wir wie sagen und welche Wörter und Begriffskombinationen wir verwenden. Mit anderen Worten, wir übernehmen mit jedem Sprechakt Verantwortung für die angebotene Konstruktion der Wirklichkeit. Gerade in der sprechenden Arbeit mit Menschen ist diese Verantwortung von weitreichender Bedeutung.

Im letzten Jahrhundert hat die Psychologie und ihre Sicht der Welt mehr und mehr Einzug in die Gestaltung des zwischenmenschlichen Alltags gefunden. Das hat Auswirkungen darauf, wie miteinander gesprochen und welche Form der Sprache genutzt wird. Im Psychologischen Sprechen als Teil des Verantwortungsgerechten Sprechens ist die Person auch als sich entwickelndes Wesen im Zentrum der Aufmerksamkeit.

Dem gegenüber platzieren wir das Philosophische Sprechen als einen weiteren Teil des Verantwortungsgerechten Sprechens. Im Philosophischen Sprechen steht die Situation, der Gegenstand, der Kontext im Zentrum der sprechenden Aufmerksamkeit. Fokussiert wird damit die Situation im Kontext der Verhältnisse.

Im Verantwortungsgerechten Sprechen geht es um die angestrebten Tiefendimensionen. Steht in der Entscheidungsgerechten Sprache das Wollensystem und der Rhythmus und in der Benennenden Sprache die erkannten Tatsachen im Zentrum der Aufmerksamkeit, wird jetzt die Anwesende Sprache ergänzt. Bisher wurden die Gefühle und die Situationen anwesend formuliert, jetzt kommt die Person oder die Sache anwesend gesprochen hinzu. Im Verantwortungsgerechten Sprechen geht es darum, wer oder was die Tiefe des Sprechaktes ausmacht.

Eine Sprache, die verantwortlich geführt wird, enthält sowohl die psychologische als auch philosophische Tiefe. Es geht darum, dass sprechende Personen sich der Verantwortung für die Wirklichkeit bewusst sind, die sie anbieten. Dabei wird ausgelotet, wann steht wer mit welcher Identität in Bezug zu was oder wem, oder wann steht was in Bezug zu wem oder was im Zentrum der gesprochenen und damit gestalteten Wirklichkeit. Machen wir uns an die Arbeit und loten die Tiefen des Verantwortungsgerechten Sprechens aus.

Psychologisches und Philosophisches Sprechen

Sowohl das Psychologische als auch das Philosophische Sprechen sind wesentlich für das Erschaffen stimmiger Wirklichkeiten. Doch leider wird gerade in beratenden und begleitenden Berufen das Psychologische Sprechen inflationär eingesetzt. So wird aus jeder Situation, die es zu besprechen gibt, eine therapeutische Situation. Das ist insbesondere in beruflichen Kontexten fehl am Platz. Geht es doch hier im Kern um die Sache, das Thema, den Auftrag, den die Personen in und durch ihre Positionen zu erledigen haben.

Psychologisches Sprechen	Philosophisches Sprechen
Zentrum der Aufmerksamkeit und Konsequenzen	
Person steht im Zentrum	Sache/Thema steht im Zentrum
Person in Bezug ○ zu sich selbst ○ zu anderen Personen ○ zu anderen mit Blick auf sich ○ zum Thema ○ zum Thema mit Rückbezug auf sich	Sache/Thema in Bezug ○ zum Kontext ○ den darin handelnden Personen in Positionen ○ zu weiteren Themen ○ zu den Dimensionen: Vergangenheit, Gegenwart, Zukunft
geschieht gleichzeitig = Psychologische Multiperspektivität	geschieht zirkulär/spiralförmig = Philosophische Multiperspektivität
Person wird verhandelt	Sache, Thema wird verhandelt
Personen werden verstanden	Thema, Sache wird verstanden
zielt inhaltlich auf das Selbst der Person und dessen Entwicklung und Veränderung	zielt inhaltlich auf Thema und Sache und deren Weiterentwicklung
Es geht um die Verwirklichung des Selbst.	Es geht darum, Erkenntnisse zu gewinnen, Fragen zu stellen und Antworten zu generieren.
Stellenwert der Gefühle	
Konzept der Selbstkontrolle	Konzept des freien Willens
Persönliche Gefühle sind Ausgangspunkt zur Gestaltung von Zusammenhängen.	Gefühle, die dienlich sind zur Gestaltung von Situationen werden von Personen eingesetzt.
Gefühlte Beziehung zu anderen Personen wird ausgelotet.	Gefühle dienen dem Verstehen der Beziehungen und der Welt.
Selbstkontrolle und Selbstmanagement sind Voraussetzungen für Effizienz, Kooperation.	Effizienz und Kooperation sind Bestandteile der beruflichen Haltung und gehören zur sozialen Kompetenz.
Selbstkontrolle mit dem Ziel, Beziehungen weiterzubringen	Haltung mit dem Ziel zu verstehen und Erkenntnisse zu gewinnen

Psychologisches Sprechen	Philosophisches Sprechen
Team und Teamentwicklung	
Ich-Identität ist Ausgangspunkt für Beziehungsgestaltung	Aufträge und Aufgaben sind Ausgangspunkt für Zusammenarbeit
Beziehungen der Einzelnen zu sich selbst und zueinander	Zusammenspiel der vorhandenen Positionen, Kompetenzen
Es geht um die persönliche Macht, die es zu verteidigen gilt.	Macht ist gebunden an Positionen. Macht wird mehr, wenn sie geteilt wird.
Inhalt von Erzählungen	
Im Verantwortungsgerechten Sprechen werden alle Erzählungen im Psychologischen Sprechen radikal an den Potenzialen, Ressourcen, Kompetenzen, Erfolgen und am Können orientiert. Sie werden entlang der gelungenen Momenten und den erreichten Erfolgen inszeniert.	Im Verantwortungsgerechten Sprechen werden alle Erzählungen im Philosophischen Sprechen radikal an den Potenzialen, Ressourcen, Kompetenzen, Erfolgen und am Können orientiert. Das Ringen um die Sinnfragen des Lebens ist potenzialorientiert. Philosophieren heißt von nun an Leben lernen.
Fragen	
Psychologische Fragen fokussieren das Verhältnis der Person zu sich selbst und zu den andern Personen. »Was brauchst du? Wie geht es dir dabei? Was bist du bereit zu geben? Was erwartest du von den anderen?« Die Fragen dienen der Selbstfindung, der Beziehungsklärung der Person zu sich selbst, zu anderen und der Personen untereinander.	Philosophische Fragen orientieren sich an Begriffen, Denkvorgängen, ethisch-moralischen Kontexten, Beschreibungen. Fokussiert wird die Situation im Kontext der Verhältnisse. »Was ist nötig? Wer führt wen? Was braucht es von wem für die Situation? Was ist dein Beitrag zum gemeinsamen Ganzen?« Die Fragen dienen dazu, Situationen, Positionen, Rollen, Kontexte, Kompetenzen, Auftrag, Ziele und Potenziale der einzelnen Personen oder Personengruppen bezogen auf die Situation zu klären.

Übersicht steht als Download zur Verfügung – www. beltz.de.

Zudem sind Sie sich Ihrer eigenen Verantwortung bewusst, auf der aufbauend die Zuständigkeiten der anderen erkannt werden können. Wenn dann jedes Mal sprechend die Person in Bezug zu sich selbst, ihre Ich-Identität und in Bezug zu den anderen Personen verhandelt wird, können Situationen nur und ausschließlich in diesem Beziehungsrahmen geklärt werden. Doch dieser Rahmen ist schlicht und ergreifend viel zu eng. Denn in beruflichen Situationen geht es um mehr als die Person, ihre Ich-Identität und ihre Beziehungen zu anderen Personen. Manchmal geht es um Leben und Tod, manchmal geht es darum, eine neue Idee zu einer Maschine werden zu lassen oder es geht um die beste Gestaltung eines lebenswerten Raums.

Literaturtipp

Die Autorin Eva Illouz führt in ihrem Buch »Die Errettung der modernen Seele« (2009) in spannender Art und Weise aus, wie die Psychologie und damit das psychologische Sprechen die deutsche Alltagssprache durchtränkt hat. Sie warnt in ihrer soziologischen Analyse davor, sich voll und ganz auf diese Sprechweise zu verlassen.

Hier ist zur Klärung einer solchen Situation das Philosophische Sprechen um einiges hilfreicher, denn so wird die Aufmerksamkeit auf die in der Sache beheimateten Möglichkeiten gelegt. Psychologisches Sprechen ist sinnvoll, wenn es nötig ist, die Beziehung unter den Personen zu klären und die einzelnen Personen in ihrer Ich-Identität zu fördern und zu stärken. Im Philosophischen Sprechen steht sprechend die Sache, das Thema, die Situation im Zentrum der Aufmerksamkeit. Diese wird in Bezug gesetzt zum Kontext, den darin handelnden Personen in ihren Positionen und zu weiteren möglichen Themen. Mit dem Philosophischen Sprechen wird die Sache verhandelt und die beste Gestaltung für die Situation herausgearbeitet.

Je nach Sprechweise wird der Kommunikation eine andere Tiefendimension verliehen. Im Psychologischen Sprechen wird alles rund um die Person in die Tiefe geführt. Im Philosophischen Sprechen werden die Themen, die Sachlage oder die Situation vertieft. Es lohnt sich zu entscheiden, wann welche Tiefe die passende ist.

Teamentwicklung mit Verantwortungsgerechtem Sprechen

In sehr vielen Arbeitsbereichen kommt es auf ein gut funktionierendes Team an. Es geht darum, dass die einzelnen Personen Hand in Hand arbeiten, sich aufeinander verlassen und den Prozessen vertrauen können. Es geht auch darum, dass die Themen und Situationen klar verstanden werden, die Aufträge deutlich sind, die berufliche Haltung den Anforderungen entspricht.

Je nach Situation ist es bei einer Teamentwicklung von zentraler Bedeutung mit dem Psychologischen Sprechen oder eben erst recht mit dem Philosophischen Sprechen den Prozess zu eröffnen, zu begleiten und zu initiieren. Es gilt also, die Fragen zu klären: Welches Sprechen ist der Ausgangspunkt des Prozesses? Mit welchem Mix im Verantwortungsgerechten Sprechen wird der Prozess begleitet?

Entdecken Sie nun auf den folgenden Seiten die beiden Vier-Ebenen-Programme. Dabei wird deutlich, welche Tiefe wann und in welcher Mischung am besten geeignet ist.

Psychologische Teamentwicklung im Vier-Ebenen-Programm

Hier zuerst einmal der Überblick über die psychologische Teamentwicklung im Vier-Ebenen-Programm:

Psychologische Teamentwicklung im Vier-Ebenen-Programm

Erste Ebene: Die Person in Bezug zu sich selbst
Vergewisserung und Stärkung der Ich-Identität. Was sind meine Kompetenzen und meine Stärken?

Zweite Ebene: Die Person in Bezug zu den anderen Personen
Austausch der jeweiligen Ich-Identitäten unter den Personen für einen professionellen Beziehungsaufbau.

Dritte Ebene: Das Team in Bezug zur Person und zum Team
Austausch über die Zusammenarbeit: Was läuft optimal? Was ist zufriedenstellend? Was braucht Veränderung?

Vierte Ebene: Das Team in Bezug zur Situation
Veränderungen werden erarbeitet, geplant, umgesetzt und auch kontrolliert.

Dieser Ablauf ist geeignet bei einem Team, in dem es auf der persönlichen Ebene unter einzelnen Teammitgliedern Auseinandersetzungen, Konflikte oder Differenzen gibt. Auch für ein neu zusammengesetztes Team ist es hilfreich, die Kompetenzen und Potenziale der Einzelnen persönlich zu kennen und sich darauf aufbauend Gedanken und Pläne für eine gelungene Zusammenarbeit zu machen.

Literaturtipp

Das Vier-Ebenen-Programm können Sie multisensorisch unterstützen mit den »75 Bildkarten Teamentwicklung« (2016) von Charlotte Friedli. Diese Bildkarten sind für die Arbeit mit Teams gemacht, damit sich aus einem losen Netzwerk ein produktives Team entwickeln kann.

Für das Bearbeiten konkreter Konflikte können Sie ergänzend die »75 Bildkarten Konfliktmanagement« (2015) von Charlotte Friedli und Cornelia Schinzilarz nutzen. Die Booklets beider Bildkartensets sind in Gerechtem Sprechen verfasst und bieten weitere Spielanleitungen und Vorgehensweisen.

Die Psychologische Teamentwicklung im Vier-Ebenen-Programm gehen wir nun Ebene für Ebene durch, geben Hinweise und Tipps zur Umsetzung.

Erste Ebene: Die Person in Bezug zu sich selbst: Vergewisserung und Stärkung der Ich-Identität. Was sind meine Kompetenzen und wo liegen meine Stärken?
Die einzelnen Teammitglieder werden nach ihren Stärken gefragt. Mögliche Fragen sind:
o Was können Sie gut in Ihrem Job?
o Welche Kompetenzen haben Sie in Ihrem Beruf?
o Was sind Ihre Stärken in Ihrem Arbeitsfeld?

Diese werden auf einem Blatt notiert. Hier geht es um die Beziehung der Person zu sich selbst und ihre Ich-Identität im beruflichen Kontext. Jede Person macht sich das eigene Können, die eigenen Kompetenzen und Potenziale bewusst.
Dafür geben Sie ungefähr drei Minuten Zeit. Es ist wichtig, dass die schnell und spontan gewussten und erinnerten Stärken und Kompetenzen aufgeschrieben werden. Wenn zu lange nachgedacht wird, denken viele Personen von sich selbst defizitorientiert. Und das wollen wir an dieser Stelle verhindern.

Zweite Ebene: Die Person in Bezug zu den anderen Personen: Austausch der jeweiligen Ich-Identitäten unter den Personen für einen professionellen Beziehungsaufbau.
Jede Person sagt jedem einzelnen Teammitglied die eigenen Stärken und hört von jedem Teammitglied die jeweils eigenen Stärken. Das geschieht in abwechselnden Zweiergesprächen. Der Auftrag dazu lautet:

- Eine Person sagt die eigenen Stärken von der Liste. Dabei hört sie sich selbst zu.
- Die andere Person hört zu. Wenn sie eine Stärke, Kompetenz oder ein Potenzial hört, die sie auf der eigenen Liste vergessen hat, wird die Liste ergänzt.
- Auf gegenseitige Kommentare zum Gehörten wird verzichtet.
- Wenn beide Personen ihre Stärken mitgeteilt und die Listen ergänzt wurden, werden neue Austauschpartner gefunden.

Das geht so lange, bis alle mit allen gesprochen haben.

Das Wunderbare an dieser Anlage ist, dass durch das mehrfache Wiederholen der eigenen Stärken und Kompetenzen sich jede einzelne Person nachher sicher, zuversichtlich und kompetent fühlt. Das gegenseitige Hören aller im Team vorhandenen Kompetenzen hat zur Konsequenz, dass sich das Team insgesamt als stark, kompetent und vertrauensvoll erlebt. Die Zeit, die die Umsetzung dieser ersten beiden Ebenen braucht, ist sehr gut investiert. Denn die Erfahrung hat gezeigt, dass dieser positive Effekt eine recht lange Zeit anhält. Gerade in Konfliktsituationen verändern die Teammitglieder wieder den Blick auf sich selbst und ihre Kolleginnen. Es wird deutlich, dass tatsächlich miteinander gearbeitet werden kann.

Die Hausaufgabe für die einzelnen Personen ist, die Stärken, Kompetenzen und Potenziale von sich selbst regelmäßig zu lesen.

Die Austauschrunde wird wiederholt. Unsere Empfehlung ist, diese ersten beiden Ebenen zweimal im Jahr mit der immer weiter wachsenden Liste im Team zu machen.

Dritte Ebene: Das Team in Bezug zur Person und zum Team: Austausch über die Zusammenarbeit: Was läuft optimal? Was ist zufriedenstellend? Was braucht Veränderung? Aufbauend auf das gestärkte Gefühl im Team wird nun die Zusammenarbeit analysiert. Hier ist es wichtig den drei Fragen zu folgen und sich für jede der drei Fragen die gleiche Zeit zu nehmen (jeweils zehn bis 15 Minuten Zeit):

- Was läuft optimal in der Zusammenarbeit?
- Was ist zufriedenstellend in der Zusammenarbeit?
- Was braucht Veränderung in der Zusammenarbeit?

Bleiben Sie konsequent in der potenzialorientierten Sprechweise und verzichten darauf, zu fragen, was schiefläuft oder wo es Schwierigkeiten gibt.

Je nach Größe des Teams kann die Analyse im gesamten Team oder in Kleingruppen gemacht werden. Zu allen drei Fragen werden Stichwörter so aufgeschrieben, dass sie nachher von allen Personen gelesen werden können: Flipchart, Folie Hellraumprojektor, Computer für Beamer.

Nach den Kleingruppen lohnt es sich, die Erkenntnisse zu den ersten beiden Fragen anzuschauen. Diese werden von allen gelesen. Wenn es Fragen gibt, werden diese beantwortet und Kommentare können gemacht werden.

Eine vertiefte Bearbeitung gibt es bei der dritten Frage, denn diese führt direkt auf die vierte Ebene.

Vierte Ebene: Das Team in Bezug zur Situation: Veränderungen werden erarbeitet, geplant, umgesetzt und kontrolliert.

Hier werden konkrete Veränderungen für die Zukunft erarbeitet. Diese werden je nach Umstand konkret geplant, personalisiert und terminiert oder einer zuständigen Person zur weiteren Planung übergegeben. Es werden Kontrolldaten vereinbart, an denen überprüft wird, ob das Geplante und zu Planende auch umgesetzt wurde.

Zusammenfassung

In der Psychologischen Teamentwicklung mit dem Vier-Ebenen-Programm wird ausgehend von der Stärkung der Ich-Identität das Wir-Gefühl des Teams belebt und ebenfalls gestärkt. Dann folgt die Analyse entlang der Fragen aus dem Philosophischen Sprechen. So wird aufbauend auf dem Gefühl der Stärke ein abstrakter Blick auf die Situation möglich. Die so angeleitete Analyse läuft meistens entlang der persönlichen Zusammenarbeit und wird ergänzt durch die systemisch bedingten Möglichkeiten der Zusammenarbeit. Nun wird auf der vierten Ebene das Team in Bezug zur Situation gesetzt. Auf der Grundlage des Verantwortungsgerechten Sprechens, also einer Mischung aus Psychologischem und Philosophischem Sprechen gelingt es nun, eine Zukunft zu erarbeiten, in der sowohl die gestärkte Ich-Identität und das belebte Wir-Gefühl als auch die Aufgaben und Ziele gekonnt gestaltet werden.

Philosophische Teamentwicklung im Vier-Ebenen-Programm

Hier zuerst einmal der Überblick über die Philosophische Teamentwicklung im Vier-Ebene-Programm.

Philosophische Teamentwicklung im Vier-Ebenen-Programm

Erste Ebene: Kontextklärung
Was sind die Aufträge, Ziele, Aufgaben, die das Team hat?

Zweite Ebene: Positionsdefinition
Welche Position erfüllt welche dieser Aufgaben?

Dritte Ebene: Sache und Thema werden analysiert und Erkenntnisse gewonnen
Was wurde optimal umgesetzt? Was wurde zufriedenstellend gelöst? Wo braucht es Veränderungen?

Vierte Ebene: Weiterentwicklung
Veränderungen werden erarbeitet, geplant, umgesetzt und kontrolliert.

Die Philosophische Teamentwicklung ist gut einsetzbar, wenn es regelmäßig dazu kommt, dass einzelne Teammitglieder die Aufgaben von anderen zuständigen Personen übernehmen. Oder wenn ein Team Macht und Schattenmacht eingerichtet hat. Auch wenn ein Team an den vorgegebenen Zielen scheitert, kann mit diesem Ablauf analysiert werden, welche Veränderungen und Anpassungen es braucht, damit die gesetzten Ziele erreicht werden. Dieser Ablauf ist ebenfalls dann wunderbar einsetzbar, wenn es Fragen rund um Aufträge, Ziele und Aufgaben gibt. In manchen Institutionen und

Betrieben sind eben diese Zusammenhänge schwammig formuliert und es braucht genau an dieser Stelle eine Klärung.

Literaturtipp

Das Vier-Ebenen-Programm können Sie unterstützen mit den Fragekarten »116 Fragen für die erfolgreiche Teamentwicklung« (2016) von Charlotte Friedli und Cornelia Schinzilarz. Diese Fragen sind konkret für die Arbeit mit Teams gemacht.

Für die Bearbeitung konkreter Konflikten können Sie ergänzend die Fragekarten »Mit Fragen Konflikte managen« (2016) von Charlotte Friedli und Cornelia Schinzilarz einsetzen.

Auch hier sind beide Booklets im Gerechten Sprechen verfasst und enthalten weitere Spielanleitungen und Vorgehensweisen.

Zudem gibt es beide Teamentwicklungen grafisch aufbereitet als Download. Sie finden diese auf www.beltz.de beim Fragekartenset »116 Fragen für die erfolgreiche Teamentwicklung«.

Im Folgenden gehen wir nun die Philosophische Teamentwicklung im Vier-Ebenen-Programm Ebene für Ebene durch, geben Hinweise und Tipps zur Umsetzung.

Erste Ebene: Kontextklärung: Was sind die Aufträge, Ziele, Aufgaben, die das Team hat?

An dieser Stelle macht das Team eine Auslegeordnung. Das bedeutet, dass alle Fakten auf den Tisch gelegt und analysiert werden. Hier geht es um die Auslegeordnung der Aufträge, die damit verbundenen Ziele und der sich daraus ergebenen Aufgaben. Wenn schriftliches Material vorhanden ist, ist es sinnvoll, auch damit zu arbeiten. Die Zuordnung zu den drei verschiedenen Feldern

o Aufträge
o Ziele
o Aufgaben

lohnt sich. Ordnen Sie dabei auch die passenden Ziele und Aufgaben zu den Aufträgen zu. So gestaltet das Team eine Ordnung und einen Überblick über das, was vom Team erwartet wird. In der Regel wird mit diesem Vorgehen schon einiges an Klärung erzielt. Bleiben Sie hier in der Philosophischen Sprache, denn es geht um die zu klärende Sachlage.

Zweite Ebene: Positionsdefinition: Welche Position erfüllt welche dieser Aufgaben?

Jetzt werden die Positionen zu den einzelnen Aufgaben zugeordnet. Achten Sie hier darauf, dass tatsächlich die zuständigen Positionen genannt werden. Verzichten Sie an dieser Stelle deutlich darauf, zu personalisieren. Das kommt erst später. Dieser Schritt verdeutlicht erfahrungsgemäß das System, die Stellung des Teams im System und die verschiedenen darin agierenden Positionen.

Dritte Ebene: Sache und Thema werden analysiert und Erkenntnisse gewonnen: Was wurde optimal umgesetzt? Was wurde zufriedenstellend gelöst? Wo braucht es Veränderungen?

Nun wird analysiert, was optimal und zufriedenstellend umgesetzt und gelöst wird. Zudem können Veränderungen erkannt und anvisiert werden. Es ist auch hier sinnvoll, noch im Philosophischen Sprechen zu bleiben. Es geht nach wie vor um die Sachlage. Diese ist leichter im Blickfeld zu halten, wenn auf die Vermischung mit der psychologischen Dimension verzichtet wird.

Diese Ebene kann im gesamten Team oder in Kleingruppen bearbeitet werden. Die Kleingruppen setzen sich dann nach den verschiedenen Positionen zusammen. Machen Sie deutlich darauf aufmerksam, dass es um die Analyse der Aufträge, Ziele und Aufgaben geht.

Auch hier wird alles so verschriftlicht, dass es nachher von allen gelesen werden kann. Die Notizen zu den ersten beiden Fragen werden gelesen, es können Fragen gestellt und Kommentare gegeben werden. Die Notizen zur Frage nach den Veränderungen führen zur vierten Ebene.

Vierte Ebene: Weiterentwicklung: Veränderungen werden erarbeitet, geplant, umgesetzt und kontrolliert. Hier werden konkrete Veränderungen für die Zukunft erarbeitet. Diese werden je nach Umstand konkret geplant, positioniert und jetzt auch personalisiert. Sie werden terminiert oder einer zuständigen Person zur weiteren Planung übergegeben. Es werden Kontrolldaten vereinbart, an denen überprüft wird, ob das Geplante und zu Planende auch umgesetzt wurde.

Zusammenfassung

In der Philosophischen Teamentwicklung im Vier-Ebenen-Programm geht es um die Klärung von Aufträgen, Zielen und Aufgaben. Hier wird eindeutig die Sachlage fokussiert. Es lohnt sich in den ersten drei Ebenen konsequent in der Philosophischen Sprache zu bleiben und gänzlich auf Personalisierungen und Beziehungssprache zu verzichten. Vielleicht ist es sinnvoll, hier ergänzend mit der abstrakten Sprache auf der Sachebene zu kommunizieren. Es ist sicher hilfreich, die Teammitglieder jeweils an den stimmigen Sprachgebrauch zu erinnern. Denn Sprache benennt und erschafft Wirklichkeiten und hier gilt die Wirklichkeit der Fakten- und der Sachlage.

Auf der vierten Ebene kommt das gesamte Verantwortungsgerechte Sprechen zum Einsatz. Nun geht es darum, die Sachlage mit den zuständigen Positionen und den darin agierenden Personen in Einklang zu bringen. Wir wünschen Ihnen dabei viel Vergnügen.

Anwesende Sprache – Eine Zusammenfassung

Die Anwesende Sprache ist unterteilt in drei Bereiche: das Gefühlsgerechte, das Situationsgerechte und das Verantwortungsgerechte Sprechen.

Im **Gefühlsgerechten Sprechen** erkennen Personen ihre eigenen Gefühle, hören sie und sprechen sie in ihrer Bedeutung. So lassen sich Gefühlsensembles zusammenstellen, die der Person und der Situation dienlich sind. Personen stellen sich in den Mittelpunkt ihres eigenen Lebens, um von dort aus mit anderen zusammenzukommen, das eigene Leben zu gestalten und Gemeinsames zu entwerfen.

Im **Situationsgerechten Sprechen** werden die Situationen in ihren wahrgenommenen Anwesenheiten gesprochen. Da so der Blickwinkel der Personen auf dem Gekonnten liegt, auf den eigenen Potenzialen und auf den Potenzialen der in den Situationen agierenden Personen und auf den Möglichkeiten der Situation, werden Ressourcen ausgesprochen, angenommen und erweitert. Situationen werden gestaltbar und für die Personen nutzbar gemacht. Zudem sprechen Personen komprimierte Situationen auseinander und zerlegen sie somit in ihre Einzelteile, die dann bearbeitbar und gegebenenfalls veränderbar sind. Das Auseinandersprechen ist sowohl für vergangene als auch für gegenwärtige und zukünftige Situationen anwendbar.

Im **Verantwortungsgerechten Sprechen** wird die Tiefendimension der Kommunikation beleuchtet. Mit dem Philosophischen Sprechen werden die Sache, das Thema und die Faktenlage in die Tiefe geführt. Mit dem Psychologischen Sprechen wird die Person, ihre Ich-Identität vertieft. Je nach Kontext kommt es darauf an, welche Tiefe die passende ist. Das philosophische und das psychologische Teamentwicklungsmodell im jeweiligen Vier-Ebenen-Programm runden das Verantwortungsgerechte Sprechen ab.

Benennende Sprache

Das Leben ist vielfältig und unterschiedlich, verzweigt und mannigfach. Die heutigen Gesellschaften bestehen aus vielen solchen verschiedenen Leben, die aufeinandertreffen, sich begegnen, oftmals ergänzen und manchmal widersprechen. Da sind die mehreren Geschlechter zu nennen, die miteinander lebenden Menschen aus anderen Kulturen und Religionen, die sehr verschiedenen Lebensformen und in all dem die gewählte Sprache mit ihren Begriffen.

In der Benennenden Sprache geht es darum, dass all diese Wirklichkeiten, die in der Welt vorkommen, gleichwertig und gleichberechtigt benannt werden. Allem Seienden, welches in den vorhandenen Kulturen, in verschiedenen Geschlechtern und unterschiedlichen Lebensformen zum Ausdruck kommt, wird durch die passende Benennung Gerechtigkeit zuteil. Begriffe gilt es, in ihrer Bedeutung kennenzulernen und auch so zu sprechen. Es geht also darum, das zu benennen, was Personen wahrnehmen, und es so auszusprechen, dass darin die eigene Person und die anderen wertschätzend zum Ausdruck kommen. Differenzen und Trennendes, die erkannt werden, werden ebenfalls benannt, um das Gemeinsame und die vorhandenen Ressourcen verstehen und ausdrücken zu können.

Die Benennende Sprache ist in vier Bereiche unterteilt:

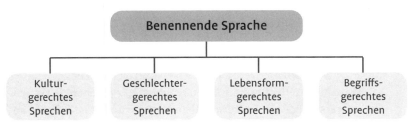

Kulturgerechtes Sprechen

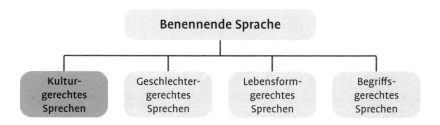

Die bisherige Kommunikationsforschung hat sich mit Kulturgerechtem Sprechen unter den Stichworten »Antirassistische Sprache«, »antisemitische Sprache«, »interkulturelle Kommunikation«, »transkulturelle Kommunikation« auseinandergesetzt.

Im Gerechten Sprechen ist es wesentlich, das zu sagen, was gemeint ist, und zu meinen, was gesagt ist, in anwesenden Begriffen zu sprechen und das zu benennen, um das es geht. Daher wurde der Begriff »Kulturgerechtes Sprechen« entwickelt.

Multikulturell, interkulturell und transkulturell

Menschen leben in multikulturellen Gesellschaften, in denen sie als Personen in den interkulturellen Austausch und Dialog eintreten. In der Regel gilt bei diesem interkulturellen Austausch, dass sich die kulturfremden Personen in die Kultur des Landes integrieren, in dem sie leben. Sprachlich hat das die Konsequenz, dass Personen sich in der Landessprache verständigen und einander mit den in diesem Land üblichen Verhaltensweisen und Normen begegnen.

Transkulturelle Begegnungen geschehen zwischen Personen, die, in verschiedenen Kulturen lebend, punktuell miteinander zusammenarbeiten, zusammenleben oder Ferien machen. In der Regel wird sich auf eine Sprache geeinigt, mit der sich alle Beteiligten verständlich machen können. Die kulturellen Verschiedenheiten dienen als Quelle der Inspiration, aus denen die so arbeitenden Personen schöpfen.

Im Kulturgerechten Sprechen sind alle Personen gleichwertig und verfügen über die gleichen Rechte und Pflichten, zu denen sie als Bürgerin und Bürger des Landes, in dem sie leben, Ja gesagt haben. So formuliert, ist es wesentlich, die eigene Kultur zu kennen und die Kultur der anderen Personen kennenlernen zu wollen. Sprache eröffnet die Möglichkeit, einander im personalen und geschichtlichen Gewordensein zu begegnen. Alle Kulturen sind gleichermaßen wertvoll, und es gibt in jeder Kultur Menschen, die als Personen die eigene Kultur nutzen, um sie gegen andere Menschen aus der gleichen oder einer anderen Kultur einzusetzen. Gleichzeitig gibt es in jeder Kultur Menschen, die als Personen die eigene Kultur nutzen, um mit anderen Menschen aus der gleichen oder einer anderen Kultur in einen austauschenden, lernenden und gelebten Kontakt zu kommen.

Vor diesem Hintergrund können folgende Zusammenhänge erkannt werden:

o Eine Hautfarbe, die weiße zum Beispiel, wird als Normalfall dargestellt. Damit sind alle Menschen mit einer anderen Hautfarbe diejenigen, die ausgegrenzt werden. Das nennen wir Rassismus.

o Die katholische Kirche stellt ihre Religion als die allein heiligmachende dar, denn nach wie vor gilt der Grundsatz, dass außerhalb der katholischen Kirche kein Heil zu finden ist. Reformierte und evangelische Christen sind von diesem Heilsversprechen ebenso ausgeschlossen wie alle weiteren Religionen. Insbesondere die jüdischen und die muslimischen Religionen werden als die ganz anderen bewertet, die im günstigsten Zusammenhang eine Herausforderung, im schlimmsten Zusammenhang eine Bedrohung darstellen. Das nennen wir Katholizismus.

o Von der eigenen Kultur wird wertschätzend und lobend gesprochen, alles Fremde wird als das Andere und in abschätzigen Begrifflichkeiten dargestellt. So werden auch heute noch lateinamerikanische Länder bisweilen als Bananenrepubliken bezeichnet. Doch niemand kommt auf die Idee, Deutschland Kartoffelrepublik oder die Schweiz Käserepublik zu nennen. Das nennen wir Kulturzentrismus.

Solche versprachlichten Diskriminierungen verfestigen alte und schaffen neue Herrschaftsverhältnisse, in denen ein Teil der Menschen als normal und richtig dargestellt wird, und ein anderer Teil als falsch, weil abweichend von der Normalität. Die Gruppe der definitionsmächtigsten Personen legt fest, welche Eigenschaften, Personseinsweisen und Merkmale zu Normalität führen, gleichzeitig definiert diese Gruppe, welche der Eigenschaften, Personseinsweisen und Merkmale Menschen brauchen, um aus der Normalität herauszufallen. Durch das alltägliche Nutzen ausgrenzender und abwertender Begriffe, Satzkonstruktionen und Sprachbilder werden Diskriminierungen erhalten und weitergegeben. In einem solchen Sprachgebrauch wird deutlich, dass das Eigene als das vermeintlich Normale und das Fremde als das Andere wahrgenommen und darin abgewertet wird.

> Das *Kulturgerechte Sprechen* beschreibt Gedanken, Gefühle, Erlebnisse und gesellschaftliche Verhältnisse so, dass darin die Gleichwertigkeit alles Seienden zum Ausdruck kommt. Die vorhandenen Verschiedenheiten von Menschen werden als solche benannt und stehen nebeneinander – anstatt übereinander.

So heißt es dann: Menschen haben verschiedene Hautfarben. Sie leben in unterschiedlichen Kulturen, Religionen und Ländern dieser Welt. Manchmal leben sie in denselben Kulturen, Religionen und Ländern dieser Welt. Alle Menschen sind gleichwertig. Diese Gleichwertigkeit erhält im Kulturgerechten Sprechen eine sprachliche Dimension. Personen sprechen von und mit anderen Personen in den wahrgenommenen Wunderbarkeiten, stellen Besonderheiten hervor und benennen das, was sie als von sich selbst verschieden feststellen, in wertschätzender Sprache. Menschen werden gleichwertig gesprochen und sind in ihrem Personsein angenommen. Gleiche Werthaftigkeit gilt ebenso wie die gleichen Rechte und Pflichten. Kulturgerecht zu sprechen bedeutet, Kulturen verstehen zu lernen in ihrem jeweiligen Gewordensein. Dies gilt für die eigenen und für die fremden Kulturen. Sich in diesem Sinne sprachlich zu nähern eröffnet Zusammenhänge, die allen, die sich daran beteiligen, große Lerneffekte bescheren werden.

Gerade heute in den Zeiten der großen Menschenbewegung sind wir herausgefordert, die eigene und die anderen Kulturen und Religionen zu verstehen. Jetzt geht es darum, die eigenen Sitten, Gebräuche und Werte so zu vermitteln, dass sie verstanden und umgesetzt werden können. Eine gemeinsame Sprache, mit der das benannt wird, was tatsächlich ist, vereinfacht die notwendige Integration.

Herkunftsländer kennenlernen

Roland D. gestaltet die Begegnungen seiner Schülerinnen, die aus den verschiedensten Herkunftsländern stammen, nach dem Grundmuster des Kulturgerechten Sprechens. Zu Beginn jeder Unterrichtsstunde bekommt nach und nach jeder Schüler die Möglichkeit, von seiner Heimat zu erzählen. Die Schülerin selbst wählt aus, ob für sie ihr Herkunftsland oder Deutschland ihre Heimat ist.

Je nach Alter der Schüler lässt Roland D. die Kinder und Jugendlichen zu anderen Themen sprechen. Die jungen Schüler sprechen zum Beispiel davon, welches ihr Lieblingstier ist, welche Blume sie am liebsten mögen und welches Kinderbuch ihnen am besten gefällt. Die Jugendlichen erzählen beispielsweise davon, was sie am liebsten essen, welche Gegend ihnen gut gefällt und was ihnen daran so gut gefällt, welches Buch sie am liebsten haben. In der Abschlussklasse berichten die Schüler davon, was sie nach der Schule am liebsten machen möchten.

Diese Erzählungen der Schülerinnen finden vor jeder Stunde statt. Neben dem, dass die Kinder und Jugendlichen lernen, konzentriert und klar zu erzählen und zuzuhören, lernen sie die eigene und die anderen Kulturen in ihren Vorzügen kennen.

Übung: Kulturen kennenlernen

Diese Übung eignet sich für multikulturell zusammengesetzte Gruppen in Lern- und Arbeits- sowie in Beratungszusammenhängen.

1. *Vergewisserung der eigenen Kultur*
   Alle Anwesenden bearbeiten in einer Einzelarbeit die folgenden Fragen.
   Beschreiben Sie die eigene Kultur:
   - Was ist das Besondere an Ihrer Kultur?
   - Was gefällt Ihnen an Ihrer Kultur?
   - Was bedeutet Ihnen Ihre Kultur?
   - Welche Religionen werden in Ihrer Kultur gelebt?
   - Wie werden diese Religionen gelebt?
2. *Nacheinander erzählen alle Anwesenden von ihrer Kultur.*
   Beim Sprechen hören sich die Teilnehmenden selbst zu. Die anderen hören empathisch zu im Sinne des Gerechten Sprechens.
3. *Nachdem alle von ihren Kulturen und deren Besonderheit erzählt haben, können Fragen gestellt werden, die dem Verstehen der anderen Kultur dienlich sind.*
   Beim Sprechen hören sich die Teilnehmenden selbst zu. Die anderen hören empathisch zu im Sinne des Gerechten Sprechens.
4. *Austausch über die jetzt gewonnenen Erkenntnisse über die eigene und die fremden Kulturen.* Es geht um folgende Fragen:
   - Haben Sie etwas Neues in Ihrer eigenen Kultur entdeckt?
   - Haben Sie etwas Neues an den anderen Kulturen entdeckt?
   - Was gefällt Ihnen an den anderen Kulturen?
   Beim Sprechen hören sich die Teilnehmenden selbst zu. Die anderen hören empathisch zu im Sinne des Gerechten Sprechens.

Ziele der Übung

- Die eigene Kultur besser kennen- und sie in ihren Besonderheiten darstellen lernen.
- Andere Kulturen in ihren Besonderheiten kennenlernen.

Im Kulturgerechten Sprechen wird in einem interkulturellen Verstehensprozess, der auch in multikulturellen Gesellschaften alltäglich ist, die Bedeutung der genutzten Begriffe und Satzkonstruktionen nachgefragt, anstatt die eigenen Interpretationen zu bedienen und bestätigen zu lassen. So besteht in jeder Begegnung die Möglichkeit, einander besser kennenzulernen. Zudem wächst die Chance, dass die deutsche Sprache nach und nach zur gekonnten Anwendung kommt.

Fragebeispiele für Coaches, Lehrerinnen und Trainer

Die folgenden Fragen sind von allen zu beantworten, die zu einer Gruppe gehören, also auch von denen, die in Deutschland aufgewachsen sind.

- Was ist das Beste für dich in (Ortsnamen des Geburtsorts)?
- Was ist das Beste für dich in (Ortsnamen vom jetzigen Lebensort)?
- Welches ist dein Lieblingstier?
- Welche Blumen magst du?
- Was ist dein Lieblingsbuch?
- Welche Unterschiede gefallen dir hier am besten?
- Welche Religionen kennst du und wo hast du sie schon erlebt?
- Was gefällt dir an deiner Religion?

Beschreiben Sie die eigene Kultur.

- Was ist das Besondere an Ihrer Kultur?
- Was gefällt Ihnen an Ihrer Kultur?
- Was bedeutet Ihnen Ihre Kultur?
- Welche Religionen werden in Ihrer Kultur gelebt?
- Wie werden diese Religionen gelebt?

Empathie im Kulturgerechten Sprechen

Von zentraler Bedeutung im Kulturgerechten Sprechen ist die Definition, die der Begriff Empathie im Gerechten Sprechen erhält.

Empathie, verstanden als Einfühlung in sich selbst, die das Selbstverstehen erhöht, macht es erst möglich, das Zugehörte von den eigenen Interpretationen zu unterscheiden.

Auf der Basis dieser Empathie fragen Personen das Gemeinte im Gesagten nach, wenn das eigene Gewordensein Interpretationen für das Zugehörte anbietet.

Sternhagelverrückt

Im Seminar Gerechte Erinnerungsarbeit geht es unter anderem darum, dass die einzelnen Personen Gefühlskarten ziehen, sich davon inspirieren lassen und eine Geschichte aus ihrem Leben dazu erzählen.

Sophia R., eine Frau mit polnischer Herkunft, zieht den Begriff »sternhagelverrückt«. Sie strahlt, denn sie weiß genau, was dieser Begriff für sie bedeutet, und sie beginnt eine Geschichte zu erzählen, in der sie etwas Neues ausprobiert und dies als überaus kribbelig, lustvoll und spaßig erlebt hat. Die anderen aus der Gruppe, die deutscher Herkunft sind, sind zum Teil erstaunt, irritiert, einige sind genervt. Sie versuchen sie zu belehren, dass der Begriff bedeutet, sich aufzuregen, wütend oder sehr gekränkt zu sein, und weit entfernt von dem ist, was sie da gerade erzählt hat.

Ich unterbreche und erinnere daran, dass es vor einer solchen Belehrung, die sich aus dem eigenen Gewordensein und den eigenen Interpretationen nährt, doch zuerst einmal die Frage lohnt, wie Sophia R. auf diese Interpretation des Begriffs kommt und was sie damit meint. Jetzt können wir uns darüber austauschen, wie wir Begriffe verstehen.

Solche Beispiele gibt es einige im multikulturell geprägten Alltag. Wir hören zu, meinen zu verstehen, gehen davon aus, dass alle das Gleiche verstanden haben, und sind dann erstaunt, wenn es zu Streitigkeiten kommt.

Inter- und transkulturelle Dialoge entstehen, indem sich Personen, ausgehend von ihrem Gewordensein, ihre Ansprüche, Wünsche und Ziele erzählen. Auf dieser Basis werden Kompromisse erarbeitet, die allen Beteiligten dienlich sind, während Annäherungen stattfinden, die Bereicherungen für die Personen und die zu gestaltenden Situationen eröffnen.

Die Formen der gegenseitigen Annäherungen sind verschieden. Dies kann über persönliche Begegnungen, Literatur oder Theater erreicht werden. Wichtig dabei ist, die eigene Kultur in ihren Besonderheiten zu kennen und die anderen Kulturen in ihren Besonderheiten kennenlernen zu wollen.

Vorgehen im Kulturgerechten Sprechen

Der folgende Überblick zeigt auf, wie in einer kulturell durchmischten Gruppe von der jeweils eigenen Haltung über das Erzählen und Zuhören der verschiedenen kulturellen Zusammenhänge bis hin zum Austausch über Verbindendes und Trennendes Kulturgerechtes Sprechen eingeübt werden kann. Diesen Überblick bieten wir als Download an unter www.beltz.de. So kann er jederzeit in all den vielen jetzt stattfindenden Situationen zum Einsatz gebracht werden.

Innere Haltung: Alle Kulturen sind wertvoll. Es gibt in jeder Kultur Menschen, die als Personen die eigene Kultur nutzen, um sie gegen andere Menschen aus der gleichen oder einer anderen Kultur einzusetzen. Auch gibt es in jeder Kultur Menschen, die als Personen die eigene Kultur nutzen, um mit anderen Menschen aus der gleichen oder einer anderen Kultur in einen austauschenden, lernenden und gelebten Kontakt zu kommen. Um diese Haltung des austauschenden Kontakts geht es beim Kulturgerechten Sprechen.

Die eigene Kultur: Die eigene Kultur wird in ihren Besonderheiten und Vorzügen gekannt. Personen wollen von ihrer Kultur erzählen.

Die fremde Kultur: Personen wollen neugierig von der fremden Kultur hören. Was hat sie für Vorzüge und Besonderheiten?

Austausch: Alle Beteiligten einigen sich auf eine Sprache. Personen aus verschiedenen Kulturen erzählen einander das Besondere an ihren Kulturen. Beim Erzählen hören sich die sprechenden Personen selbst zu. Die zuhörenden Personen hören empathisch zu im Sinne des Gerechten Sprechens. Es wird in anwesenden Begriffen gesprochen. Bei aufkommenden Interpretationen aus dem persönlichen und dem kulturellen Gewordensein, werden Fragen nach Sinn und Bedeutung des Gehörten gestellt.

In Schulklassen, Teams, in den Begegnungszentren, beim Einkaufen und überall, wo wir einander multikulturell begegnen, ist es sinnvoll, dieses Vorgehen regelmäßig, vielleicht mit unterschiedlichen Schwerpunkten, zu wiederholen.

Noch einmal die Herkunftsländer

Nachdem Roland D. jede Unterrichtsstunde damit beginnt, dass eine Schülerin oder ein Schüler aus dem eigenen kulturellen Zusammenhang erzählt, kennen sich die Schüler untereinander viel besser und verstehen mehr und mehr von den jeweiligen Hintergründen. Anstatt die Unterschiede zu betonen, ist es viel spannender geworden, das Besondere und das Übereinstimmende auszutauschen. So entdecken die Schülerinnen ihre eigene Kultur und lernen fremde Kulturen kennen. Sie können verstehen, dass es sowohl in der eigenen als auch in den fremden Kulturen verschiedene Wahrnehmungen ein und desselben Zusammenhangs gibt. Die Schüler begreifen, dass das Aufeinanderzugehen, das Nachfragen, das Erkennen des Eigenen und des Fremden und das sich kritisch Einrichten in den sie umgebenden Verhältnissen dem eigenen Gewordensein dienlich ist.

Geschlechtergerechtes Sprechen

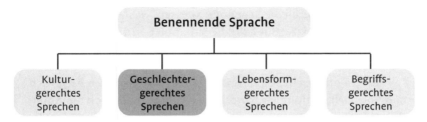

In der bisherigen Kommunikationsforschung gibt es eine Vielzahl von Studien und Büchern, die sich mit der Geschlechtergerechten Sprache auseinandersetzen. Im Gesamtkomplex Gerechtes Sprechen ist sie der Benennenden Sprache zugeordnet, denn es gilt, die wahrgenommenen Geschlechter in ihrer Differenziertheit wahrzunehmen, in ihren Ressourcen zu erkennen und zu sprechen.

Frauen und Männer und weitere Ich-Identitäten

Nach wie vor gilt, dass das Prinzip Mann der Maßstab ist, an dem der durchschnittliche Mensch gemessen wird: im Biologieunterricht, im Berufsalltag und im Privaten. Frauen werden als Abweichung dargestellt. Sprachlich wird nach wie vor behauptet, dass in den männlichen Sprachformen Frauen mitgemeint seien und wenn von Frau Professorin die Rede ist, dies doch eigentlich doppelt weiblich ausgedrückt sei. Bei der Formulierung »Herr Professor« wird geflissentlich übersehen, dass das doppelt männlich ausgedrückt ist. Menschen haben verschiedene Geschlechter: Frau und Mann. Das sind die beiden im Moment bekanntesten Geschlechtsformen. Es gibt weitere Geschlechter zum Beispiel FrauMann oder MannFrau. Alle Menschen mit jeder Ich-Identität sind gleichberechtigt.

Im Gewordensein zur Person verlassen Frauen die nach wie vor von ihnen erwartete Zurückhaltung und treten ein in die soziale Handlungsfähigkeit und Definitionsmacht. Sie bringen sich, ihr Handeln und ihre Werke sprechend in die Öffentlichkeit. Frauen benennen als Personen ihre Arbeit, ihre Leistungen und ihre Beteiligung an Prozessen. Da Sprache Realitäten beschreibt und erschafft, erschließt sich durch die Benennung dessen, was Frauen darstellen und leisten, ein klarer Blick auf die Situation und die Person. Zudem eröffnen sich weitere Anreize für Frauen, sich zu zeigen und sich einzumischen.

Im Gewordensein zur Person verlassen Männer ihren Anspruch auf Vormachtstellung. Sie sprechen sowohl ihre als auch die Anteile der Frauen an Prozessen, Arbeit und Leistungen. So werden die tatsächlichen Anteile von Frauen und Männern vergegenwärtigt, und, darauf aufbauend, eine Zukunft möglich, in denen Frauen und Männer ihre Ressourcen einsetzen können, um wahrlich gemeinsam an der Zukunft zu bauen.

Im Gewordensein vom Menschen zur Person sind alle Identitäten von Geschlechtern beteiligt. In der heutigen Zeit gibt es eine Vielzahl von Ich-Identitäten, die anders definiert sind als Frau oder als Mann. Diesen gilt es Rechnung zu tragen.

Damit Menschen ihr Gewordensein zur Person tatsächlich an den eigenen Ressourcen orientierend gestalten können, ist es notwendig, dass die Ressourcen durch die begleitenden Erziehungspersonen auch wahrgenommen und gesprochen werden. Dies geschieht, indem Können, Erfolge und Kompetenzen an der jeweiligen Person veranschaulicht werden und die gängigen Geschlechterklischees weggelassen werden. Fallen Aussagen wie »Sie ist halt ein Mädchen« oder »Jungs sind nun einmal so«, wird es notwendig, die eigenen Gedanken und Bewertungszusammenhänge zu hinterfragen und sich die eigentlichen Kompetenzen und Ressourcen der hier gemeinten zu verdeutlichen. So können sich alle Menschen mit egal welcher Ich-Identität zu der Person entwickeln, zu der sie in der Lage sind zu werden.

Mögliche Ich-Identitäten

Monika wird nach wie vor als außergewöhnlich bewertet, wenn sie in technischen Zusammenhängen ihr Können beweist, und Bernhard wird als merkwürdig angesehen, da er herausragende soziale Kompetenzen aufweist. Franziskus wird kritisch beäugt, weil er Mädchenkleidung bevorzugt und sich gern schminkt.

Im Geschlechtergerechten Sprechen ist es wichtig, das Können einer Person in dem jeweiligen Prozess des Gewordenseins zu betrachten und die darin enthaltenen Ressourcen zu leben. So heißt es dann:

Ich-Identitäten und ihre Vorzüge

Monika ist in technischen Zusammenhängen die Beste ihres Jahrgangs. Sie verfügt über ein großes Potenzial und kann sich hier weiterqualifizieren. Bernhard kann sehr gezielt eine gute Atmosphäre schaffen und wirkt integrierend. Er besitzt ein großes Potenzial in sozialer Kompetenz, und er kann sich hier weiterqualifizieren. Franziskus hat Geschmack und weiß sich zu kleiden und zu präsentieren.

Die zugewiesenen Bewertungen, wie Frauen und wie Männer zu sein haben, was sie können und wo grundsätzlich ihre Stärken liegen, werden aufgelöst. Erst die Entwicklung von Bewertungszusammenhängen, die sich am Gewordensein der Person orientieren, macht es möglich, Personen aufgrund ihres Seins und ihres erwarteten Werdens einzuschätzen, anstatt dies aufgrund der angenommenen Geschlechterzuordnungen zu versuchen. Wir können feststellen, dass es Männer gibt, die sehr gute Hausmänner, und Frauen, die sehr gute Managerinnen sind, dass es Männer gibt, denen geschminkte Gesichter und Röcke sehr gut stehen, und Frauen, die in Anzügen mit Krawatte gut aussehen. Jetzt geht es noch darum, das freudig anstatt überrascht zur Kenntnis zu nehmen.

Das Gleiche gilt für die Benennung von Kompetenzen bei Frauen und Männern. So heißt bei viel nachdenkenden Frauen, sie grübeln zu viel, und bei Männern wird von analytischer Kompetenz gesprochen. Der weinende Mann ist ein Weichei, und weinende Frauen sind sensibel. Oder bei Frauen wird das gleichzeitige Erledigen von Arbeiten als Verzetteln bezeichnet, und Männer sind vielfältig. Wenn Männer rücksichtsvoll mit ihren Mitarbeitern umgehen, sind sie Versager, und Frauen haben Sozialkompetenz. Das deutliche

Auftreten wird bei Frauen als aggressiv und bei Männern als konsequent bewertet und beschrieben. Es lassen sich für diesen Zusammenhang noch mehr solcher Beispiele finden.

> Im Geschlechtergerechten Sprechen ist es wichtig, dass Ressourcen und Können von der Person selbst und in beschreibender Form von anderen Personen als solches wahrgenommen und gesprochen werden, anstatt sie aufgrund von geschlechterfixierenden Bewertungszusammenhängen zu beurteilen. So können alle Geschlechter und Ich-Identitäten sprechend erschaffen werden.

Wir kennen auch Beispiele aus der Geschichte: So heißt es überall, dass Albert Einstein die Relativitätstheorie erfand. Es klingt ganz anders, wenn diese Geschichte wahrheitsgemäß erzählt wird: Mileva Einstein-Maric und Albert Einstein entwickelten in intensiver Zusammenarbeit die Relativitätstheorie. Er erhielt dafür den Nobelpreis und sie das dazugehörige Preisgeld.

Im Geschlechtergerechten Sprechen geht es darum, die vorhandenen Geschlechter auch sprachlich zum Ausdruck zu bringen. Das bedeutet, dass Frauen und Männer in ihrer Identität angesprochen werden, dass von ihnen erzählt und berichtet wird. So treten Frauen heraus aus dem Mitgemeintsein und werden in ihren Kompetenzen, Werken und Taten gesprochen und wahrgenommen. Eine so inspirierte andere Geschichts- und Gegenwartsdarstellung bietet der Lebensgestaltung von Frauen und Männern weitere, bisher außer Acht gelassene Möglichkeiten.

Dann heißt es Autorin, Managerin, Kauffrau, Mechanikerin, Chefin, wenn eine Frau gemeint ist. In den Darstellungen der geschichtlichen Zusammenhänge wird den Taten der Frauen Platz gegeben. Dann sprechen Frauen von sich in der weiblichen Form, und Männer sprechen von Frauen in der weiblichen Form. Wenn Frauen und Männer und weiter Ich-Identitäten anwesend sind, wird weitgehend neutral gesprochen und Begriffe wie Personen, Mitarbeitende, Studierende eingesetzt.

Leistung erkennen dank Sprache

Christa L. leitet die Rechtsabteilung einer Firma. Sie selbst ist Anwältin und ausgebildete Führungskraft. Im Seminar Gerechtes Sprechen möchte sie sich weitere Kompetenzen für Personalgespräche aneignen. Bisher sprach sie ihre Mitarbeiterinnen und Mitarbeiter allein im generischen Maskulinum an, also in der männlichen Sprachform. Die Frauen in ihrem Team waren mitgemeint. Mit dem Erkenntniszuwachs durch Geschlechtergerechtes Sprechen gestaltet sie ihre Meetings und Gespräche sprachlich so, dass sie die Frauen und Männer anspricht, wenn sie gemeint sind, dass sie von Mitarbeiterinnen und Mitarbeitern spricht, dass sie Zusammenarbeiten mit Nennung aller Namen der am Arbeitsprozess Beteiligten lobt. Die Veränderungen, die Christa L. zu berichten hat, sind beachtlich: Einzelne Frauen sprachen sie direkt an und bedankten sich für die Wertschätzung, die sie vermisst hatten. Die Motivation der Frauen, ihre Arbeit gekonnt zu gestalten, steigerte sich. Die Männer äußerten sich irritiert über diesen feministischen Wechsel, wie sie es formulierten. Doch nach einiger Zeit fanden sowohl die Frauen als auch die Männer diese Sprachregelungen viel passender, denn die eigentlich geleistete Arbeit wurde gesehen, benannt und wertgeschätzt. Gleichzeitig konnten alle Personen ihre Ressourcen besser in das Team und den Arbeitsprozess einbringen, sodass die Rechtsabteilung zu einem Arbeitsplatz wurde, an dem viel umgesetzt und gelernt werden konnte.

Im Geschlechtergerechten Sprechen geht es also darum, in der weiblichen und männlichen Form zu sprechen, von sich selbst als Frau in der weiblichen, als Mann in der männlichen Form zu sprechen, den geschlechterfixierenden Bewertungszusammenhang aufzulösen und die Wahrnehmungen allein am Gewordensein der Person, ihres Könnens, ihrer Ressourcen und der sie umgebenden Verhältnisse zu orientieren.

Es wird deutlich, dass sich allein durch das Umsetzen dieser Regeln aus dem Geschlechtergerechten Sprechen Personen ein anderes zwischenmenschliches Sprechen erschaffen, aus dem heraus sie sich ein anderes zwischenpersonales Verhalten erarbeiten. Einzelne werden benannt und damit wahrgenommen in ihrem Sein, in ihren

Anliegen, Wünschen und Zielen. Das eigene Erleben und das anderer Personen werden in der ganzen Vielfalt aufnehmbar und für die Zukunft nutzbar gemacht. Situationen können in ihren Einzelheiten in die eigene Erfahrungswelt integriert werden.

Übung: Wahrnehmung von Frauen und Männern

Diese Übung kann in Lerngruppen jeder Art gemacht werden oder auch mit einzelnen Klientinnen oder Teams.

Machen Sie die folgende kleine Studie, bei der Sie erkennen können, wie tief die Geschlechtergerechte Sprache die Wahrnehmung beeinflusst. Zudem können Sie mit dieser Übung die Notwendigkeit des Geschlechtergerechten Sprechens verdeutlichen.

1. Nenne alle Schauspieler, die du kennst. Werten Sie aus, wie viele Frauen und wie viele Männer genannt werden.
2. Nenne alle Schauspielerinnen und Schauspieler, die du kennst. Werten Sie aus, wie viele Frauen und wie viele Männer genannt werden.
3. Beschreibe den Unterschied und höre dir selbst beim Sprechen zu.
4. Werten Sie die Ergebnisse dieser kleinen Studie aus.

Ziele dieser Übung

o Erkennen, welche Bedeutung das Geschlechtergerechte Sprechen in der Wahrnehmung von Frauen und Männern hat.
o Sich üben im Geschlechtergerechten Sprechen.

Für die berufliche Situation von Frauen ist das sprachliche Nennen der erbrachten Leistungen und Erfolge eine klare Besserung. Erst wenn die Leistungen von Frauen benannt werden, besteht die Möglichkeit des beruflichen Aufstiegs. Angela Merkel wurde Bundeskanzlerin, weil sie der Beschreibung des Mädchens in ihren politischen Anfangsjahren zu trotzen und regelmäßig von ihren Erfolgen zu berichten wusste. So wurde die Falschheit der Mädchenaussage aufgedeckt und der Weg frei, um das eigene Können unter Beweis zu stellen.

Geschlechtergerechtes Sprechen in inter- und transkulturellen Zusammenhängen

Im Gerechten Sprechen gelten die fünf Verhältnisbereiche der Gerechtigkeit, die hier nochmals genannt sind:

o Das gerechte Verhältnis der Person zu sich selbst.
o Das gerechte Verhältnis der Person zu anderen Personen.
o Das gerechte Verhältnis der Person zur Gesellschaft und zum Staat.
o Das gerechte Verhältnis der Person zu Vereinbarungen, Abmachungen, Gesetzen.
o Das gerechte Verhältnis der Gesellschaften und Staaten zueinander.

Nach wie vor gibt es Kulturen, in denen andere Vereinbarungen, Abmachungen und Gesetze für Frauen als für Männer und noch andere Gesetze für weitere Ich-Identitäten gelten. Einige dieser Vereinbarungen, Abmachungen und Gesetze verstoßen gegen das gerechte Verhältnis der Person zu anderen Personen und gegen das gerechte Verhältnis der Person zu sich selbst. Es gibt Gesellschaften, in denen Männer über Frauen verfügen können, so wie es ihnen gefällt; in denen Frauen sich allein dort bewegen dürfen, wo es ihnen von Männern erlaubt wird; in denen Frauenkörper verstümmelt werden, in denen nur die männliche Ich-Identität als stimmige definiert wird.

Begangene Menschenrechtsverletzungen schließen im Gerechten Sprechen jeden Kompromiss aus. Sprache benennt und erschafft Wirklichkeiten. Daher ist es notwendig, dass Personen – Frauen und Männer und all die weiteren Ich-Identitäten – aus den Gesellschaften, in denen Gesetze gleichberechtigt gestaltet sind, sich sprachlich in inter- und transkulturellen Zusammenhängen geschlechtergerecht ausdrücken. Mit einer so gestalteten Kommunikation sind Kompromisse erarbeitbar, die das gerechte Verhältnis der Person zu sich selbst und der Personen zueinander erhöht, um darauf aufbauend solche Vereinbarungen, Abmachungen und Gesetze zu erwirken, die für alle Menschen das gleichberechtigte Personsein sichern. Gleichzeitig können Personen in aller Deutlichkeit darauf hinweisen, wenn Menschenrechte verletzt und Frauen und weitere Ich-Identitäten ihrer Rechte beraubt werden.

Lebensformgerechtes Sprechen

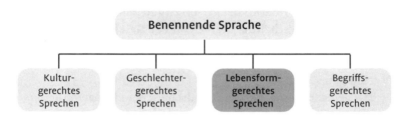

Unter Lebensformen wird im Gerechten Sprechen die Gestaltung verstanden, die Menschen als Personen wählen, um ihr Leben in den sie umgebenden Verhältnissen zu arrangieren. Menschen kommen mit mannigfachen Voraussetzungen, mit verschiedenen körperlichen, geistigen oder psychischen Möglichkeiten in die Welt. Im Laufe ihres Lebens nutzen Menschen als Personen diese Voraussetzungen, indem sie ihr Sein und Dasein gestalten.

Alle Lebensformen sind im Gerechten Sprechen gleichwertig. Sie finden in dem Rahmen des gerechten Verhältnisses der Person zu sich selbst und des gerechten Verhältnisses der Personen zueinander ihren Ausdruck. Darauf aufbauend, wird deutlich, dass alle Lebensformen in einer Gesellschaft zu akzeptieren und rechtlich abzusichern sind, denn erst dann ist das wechselseitige gerechte Verhältnis der Personen zur Gesellschaft und zum Staat gewährleistet.

Personen wählen ihre Lebensform. Sie sind homosexuell, bisexuell, transsexuell, heterosexuell. Sie leben in Beziehungen, Familien, allein. Sie bewegen sich durch die Welt mit Beinen, mit Rollstühlen oder Krücken. Alle Menschen haben ein Recht auf die von ihnen gewählte Lebensform, die sowohl im gerechten Verhältnis zu sich selbst als auch im gerechten Verhältnis zur Wahl der Lebensform anderer Personen und im gerechten Verhältnis zu den vereinbarten Regeln und Gesetzen zu stehen hat. Lebensformen, die das gerechte

Verhältnis der Person zu anderen Personen verletzen, werden durch die aktuelle Gesetzesgerechtigkeit geahndet.

Lebensformgerechtes Sprechen macht es möglich, dass diese Vision umgesetzt wird, denn Sprache erschafft Wirklichkeiten, und Gerechtes Sprechen erschafft gerechte Wirklichkeiten.

Lebensform Behinderung

Das selbstbewusste Auftreten von Menschen mit Behinderung in öffentlichen Kontexten, die als Personen die gleichen Rechte und Pflichten einfordern wie die Personen, die ihr Leben mit anderen körperlichen und geistigen Fähigkeiten gestalten, führt zu einer sich vergrößernden behindertengerechten Kultur. So gibt es zum Beispiel öffentliche Gebäude, die auch für Rollstuhlpersonen zugänglich sind; es gibt Blindenlokale; es gibt Förderung für und Eingliederung von Menschen mit geistiger Behinderung auch in den Arbeitsmarkt, sodass sie ihr Personsein leben und gestalten können.

Doch das Erreichte ist bei Weitem zu wenig, denn noch zu viele behindernde Grenzen, die Gesellschaft und Staat für Menschen mit eingeschränkten Voraussetzungen schaffen, verwehren das gerechte Verhältnis der Personen zueinander und des Staates zu den Personen. Im Gerechten Sprechen geht es darum, Personen in ihren Ressourcen wahrzunehmen, sie in ihrem Können anzusprechen und die eigenen Wunderbarkeiten zu erzählen und ihren Wunderbarkeiten zuzuhören. In das Lebensformgerechte Sprechen übersetzt, bedeutet das: Personen mit Behinderungen werden in ihren personal entwickelten Kompetenzen und Lebensformen wahrgenommen, angenommen und ernst genommen. Eine solche Definition von Behinderung als Lebensform eröffnet Personen die Chance, aus jeder erwählten Lebensform heraus ein gerechtes Verhältnis zu sich selbst und zu anderen Personen zu entwerfen. Zudem wird es notwendig, die vorhandenen Strukturen und Institutionen, die für Menschen mit Behinderungen zur Verfügung gestellt sind, zu überdenken und diese mit Personen, die ihre Behinderung als Lebensform gestalten, neu zu entwerfen.

Für Sprache und Sprechen bedeutet diese Betrachtungsweise von Behinderung, dass miteinander anstatt über die anderen gesprochen wird, dass gemeinsame Wirklichkeiten erarbeitet werden, in denen alle Menschen ihr Personsein entfalten können. Ausgrenzende Annahmen gilt es, zu erkennen und zu streichen. Auch hier, wie immer wieder im Gerechten Sprechen, gilt, dass Sprache und Sprechen wesentlich von der inneren Haltung bestimmt sind, in der sich Personen befinden, wenn sie miteinander reden. Geht eine Person davon aus, dass das Gesprächsgegenüber es nötig hat, betreut und betüttelt zu werden, kann nur eine hierarchisierte Kommunikation entstehen. Wird jedoch davon ausgegangen, dass Menschen mit verschiedenen Personseinsweisen und unterschiedlichen Lebensformen miteinander sprechen, wird der eigene und der andere Sprechbeitrag ernst genommen, in einen Zusammenhang gestellt und für das zu Erreichende nutzbar gemacht.

Miteinander Sprechen

Petra Z. arbeitet in einer Institution für Menschen, die durch einen Unfall oder durch eine Krankheit kognitive Beeinträchtigungen haben. Sie kommt in die Supervision. Die Patientin Cordula G. ist aggressiv und schlägt um sich. Ich frage Petra Z., wie sie ihren Alltag mit Cordula G. gestaltet. »Ich wecke sie, wasche sie, und dann füttere ich sie. Und dann führe ich sie zu ihrer Therapie und hole sie später dort wieder ab.« Ich frage sie: »Sprechen sie auch mit ihr?« »Das geht nicht. Sie kann ja nicht sprechen. Sie macht Laute.« Ich gebe ihr den Auftrag, dass sie versucht, mit Cordula G. zu sprechen. Zuerst einmal, dass sie ihr jeden einzelnen Schritt erzählt, den sie macht. Dann nachfragt, ob sie einverstanden ist, und dann den Lauten zuhört, mit denen Cordula G. antwortet, diese zu verstehen versucht und nachfragend überprüft, ob sie das Passende verstanden hat.
Nach einiger Zeit kommt Petra Z. wieder, und sie strahlt. Cordula G. ist viel ruhiger geworden, seitdem sie so mit ihr spricht. Zudem ist ihr aufgefallen, dass Cordula G. versucht, sich mitzuteilen, und sehr verzweifelt ist, wenn dies nicht gelingt. Weitere medizinische Abklärungen fanden statt, bei denen deutlich wurde, dass Cordula G. sehr wohl weiß, was sie will, nur wurde ihre Artikulation durch den Schlaganfall schwer beeinträchtigt.

Nun bekommt sie zusätzliche Therapien bei einer Logopädin. Inzwischen wurde von der Leitung dieser Institution eine Logopädin fest angestellt, die mit den Patienten an deren Sprechfähigkeit arbeitet.

Wie in diesem Beispiel deutlich wird, ist es wesentlich, miteinander zu sprechen und einander zuzuhören, um darauf aufbauend aus den eigenen Zuständigkeiten heraus die für die Situation passende Gestaltung zu erarbeiten. Die Erweiterung des Therapieangebots mit der Logopädie hat in dieser Institution zu verschiedenen weiteren Erfolgen geführt, sowohl in der Zusammenarbeit der Pflegenden mit den Patientinnen als auch für deren Gesundung.

Die Grundannahme »Ich meine, was ich sage, und sage, was ich meine« bedeutet im Lebensformgerechten Sprechen, dass Begriffe wie »sehen« auch in solchen Zusammenhängen genutzt werden, wenn sehende und blinde Personen miteinander sprechen. Eine solche Einschränkung der Sprache, obwohl einer Person die Fähigkeit des Sehens zur Verfügung steht, ist eine falsch verstandene Rücksichtnahme. Auch hier gilt es also, die eigene Meinung, die eigene Wahrnehmung zu formulieren und neugierig auf die Wahrnehmung der anderen Person zu sein, die zuhörend verstanden werden will. Anstatt also auf Begriffe wie »sehen« in einem Gespräch mit einer blinden Person zu verzichten in der Annahme, das könnte beleidigend sein, wird so gesprochen, dass die sprechende Person sich selbst versteht, und es wird nachgefragt, ob die zuhörende Person das gehört hat, was ausgedrückt werden wollte.

Teilen Personen sich durch ein anderes Zeichensystem mit als mit Sprache und Sprechen, gilt es, dieses zu verstehen und die eigene Sprache zu erläutern.

Lebensform Beziehung

Noch immer gelten heterosexuelle Beziehungen als die allein richtige Lebensform. Homosexuelle Beziehungen werden außerhalb der Norm und somit als Abweichung dargestellt. Es gibt in Europa mehr und mehr Länder, die die Annäherung der Rechte für homosexuelle, heterosexuelle und transsexuelle Menschen betreiben – und das ist gut so.

Lebensformgerechtes Sprechen bedeutet, dass die jeweilige Lebensgestaltung, die ein Mensch im Laufe seines Gewordenseins zur Person wählt und sich erschafft, gleichwertig benannt wird. Gleichwertige Benennungen brauchen gleiche Rechte und Grundverfasstheiten. Gleichwertige Benennungen erschaffen im Gegenzug gleiche Rechte und Grundverfasstheiten. Dieser Zusammenhang kann an der Bewegung um die gleichen Rechte der homosexuell lebenden Menschen in den letzten Jahren beobachtet werden. Die Forderung nach gleichen Rechten, die Einführung der Begriffe »schwul«, »lesbisch«, »homosexuell«, »transsexuell« als Normalbegriffe haben unter anderem den Weg bereitet für die Veränderung der Gesetzesgerechtigkeit.

Für Sprache und Sprechen bedeutet das, dass auf diffamierende Begriffe und Satzkonstruktionen wie »Du schwule Sau«, »Schwule Männer sind die besseren Frauen«, »Lesben sind Frauen, die keinen Mann abbekommen haben«, »Transsexuelle arbeiten doch alle als Prostituierte« und viele andere mehr verzichtet wird.

In Lernkontexten mit jugendlichen Personen ist es wichtig, alle vorhandenen Lebensformen als gleichwertig darzustellen. Auch hier ist die innere Haltung von zentraler Bedeutung. Wird davon ausgegangen, dass Menschen das Recht haben, als Person ihre Lebensform zu wählen und zu gestalten, die sich im gerechten Verhältnis zu sich selbst und im gerechten Verhältnis zu anderen Personen befindet, ist es leicht, in Lebensformgerechter Weise zu sprechen und zuzuhören. Ist jedoch eine innere Haltung vorhanden, die allein die Wahl der heterosexuellen Lebensumstände respektiert, geschehen Ausgrenzung, Diffamierung und oft genug Bedrohung anderer Lebensformen.

Daher füge ich hier eine Übung an, mit der die innere Haltung erprobt und neu geschaffen werden kann.

Übung: Innere Haltung

Diese Übung kann in Gruppen oder mit Einzelpersonen durchgeführt werden.

1. Lassen Sie das Menschenbild lesen, welches dem Gerechten Sprechen zugrunde liegt (s. Philosophische-ethische Grundannahmen S. 312).
2. Dieser Text wird anhand der folgenden Fragen bearbeitet:
   - Was sind die Besonderheiten dieses Menschenbilds?
   - Welchen Zusammenhängen in diesem Menschenbild stimmen Sie zu und welche lehnen Sie ab?
3. Anhand der Fragen wird eine Diskussion geführt.
   - Die sprechende Person hört sich selbst zu. Es wird in der Anwesenden, Benennenden und in der Entscheidungssprache gesprochen.
   - Die zuhörenden Personen hören empathisch zu im Sinne des Gerechten Sprechen.
4. Beschreiben Sie Ihr eigenes Menschenbild.
   - Welche Konsequenzen hat Ihr Menschenbild Ihrer Meinung nach auf Ihr Sprach- und Sprechverhalten?
5. Auswertung der Diskussion:
   - Wer hat welches Menschenbild vertreten?
   - Welche innere Haltung gehört zu diesen Menschenbildern?
   - Welche Konsequenzen hat diese innere Haltung für das Sprach- und Sprechverhalten?
6. Innere Haltung:
   - Ist die innere Haltung sich selbst gegenüber und den anderen Personen gegenüber gerecht?
   - Gelten die gleichen Rechte und Pflichten für alle Menschen?

Ziele der Übung

o Sich des eigenen Menschenbildes vergewissern.
o Sich der eigenen inneren Haltung vergewissern.
o Konsequenzen der inneren Haltung auf das Sprach- und Sprechverhalten kennenlernen.

Durch das empathische Seinsverständnis des eigenen Selbst, der inneren Haltung und des Sprach- und Sprechverhaltens werden im Lebensformgerechten Sprechen Dialoge zwischen Personen aus verschiedensten Lebensformen ermöglicht. Diese Empathie, die im Sinne des Gerechten Sprechens definiert ist, lässt Personen bei sich selbst bleiben und von sich her nachfragen, beschreiben, annehmen und klären. Vorurteile können mit diesem Verständnis als das erkannt werden, was sie sind: vorgefertigte Meinungen, die aufgrund von Halbwissen oder Engstirnigkeit entwickelt wurden. Es geht um Gleichheit auch in der Differenz. So werden Normen und Werte für alle geltend gesprochen. Mit Sprache wird so umgegangen, dass das Ich und die anderen in ihren Lebensformen geachtet sind, dass das, was Menschen verbindet, neben und in der Differenz zum Ausdruck kommen kann.

Begriffsgerechtes Sprechen

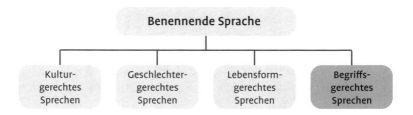

Wir erinnern uns: Sprache benennt und erschafft Realitäten. Werden Begriffe ihrem Sinn nach genutzt, machen sich Personen die sich darin spiegelnden Realitäten bewusst und erschaffen damit diese Realitäten.

Im *Begriffsgerechten Sprechen* geht es darum, die Begriffe in ihrer Bedeutung zu sprechen. Dafür ist es wichtig, zusammengesetzte Begriffe auf ihren eigentlichen Sinn hin zu prüfen und sprachlich sinngerecht einzusetzen, einschränkende Begriffe nur dann zu verwenden, wenn sie gemeint sind, Sprachbilder gezielt zu nutzen und den Konjunktiv bei tatsächlichen Möglichkeiten zu sprechen.

Eventuell, eigentlich, ein bisschen und so …

»Eventuell ist das schon richtig so.« »Ich denke schon, dass ich ein bisschen gut bin, in dem, was ich mache.« – Solche Sätze kennen alle, die mit anderen Personen arbeiten und mit ihnen sprechen. In diesen Aussagen ist die Botschaft, die ausgedrückt wird, sprachlich eingeschränkt, kleiner gemacht oder sogar zurückgenommen.

Im Begriffsgerechten Sprechen ist es von Bedeutung, dass Wörter, Begriffe und Satzkonstruktionen so gesprochen werden, wie es dem Sinn der Wörter und Begriffe entspricht. In den eingangs genannten Satzkonstruktionen wird die Botschaft durch ein eingeflochtenes Wort radikal verändert, und es bleibt der Interpretation der zuhörenden Person überlassen, welche Botschaft aus dem Satz zuhörend verstanden wird.

Im Begriffsgerechten Sprechen werden die Begriffe eventuell, eigentlich und die anderen verschiedenen sprachlichen Einschränkungen dann gesprochen, wenn sie tatsächlich zutreffen. Fallen eigentlich und eventuell jedoch beim Zuhören auf, sind sie nachzufragen, denn dadurch wird der sprechenden Person die Verantwortung für die eigene Nachricht zurückgegeben, und sie kann sie gegebenenfalls präzisieren. Ein Dialog wird einfacher, wenn die Verantwortung und Zuständigkeit für die gesprochene Nachricht bei der sprechenden Person und die zuhörend verstandene Botschaft in der Verantwortung und Zuständigkeit der zuhörenden Person liegt.

Sprache erschafft Wirklichkeit

»Ich bin schon ein bisschen stolz auf mich.« Hier dient die Einschränkung dazu, dass einerseits der Stolz ausgedrückt werden kann und andererseits die Zuhörenden diese Aussage annehmen können, ohne auf den Gedanken zu kommen, dass Eigenlob stinkt. Ganz anders klingt: »Ich bin richtig stolz auf mich.« Diese Aussage stärkt und erhöht das eigene Selbstbewusstsein und den eigenen Selbstwert. Zudem zeigt sich eine so sprechende Person in ihrem Können, indem sie dann auch wahrgenommen wird.

Begriffe und ihre Bedeutungen

Gerade bei zusammengesetzten Begriffen ist es wichtig, auf ihren Sinn zu achten.

Enttäuschung zum Beispiel ist eine aufbauende und klärende Gefühlsbeschreibung. Diese Beschreibung von Enttäuschung mag überraschend sein, und doch wird hier eine Täuschung enträtselt und aufgelöst. So entdeckt fast jedes Liebespaar nach der ersten großen leidenschaftlichen Zeit, dass es doch auch Unterschiede gibt und der zuerst empfundene Gleichklang sich zu unterschiedlichen Tönen gewandelt hat. Sie sind einer Täuschung erlegen, geboren aus dem ersten Taumel der Liebe. Die Ent-Täuschung ist wichtig, denn erst sie sichert das Verstehen des Gehörten.

Aus Täuschung wird Enttäuschung

Rebecca R. sitzt mir gegenüber und erzählt, wie glücklich sie bis gestern war. Doch heute ist Claudio S., der Quell ihres Glücks, einfach verschwunden. Nachdem sie lange geweint hat und sich fragt, was sie alles falsch gemacht hat und wie enttäuscht sie doch ist, analysieren wir ihre Täuschung. Nach und nach fällt Rebecca R. wieder ein, dass Claudio S. ihr von Beginn an erzählt hat, dass er nie länger als einen Monat an einem Ort bleibt und dann wieder geht. Rebecca R. hat diese Botschaft wohl gehört. Doch sie hat sie beim Zuhören für sich so interpretiert, dass er bisher so gelebt hat, dass sie ihn aber wird halten können und er bei ihr bleiben wird. Die von ihr aufgebaute Täuschung wird ihr klar. Vor diesem Hintergrund erinnert sie sich an weitere Botschaften von Claudio S. Ohne die Täuschung, mit der Rebecca R. die gehörten Botschaften für sich passend interpretiert hat, erkennt sie, dass sie eine schöne Liebesgeschichte erlebte, doch für ihre Zukunft erleichtert ist, dass sie diese ohne Claudio S. gestalten wird.

Demut ist ein weiteres Wort, mit dem es sich zu beschäftigen lohnt. Demut wird gleichgesetzt mit Unterwürfigkeit, Gehorsamkeit, Gefügigkeit. Demut ist zusammengesetzt aus dem Wort Mut und der Vorsilbe »de«. Fälschlicherweise wird die Vorsilbe »de« in Demut so gedeutet, dass der Mut damit zurückgenommen wird, wodurch die Begriffsbedeutung von Unterwürfigkeit entstehen kann. Die Herkunft dieser Vorsilbe ist jedoch eine andere: Sie ist ein Rest des Wortes »dienen«. So bedeutet Demut, mutig sich selbst, einer Sache oder Idee zu dienen. Demut heißt also dem Wortsinn nach, mutig sein und den eigenen Mut auch zu leben, sei dies als Einsatz für sich und die eigenen Anliegen oder im Dienst einer Idee oder Situation. Diese Begriffsbedeutung sagt etwas ganz anderes aus, als Unterordnung. Es geht um den bewusst sprachlich hergestellten Moment des Zusammenhangs zwischen einer Person und einer Idee oder Situation. Wird von Frauen zum Beispiel in kirchlichen Kontexten eine demütige Haltung erwartet, stehen diese demütigen Frauen klar und deutlich dafür ein, dass Frauen und Männer gleiche Rechte haben, sowohl in der Kirchenhierarchie als auch in der Auslegeordnung der Bibel. In diesem Sinne sind demütige Frauen definitionsmächtig und handlungsfähig.

Entschuldigung ist ebenfalls ein klärungsbedürftiges Wort. Schuldig sein, für etwas Schuld haben, sich schuldig gemacht haben kommt im alltäglichen Leben eher wenig vor. Die häufigen Entschuldigungen in der Alltagssprache lassen Schuldgefühle wach werden, in deren Folge Minderwertigkeitsgefühle entstehen. Die meisten Situationen erfordern eine Klärung von Abläufen, Zusammenhängen, Verantwortungen anstatt eine sprachliche Heraufbeschwörung von Schuld. Wortzusammensetzungen wie »Es tut mir leid« oder »Verzeihung« sind sprachliche Umsetzungen im Alltag.

Andererseits stellt jede Entschuldigung eine Möglichkeit dar, sich der Verantwortung zu entledigen. Sich ein bisschen schuldig zu fühlen ist dann der Preis dafür, die Verantwortung weggeworfen zu haben. Wenn Verantwortung abgelehnt wird, kann sie geprüft und gegebenenfalls weitergegeben werden, anstatt sie einfach liegen zu lassen in der Hoffnung, dass sie sich von selbst erledigt. Wenn etwas schiefgelaufen ist, bedeutet eine bewusst gesprochene Entschuldigung das Eingeständnis, die übernommene Verantwortung verweigert zu haben.

Mutterschaftsurlaub und Militärdienst: Anhand zweier Begriffe, die Sie im Rhythmusgerechten Sprechen sicher gelesen, in ihrer Begriffsbedeutung jedoch überlesen haben, sei aufgeführt, wie mit zusammengesetzten Begriffen auch manipulativ gearbeitet wird. So heißt es in der Schweiz Mutterschaftsurlaub und Militärdienst. Bei dem Begriff Mutterschaftsurlaub werden die Begriffe Mutter und Urlaub durch den Schaft miteinander verbunden. Es wird so suggeriert, dass die Zeit nach der Geburt, die Frauen mit ihren Kindern verbringen, eine Urlaubszeit darstellt. Die Erziehungsarbeit, Integrations- und Beziehungsarbeit wird weggesprochen. Anders beim Militärdienst. Hier sind die Begriffe Militär und Dienst miteinander kombiniert. Männer und Frauen, die im Militär sind, dienen mit dieser Zeit der Gesellschaft. Wie anders hört sich Mutterschaftsdienst an. Denn auch die Arbeit als Mutter ist ein Dienst an der Gesellschaft. Es lohnt sich, den Begriffen genau zuzuhören und sie ihrer Bedeutung gemäß zu sprechen.

Übung: Begriffe in ihrer Bedeutung kennenlernen

Diese Übung kann als Einstieg in jede Gruppenarbeit genutzt werden oder in Lernzusammenhängen, in denen es um Sprache und Sprechen geht.

1. Zusammengesetzte Begriffe werden gesammelt.
2. Anschließend überprüfen Sie diese Begriffe auf ihre Bedeutung. Ergibt sich eine andere Bedeutung als die bisher eingesetzte? Wenn ja, nutzen Sie diesen Begriff im weiteren Sprachgebrauch dieser Bedeutung gemäß.
3. Austausch über die gewonnenen Erkenntnisse.

Ziele der Übung

- Sich Sprache zu eigen machen.
- Begriffe in ihrer Sinnhaftigkeit erkennen und nutzen.
- Sprache vielfältiger werden lassen.

Im Begriffsgerechten Sprechen werden die Begriffe ihrem Sinn nach genutzt. Durch das bewusste Nutzen eines Begriffs oder durch die klare Kombination von Begriffen erschafft Sprache neue Wirklichkeiten, und es eröffnen sich andere Realitäten als bisher. Dafür lohnt es sich, Wörter und Begriffe kennenzulernen. Es ist ein unterhaltsames Gesellschaftsspiel, gemeinsam herauszufinden, mit welchem Wortsinn Wörter und Begriffe genutzt werden, um vielleicht dann noch zu erforschen, wo sie herkommen und was sie sonst noch alles an Bedeutungen hergeben können.

Bildersprache

Ein weiteres Moment im Begriffsgerechten Sprechen ist das sprachliche Nutzen von Bildern. Durch Bilder reichern wir unsere Erzählungen an oder verdeutlichen die gemeinten Kontexte und geben ihnen weitere Farben und Gestalten.

Stimmige Bilder

Verena C. arbeitet in einem Leitungsteam und fühlt sich von ihren Teamkolleginnen angegriffen. Sie schildert ihre Situation wie folgt:»Die anderen reden hinter meinem Rücken schlecht über mich, machen meine Arbeit herunter, und wenn ich ins Zimmer komme, dann schweigen sie und schauen mich böse an. Ich flüchte sofort und gehe wieder. Ich habe schon genug Messer im Rücken.«
Ich mache sie darauf aufmerksam, dass Messer im Rücken den Tod zur Folge haben. Da Verena C. lebt, kann sie keine Messer im Rücken haben. Ich bitte sie, ein anderes Bild zu entwerfen. Da Sprache Realitäten schafft, ist es wichtig, solche Bilder zu wählen, die der Situation entsprechend sind, und auf solche zu verzichten, die die Situation für einen selbst auf drastische Weise beenden.»Die versuchen, mich kaltzumachen.« Verena C. lacht.»Nein das geht auch nicht. Kaltmachen bedeutet ja töten, und das werden sie sicher nicht wollen.« Sie überlegt.
Zur Unterstützung stelle ich ihr meine Tiersammlung zur Verfügung. Hier wählt sie Folgendes aus: Der Kollege ist ein Bär. Die Kollegin ein Panther.

Sie selbst ist eine Giraffe auf der Flucht. Sie stellt Bär und Panther nebeneinander mit Blick auf den Rücken der fliehenden Giraffe. Ich frage sie: »Laufen Bär und Panther hinter der Giraffe her?«»Nein. Die beiden bleiben einfach stehen und schauen der hin- und herrennenden Giraffe zu.« Das neue Bild ist geschaffen: Verena C. ist eine fliehende Giraffe, die hin- und herläuft angesichts des zuschauenden Bären und des Panthers. »Wie fühlt sich dieses Bild an?«, frage ich sie. Verena C. nimmt die Giraffe in die Hand. »Leichter, schneller, und ich kann entscheiden, ob ich schnell oder langsam laufe.«»Oder ob Sie stehen bleiben wollen«, sage ich ihr. Sie schaut mich mit großen Augen an. »Ja, das stimmt. Ich habe auch die Wahl, stehen zu bleiben und die beiden anzuschauen.« Sie stellt das Bild neu auf: Bär und Panther nebeneinander und die Giraffe gegenüber, die beide von oben herab anschaut. Dieses Bild gefällt Verena C. ausgesprochen gut. Sie strafft sich und richtet sich zu ihrer vollen Größe auf. »Ich will mit ihnen reden, anstatt wegzulaufen.«

Jetzt können wir eine Strategie erarbeiten, wie Verena C. mit ihren Teamkollegen ein klärendes Gespräch führen wird.

Es ist im Begriffsgerechten Sprechen wichtig, die passenden, die Person stärkenden und an ihren Ressourcen orientierten Bilder zu sprechen. Erst das Klären des sprachlich genutzten Bildes für die Situation lässt zu, die Situation zu klären. Mit dem Bild »Messer im Rücken« haben Personen sich für eine tiefe Verletzung und gegen die Gesprächsfähigkeit entschieden. Als eine die Situation überblickende Giraffe haben Personen die Möglichkeit, ihre Zuständigkeiten und Verantwortlichkeiten zu klären und zu nutzen. Das bedeutet, dass andere Bilder als die bekannten gefunden und in den alltäglichen Sprachgebrauch mit einbezogen werden. Bilder wie Messer im Rücken, kaltgemacht, in die Grube geworfen, in den Rücken gefallen schwächen die so sprechende Person und ihre Position. Es gilt, Bilder zu entwerfen, die die Person und die Position stärken und damit zur Klärung der Situation beitragen. So kann es dann heißen: Die Grube ist übersprungen, der Weg nach oben ist frei, der zukünftige Lauf ist gesichert.

Übung: Sprachbilder entwickeln

Diese Übung kann in jeder Gruppe zum Kennenlernen oder auch in der Teamentwicklung sowie in Lerngruppen zum besseren Sprachverständnis eingesetzt werden.

1. Tauschen Sie Ihre am häufigsten benutzten Sprachbilder aus.
2. Was bedeuten diese Sprachbilder? Sind diese Sprachbilder stärkend für Sie? Falls nein, entwerfen Sie neue Sprachbilder, die Sie in Ihrem weiteren Gewordensein unterstützen. Dazu können Sie Hilfsmittel, zum Beispiel »75 Bildkarten Teamentwicklung«, »75 Bildkarten Konfliktmanagement«, »444 Gefühlskarten« und anderes mehr nutzen, die die Fantasie der Teilnehmenden anregen und neue Bilder hervorlocken. Es ist wichtig, dass die neuen Bilder stärkend wahrgenommen werden. Es ist möglich, diese Übung auch als Gesamtübung zum Gerechten Sprechen zu gestalten. Dann sind folgende Schwerpunkte zu beachten:

o Hören Sie sich beim Sprechen selbst zu.

o Sprechen Sie Ihre Entscheidungen in Ihrem Rhythmus.

o Sprechen Sie sowohl bei der Gefühlsbeschreibung als auch bei Situationsbeschreibungen in Anwesenheiten.

o Sprechen Sie von sich als die oder der, die oder der Sie sind.

o Sprechen Sie in differenzierter nebeneinander geltender Weise von weiteren Personen.

o Verstehen Sie das zugehörte Wort.

o Seien Sie beim Zuhören empathisch mit sich selbst.

o Hören Sie Ihrem Gefühlsensemble zu.

o Hören Sie auf Ihre Zwischentöne.

o Fragen Sie Irritationen, Überraschungen nach.

Ziele der Übung

o Sich die eigenen Sprachbilder bewusst machen.

o Sprachbilder entdecken, die der eigenen Person und der Sache dienlich sind.

o Gerechtes Sprechen in seiner Ganzheit üben.

o Begriffsgerechtes Sprechen erleben und mit anderen austauschen.

Hättste, wennste, aber – alles nur Gelaber

Dem kleinen Wörtchen »aber« wohnt eine mächtige einschränkende Bedeutung inne. »Die Arbeit ist hervorragend gelöst, aber ich möchte noch etwas anfügen.« Indem das Aber nach dem gesprochenen Lob angefügt wird, wird das Lob mindestens eingeschränkt oder auch zurückgenommen. Der gleiche Satz mit »und« kombiniert ist stimmiger. »Die Arbeit ist hervorragend gelöst, und ich möchte noch etwas anfügen.« Die zuhörende Person kann so die Wirkung des Lobes genießen und neugierig erwarten, was sie jetzt zuhörend verstehen wird. Auch hier gilt: Aber wird nur dann gesprochen, wenn es auch so gemeint ist.

Das Sprechen im Konjunktiv ist in den vergangenen Jahren groß in Mode gekommen: »Ich könnte mir vorstellen«, »Ich wünschte mir«, »Du könntest doch sagen«, »Was würdest du davon halten, wenn wir unsere Besprechung verschieben würden«. Da im Gerechten Sprechen gesagt wird, was gemeint ist, und gemeint, was gesagt ist, gilt der Konjunktiv wahrlich nur dann, wenn von ausgelassenen Möglichkeiten die Rede ist. »Ich hätte auch bleiben können, ich habe mich dafür entschieden zu gehen.« Bei allen anderen aufgezeigten Beispielen, ist es klarer, verständlicher und positionierter, von dem zu sprechen, was gemeint ist: »Ich stelle mir vor«, »Ich wünsche mir«, »Du kannst doch sagen«, »Was hältst du davor, wenn wir unsere Besprechung verschieben«.

Personen, die sich hauptsächlich im Konjunktiv ausdrücken, überlassen die Definitionsmacht von Zusammenhängen und Situationen anderen Personen, und sie passen sich in der Regel den erschaffenen Verhältnissen an oder suchen kleine bis sehr große Umwege, um doch noch ihre Definitionsmacht leben zu können.

Klare Sprache – klare Situation

»Ich könnte mir schon vorstellen, dass das Spaß machen würde, wenn ich mit dir zusammen den Auftrag übernehmen würde. Ich weiß nur nicht, ob ich das überhaupt kann. Aber mit dir zusammen könnte ich mir das vorstellen.« So antwortet Natalie B. auf die Frage ihres Kollegen, ob sie sich vorstellen kann, mit ihm zusammen den neuen Auftrag anzunehmen.

In der Supervision erzählt sie, dass ihr Kollege sie mit großen Augen angesehen hat und sie dann von ihm gehört hat, dass sie sich bis übermorgen klar werden kann, ob sie diesen Auftrag nun machen oder ablehnen will. Sie fühlt sich vor den Kopf gestoßen, denn in ihren Ohren hat sie ihre Bereitschaft, mit ihm zu arbeiten signalisiert.

Ich erläutere ihr, dass im Arbeitsprozess auf eine direkte Anfrage die weibliche Methode des Signalisierens in der Hoffnung, doch richtig verstanden zu werden, mehr und mehr auf Ablehnung stößt. Ein Kollege, der eine klare Anfrage formuliert, kann ebenfalls eine klare Antwort erwarten. Ich frage sie, wie es ihr geht.»Ich fühle mich beleidigt und auch erwischt«, sagt sie.»Es hat mir geschmeichelt, als Klaus, mein Kollege mich angefragt hat, und ich wollte auch ihm irgendwie schmeicheln. Dabei habe ich mich kleingemacht, um ihn größer zu machen, und bin dabei in die alte Falle des Gefallenwollens hineingeraten.« Ich schaue sie an und warte.»Ja, ist ja schon gut«, sagt sie.»Ich weiß, dass ich diesen Auftrag mit ihm zusammen locker erledigen kann. Und wenn er annimmt, dass ich zögere, dann kann ich nachher umso deutlicher zeigen, was ich kann.« Sie lacht.»Ich weiß, dass ich das auch billiger und leichter haben kann. Ich kenne ja das Gerechte Sprechen.«

Natalie B. spricht am anderen Tag mit ihrem Kollegen und erklärt ihm:»Ich mache diesen Auftrag gern mit dir zusammen. Wichtig ist mir, dass wir besprechen, wer welche Aufgaben macht, und dass uns und auch unseren Vorgesetzten deutlich wird, dass wir zusammen für den zu erwartenden Erfolg verantwortlich sind.«

Es wird deutlich, dass Formulierungen im Konjunktiv vom Gemeinten weit entfernt sind und das Verstehen der Botschaft in die Verantwortung der zuhörenden Person gelegt ist. Hier wird Verkennungen und Fehlschlüssen Tür und Tor geöffnet, und Schwierigkeiten sind vorprogrammiert. Auf der Basis der Grundannahme des Gerechten Sprechens – zu sagen, was gemeint, und zu meinen, was gesagt wird – gilt, die Verantwortung für die zu sprechende Botschaft liegt bei der sprechenden Person. Damit wird das Nutzen des Konjunktivs als angedeutete Botschaft mindestens langweilig bis überflüssig.

!

Fragebeispiele für Coaches, Lehrerinnen und Trainer

- o Was genau wollen Sie mir sagen?
- o Was meinen Sie, wenn Sie diesen Begriff benutzen?
- o Ist das ein einschränkendes Aber oder gilt das vorher Gesprochene?
- o Welche Meinung haben Sie denn?
- o Was ist Ihre Position?
- o Was denken Sie denn zu diesem Themenschwerpunkt?

Benennende Sprache – Eine Zusammenfassung

In der Benennenden Sprache geht es darum, das, was ist, zu benennen und gleichwertig nebeneinander zu stellen. Dies gilt für vorhandene Differenzen, Verschiedenheiten und Gegensätzlichkeiten, die das gerechte Verhältnis der Person zu sich selbst und das gerechte Verhältnis zu anderen Personen wahren. Die Vielfalt der Sprache bietet einen reichen Wortschatz, mit dem dies alles beschrieben, aufgezählt, gekennzeichnet werden kann. So werden Menschen jeden Geschlechts, jeder Herkunft und Personen jeder Lebensform in sprachlich gerechten Formulierungen in ihrem Anderssein und Sosein, in ihren Rechten und Pflichten benannt.

Ein weiterer Bereich ist das Begriffsgerechte Sprechen. Begriffe gerecht zu sprechen, sie also dem Sinn entsprechend zu nutzen, lässt die Realitäten entstehen, die benannt sind. Zusammengesetzte Wörter werden auf ihren eigentlichen Sinn hin untersucht und sprachlich so eingesetzt. Sprachbilder werden ihrer Bedeutung gemäß gesprochen. Die Entwicklung neuer Bilder für Situationen und Zusammenhänge lässt Sprache vielfältiger und bunter werden. Auf einschränkende oder zurücknehmende Begriffe wird verzichtet. Im Konjunktiv wird dann gesprochen, wenn er tatsächlich gemeint ist.

Hören und Zuhören

Zuhören ist ein aktiver Prozess, den Personen lernen und sich erarbeiten können, der der Aufmerksamkeit bedarf und weiter ausgebildet werden kann. Es folgt nun ein erster Überblick über den Prozess des Zuhörens, wie er im Gerechten Sprechen gestaltet ist:

o Die innere Haltung der zuhörenden Person ist geprägt vom Zuhörenwollen.

o Die zuhörende Person ist sich der Zuhörsituation bewusst und bestimmt daraus ableitend die Art und Weise des Zuhörens.

o Die zuhörende Person entwickelt eine auf Ressourcen, Können und Antworten ausgerichtete Zuhörabsicht.

o Die gezielte Konzentration ist auf das Wort, die Sätze und den Inhalt ausgerichtet, in der das Wissen um die gemeinsamen Wortsinnbedeutungen aktiviert ist.

o Die empathische Aufmerksamkeit liegt bei sich selbst, ist ausgerichtet auf das gehörte Wort und die eigenen inneren Prozesse.

o Im Ohr kommen alle Geräusche gleichzeitig an.

o Das Gehörte wird getrennt in Geräusche, Signale, Rauschen, Wörter.

o Die Aufmerksamkeit gilt den gehörten Wörtern, Sätzen und Inhalten, denen zugehört wird.

o Das Zugehörte wird in Verbindung gebracht mit dem Kontext, in dem das Zuhören stattfindet.

o Es finden Unterscheidungen zwischen dem Zugehörten und den Interpretationen statt, die auch aufgrund von weiteren Wahrnehmungen geleistet werden.

o Die zuhörende Person strukturiert das Zugehörte in zu Verstehendes, Abzulehnendes, Bekanntes, Neues.

o Das Gewollte wird in das eigene Gewordensein eingeordnet. Es wird interpretiert und bewertet.

o Antworten, Fragen, Bemerkungen oder weitere Erzählungen werden als Anregung für einen eigenen Beitrag im weiteren Zuhörprozess genutzt.

Diesen Zuhörprozess gestalten Personen ständig und automatisiert. Im Gerechten Sprechen gilt es, ihn auseinander zu sprechen und zu verstehen, dass dieser Prozess bewusst genutzt und optimiert werden kann.

Empathisches Zuhören

Die empathische Aufmerksamkeit liegt sowohl beim Zuhören als auch beim Sprechen bei sich selbst. Personen hören sich selbst zu, und sie hören nach innen zu, um sich so sprechend und zuhörend in ihrem Personsein zu gestalten. Hören und Zuhören ist unterteilt in: Empathisches Zuhören, Sich selbst zuhören, Inneres Zuhören.

Das Gesprochene und das Zugehörte sind verschieden. Zwischen der gesprochenen Aussage und der zugehörten Aussage liegen ganze Welten des Verstehens, da die verschiedenen Gewordenseinprozesse der Personen aufeinanderstoßen. Damit Personen einander verstehen und sich im Gespräch verständigen können, braucht es das Bewusstsein dieser Tatsache und mindestens den Willen zuzuhören.

Empathisches Zuhören bedeutet, dass die zuhörende Person sich in sich selbst einfühlt, um dort dem Gehörten zuhörend zu folgen. Im Gerechten Sprechen richtet die zuhörende Person die mitfühlende Aufmerksamkeit beim Zuhören auf sich selbst. Zuhören findet mitten im eigenen Kopf statt beim Übergang vom Hörnerv ins Gehirn.

Diese Empathie mit sich selbst eröffnet zuhörenden Personen eine gesteigerte Wahrnehmungsfähigkeit, da sie nun all das registrieren kann, was sie hört, und sie kann die Auswahl, was sie aus dem Gehörten zuhörend verstehen will, bewusster nutzen. Im Gerechten Sprechen konzentrieren wir uns auf Hören und Zuhören, die gesteigerte Wahrnehmungsfähigkeit durch diese Empathie mit sich selbst kann jedoch auch beim Sehen beobachtet werden.

Der erweiterte Wahrnehmungshorizont

Das Sprichwort »Die Schönheit liegt im Auge des Betrachters« verdeutlicht die gesteigerte Wahrnehmungsfähigkeit dieser Empathe auch beim Sehen. Liegt die empathische Aufmerksamkeit beim Sehen auf dem zu sehenden Zusammenhang, wird in der Regel ein Ausschnitt fokussiert. Liegt die empathische Aufmerksamkeit bei sich selbst, werden die eigenen Reaktionen und Dimensionen, die im Verhältnis des zu sehenden Zusammenhangs entstehen, ebenfalls wahrgenommen. So erweitert sich der Wahrnehmungshorizont und die Gesamtheit des zu Sehenden kann erfasst werden. Bei der Betrachtung eines Bildes von Picasso entsteht die Tiefendimension der Schönheit des Bildes aus der Haltung der empathischen Aufmerksamkeit mit sich selbst. Vor diesem Hintergrund wird das gleiche Bild von verschiedenen Personen unterschiedlich wahrgenommen. Oder denken Sie daran, wie Sie sich zeitungslesend morgens auf den Weg zur Arbeit machen. Sie lesen die Zeitung, gehen Ihren Weg und kommen ganz und gesund am Zielort an. Neben dem Erfassen der neuen Nachrichten, nehmen Sie Ihre Umgebung wahr, da Ihre Aufmerksamkeit bei Ihnen selbst liegt.

Oder denken Sie an Ihre beruflichen Situationen, in denen Sie mit Gruppen arbeiten und eine Person Ihre Aufmerksamkeit in Anspruch nimmt. Wenn Sie Ihre sehende Aufmerksamkeit ganz auf diese Person fokussieren, schließen Sie die anderen Teilnehmenden aus. Wenn Sie Ihre empathische Aufmerksamkeit bei sich selbst lassen, nehmen Sie auch die weiteren Teilnehmenden wahr, registrieren deren Reaktionen und Aktionen und können diese einbeziehen, zurückweisen oder aufnehmen.

Da das Ohr immer offen ist und Personen demnach dauernd hören, ist diese empathische Aufmerksamkeit bei sich selbst beim Zuhören besonders wichtig. Zuhören stellt die permanente Arbeit dar, in der Personen das aus dem Gehörten auswählen, was sie weiterverarbeiten wollen. Im Gerechten Sprechen wird diese empathische Aufmerksamkeit dafür genutzt, das gehörte Wort zu hören. Zugehört werden demnach das gehörte Wort, die gehörten Sätze und die identifizierten Satzkonstruktionen. Es gilt beim Zuhören wie beim Sprechen das gesprochene und zugehörte Wort.

Weitere Annahmen, Irritationen, Ahnungen oder Erklärungsversuche sind Interpretationen des zugehörten Wortes, die sich aus dem eigenen Gewordensein der zuhörenden Person speisen. Diese haben nur sehr selten mit dem zu tun, was die sprechende Person wirklich ausgedrückt hat. Die zusätzlichen Beobachtungen der Gestik und Mimik, die beim Sprechen zur Unterstreichung der Botschaft genutzt werden, sind dem gesprochenen Wort untergeordnet, denn der bewussteste Akt der Mitteilung ist der Sprechakt. Treten jedoch bei der zuhörenden Person aufgrund der Wahrnehmung von Gestik und Mimik Irritationen auf, wird das zugehörte Wort nachgefragt, anstatt sich den eigenen Interpretationen hinzugeben. Wie diese Art des Zuhörens, das Empathische Zuhören im Sinne des Gerechten Sprechens gestaltet werden kann, wird im Folgenden erläutert.

Der Zuhörprozess

Anhand des Zuhörprozesses wird aufgezeigt, wie aus Hören Zuhören und – noch besser – empathisches Zuhören im Sinne des Gerechten Sprechens werden kann. Der Zuhörprozess ist ein in sich dynamischer Prozess, der hier zum besseren Verständnis in einzelne Bereiche, die aufeinanderfolgen, nachgezeichnet ist.

Die Grundhaltung:
○ Die innere Haltung der zuhörenden Person ist geprägt vom Zuhörenwollen.
○ Die zuhörende Person ist sich der Zuhörsituation bewusst und bestimmt daraus ableitend die Art und Weise des Zuhörens.
○ Die zuhörende Person entwickelt eine auf Ressourcen, Können und Möglichkeiten ausgerichtete Zuhörabsicht.
○ Die gezielte Konzentration ist auf das Wort, die Sätze und den Inhalt ausgerichtet, in der das Wissen um die gemeinsamen Wortsinnbedeutungen aktiviert ist.
○ Die empathische Aufmerksamkeit liegt bei sich selbst, ist ausgerichtet auf das gehörte Wort und die eigenen inneren Prozesse.

Das Hören:

o Im Ohr kommen alle Geräusche gleichzeitig an.

o Das Gehörte wird getrennt in Geräusche, Signale, Rauschen, Wörter.

Das Zuhören:

o Die Aufmerksamkeit gilt den gehörten Wörtern, Sätzen und Inhalten, denen zugehört wird.

o Das Zugehörte wird in Verbindung gebracht mit dem Kontext, in dem das Zuhören stattfindet.

o Es finden Unterscheidungen zwischen dem Zugehörten und den Interpretationen statt, die auch aufgrund von weiteren Wahrnehmungen geleistet werden.

o Die zuhörende Person strukturiert das Zugehörte in zu Verstehendes, Abzulehnendes, Bekanntes, Neues.

o Das Gewollte wird in das eigene Gewordensein eingeordnet. Es wird interpretiert und bewertet.

Die sprechende Aktion:

o Antworten, Fragen, Bemerkungen oder weitere Erzählungen werden als Anregung für einen eigenen Beitrag im weiteren Zuhörprozess genutzt.

Dieser Zuhörprozess ist ein in sich dynamischer Prozess, in dem verschiedene Abschnitte gleichzeitig und parallel nebeneinander verlaufen. Zudem können Personen einzelne dieser Abschnitte bewusst gestalten, und damit verändern sie die Bereiche, die automatisiert im Untergewussten ablaufen.

Im Gerechten Sprechen wird es wesentlich, diesen Zuhörprozess bewusst zu aktivieren und nutzen zu lernen. Er dient neben dem besseren Verstehen des Zugehörten auch der klareren Mitteilung des Gemeinten und führt so zu einer gelungenen Kommunikation.

 Den folgenden Überblick über den Zuhörprozess gibt es auch als Download.

Der Zuhörprozess im Überblick

Grundhaltung

○ Zuhörenwollen

○ Die Zuhörsituation ist bewusst und bestimmt die Art und Weise des Zuhörens.

○ Die Zuhörabsicht ist, Ressourcen, Können und Möglichkeiten zu verstehen.

○ Die Konzentration liegt auf: Wort, Sätze, Inhalt.

○ Empathische Aufmerksamkeit: bei sich selbst, das gehörte Wort, die inneren Prozesse.

Das Hören

○ Im Ohr kommen alle Geräusche gleichzeitig an.

○ Das Gehörte wird getrennt in Geräusche, Signale, Rauschen, Wörter.

Das Zuhören

○ Aufmerksamkeit: Wörter, Sätze und Inhalte

○ Verbindung: Zugehörtes und Kontext

○ Unterscheidungen: Zugehörtes und Interpretationen voneinander trennen

○ Strukturierung des Zugehörten: Verstandenes, Abzulehnendes, Bekanntes, Neues

○ Einordnung: Das Gewollte ins eigene Gewordensein

Die sprechende Aktion

○ Antworten, Fragen, Bemerkungen, weitere Erzählungen

Das Leisere zuhörend verstehen

In der Regel nutzen Sie diesen Zuhörprozess in seinen Möglichkeiten in den Situationen, wenn einzelne Klientinnen oder Schüler etwas mit Ihnen in der Pause besprechen möchten. Der Raum, in dem Sie sich befinden, ist erfüllt von den verschiedensten Geräuschen und Sie wollen zuhörend verstehen, was Ihnen Ihr Gegenüber mitteilen möchte. Sie sind also in der Zuhörhaltung, in der Sie um die Situation wissen, und Ihre empathische Aufmerksamkeit liegt bei Ihnen selbst, um bestmöglich zu verstehen. Aus den lauten Geräuschen filtern Sie die leiseren gehörten Worte heraus, Sie bringen diese in Verbindung mit dem Kontext, Sie versuchen, das Gehörte zu verstehen, verbinden dies mit Ihrem Hintergrund und sprechen.

Die Grundhaltungen

Es ist wesentlich, welche Haltung Personen einnehmen, wenn sie zuhören. Denn diese Haltung beeinflusst, welchen Reizen sie mit welcher Aufmerksamkeit zuhören, wie und wo sie diese einordnen und welchen weiteren Verlauf das Zugehörte nehmen wird. Neben dem Einordnen der Situation, in der das Zuhören stattfindet, macht sich die Person ihre Zuhörabsicht bewusst, aktiviert eine gezielte Konzentration und vergewissert sich ihres Zuhörenwollens. Diese Zusammenhänge geschehen gleichzeitig. Sie werden wegen der besseren Überprüfbarkeit auseinandergedacht und so analysiert, dass jeder Bereich einzeln bearbeitet und aktiviert werden kann.

Grundhaltung – Zuhörenwollen: Da das Ohr des Menschen immer offen ist und wir alle Geräusche gleichzeitig hören, haben wir uns daran gewöhnt, von einer Geräuschkulisse umgeben zu sein. Um aus all diesen Geräuschen tatsächlich etwas zuhörend herauszufiltern, aktivieren Personen ihr Zuhörenwollen. Damit kanalisieren sie ihre Aufmerksamkeit auf die Geräusche, die sie aufnehmen wollen. Dazu braucht es die im Wollensystem getroffene Entscheidung des Zuhörenwollens. Mit dieser Entscheidung richtet sich die Aufmerksamkeit der zuhörenden Person auf die gehörten Geräusche, denen sie sich widmen will. Zudem ist die Bereitschaft erhöht, das Zugehörte auch tatsächlich identifizieren zu können, es im Laufe des Zuhörprozesses zu verstehen oder zu verwerfen oder als neu zu erkennen.

Zuhören wollen

Wenn Sie als Trainerin Ihre Seminarteilnehmer begrüßen, machen Sie dies mit dem Ziel, ihnen Ihre Kompetenz anzubieten und ihnen zuzuhören. Wenn Sie als Lehrer Ihre Klasse betreten, machen Sie dies mit dem Ziel, die Schülerinnen zu unterrichten, mit der Haltung, ihnen zuhören zu wollen.

Diese Zuhörentscheidung ist wesentlich, da sie eine erste Fokussierung auf das zu Hörende ermöglicht.

Wenn alle Beteiligten an einem Gespräch, einem Diskurs oder in einer Lern- und Beratungssituation zuhören wollen, ist es in der Regel einfach, eine solche Situation erfolgreich zu gestalten. Herausfordernd wird es dann, wenn das Zuhörenwollen verweigert wird.

Vielleicht kennen Sie die trotzige Haltung von jugendlichen Mädchen und Jungen: »Was die Erwachsenen erzählen, ist mir doch egal. Ich mache sowieso das, was ich will.« Oder die sture Haltung von erwachsenen Frauen und Männern: »Du kannst sagen, was du willst. Ich habe sowieso recht.« Diese Personen haben eine Verweigerungshaltung eingenommen, in der das Gesagte abgelehnt ist, bevor es gehört wird. In einer solchen Situation den Inhalt mehrfach und anders formuliert zu sprechen führt in eine Sackgasse, da die Personen, die für das Zuhören zuständig sind, diese Zuständigkeit verweigern. Es gilt demnach über die Zuhörhaltung zu sprechen, um das Zuhörenwollen zu wecken.

In erzieherischen und pädagogischen Grundzusammenhängen gibt es für die Motivation der Schülerinnen, zur passenden Zuhörhaltung zu finden, vielfältige methodische und didaktische Tipps und Tricks. In der Arbeit mit erwachsenen Lernenden oder zu Beratenden wird ebenfalls versucht, mit solchen motivierenden Zugängen zu arbeiten. Erst das Zuhörenwollen erweckt die Möglichkeit, dass das Gehörte auch verstanden werden kann.

Im Gerechten Sprechen geht es darum, dass Lehrer, Coaches und Berater ihre Wahrnehmung benennen, um die Lernenden und zu Beratenden, egal welchen Alters, in der Entscheidungsfindung zu unterstützen, zuhören zu wollen. Ein wichtiger Hinweis dabei ist, dass Zuhören und Verstehen-Wollen nacheinander geschehen. Zuerst hören Personen zu, damit sie überhaupt entscheiden können, ob sie das Zugehörte annehmen oder ablehnen, denn diese Entscheidung fällt im Zuhörprozess erst im weiteren Verlauf.

Fragebeispiele für Coaches, Lehrerinnen und Trainer

Beziehungssprache

o Ich erwarte, dass Sie mir zuhören. Bitte stellen Sie sich darauf ein, mir zuhören zu wollen. Wollen Sie mir nun zuhören?

o Es ist Ihre Pflicht, mir zumindest zuhören zu wollen. Dann können Sie entscheiden, ob Sie zustimmen oder ablehnen. Und, sagen Sie Ja zum Zuhörenwollen?

o Wenn ihr mir zugehört habt, könnt ihr immer noch entscheiden, ob ihr Ja oder Nein dazu sagt. Jetzt wollt ihr mir auf jeden Fall erst einmal zuhören. Habt ihr mir zugehört?

o Es ist wichtig für euch, dass ihr mir jetzt zuhört. Das, was ich gleich sagen werde, ist sehr wichtig für euch, und ich weiß, dass ihr dem zuhören wollt. Hört ihr mir zu?

Abstrakte Sprache

o Es ist von Bedeutung jetzt zuzuhören.

o Alles, was im Folgenden gesagt wird, hat Auswirkungen auf die kommenden Entwicklungen. Von daher ist es wesentlich jetzt zuzuhören und zu verstehen.

Wichtig bei all diesen Beispielen ist, dass die Zuhörenden in ihrem Wollensystem angesprochen werden und auch aus diesem heraus antworten. So wird das Zuhörenwollen aktiviert. Um es dauerhaft zu aktivieren, brauchen die Zuhörenden, besonders die, die das Zuhören verweigern, wiederkehrende Erinnerungen an ihren Willen zuhören zu wollen.

Ich will zuhören!

Gerda C. ist Lehrerin, und sie arbeitet mit Schülerinnen, die gern bereit sind, sich durch alles und jedes vom Unterricht ablenken zu lassen. Ermahnungen und Bestrafungen waren nach einigen Wochen ausgeschöpft. Gerda C. griff, ganz im Sinne des Gerechten Sprechens, zu folgender Methode: Vor jeder Unterrichtsstunde schrieb sie den Satz »Ich will zuhören!« an die Tafel. Sie erläuterte den Schülerinnen die Notwendigkeit des Zuhörens für die lernende Verarbeitung des Stoffes und forderte sie jeden Morgen dazu auf, den Satz mehrfach gemeinsam laut zu lesen, sich und den anderen beim Lesen zuzuhören. Der Satz blieb die ganze Zeit über an der Tafel für alle ersichtlich stehen.

Die erste Zeit nach dem Sprechen und Zuhören des Satzes, war die Aufmerksamkeit in der Klasse erhöht. Falls die Aufmerksamkeit wieder radikal gesunken war, ließ Gerda C. den Satz wiederholt lesen. Zudem erklärte sie immer wieder die Bedeutung, die das Zuhörenwollen auf das Lernenkönnen hat. Nach einiger Zeit berichtete Gerda C., dass die Schülerinnen ihre Zuhörbereitschaft erhöht haben und die Aufmerksamkeit in der Klasse gestiegen sei.

Übung: Zuhören wollen

Sie sprechen mit Ihrer Klientel im Wollensystem und hören sich beim Sprechen selbst zu. Sie fordern Ihre Klientel dazu auf, in der Anwesenden Sprache und im Wollensystem zu sprechen. Sie erläutern die Zusammenhänge der Anwesenden Sprache und des Wollensystems.

1. Ich will zuhören.
2. Die sprechende Person hört sich beim Sprechen selbst zu.
3. Die Personen hören dem Gehörten in ihrem eigenen Kopf zu.

Ziele der Übung

o Aktivierung des Zuhörwillens
o Konzentration der Aufmerksamkeit auf das, was zugehört wird

Grundhaltung – Zuhörsituation und die passende Art und Weise des Zuhörens: Personen gestalten im Laufe eines Tages verschiedenste Zuhörsituationen. In der Regel beginnt der Tag mit einer privaten

Zuhörsituation, in der die Nachtträume erzählt werden, der erste Kaffee gepriesen oder der gemeinsame Teil des Tages geplant wird. Dann gehen die einzelnen Personen in die Schule, zur Arbeit oder sie arrangieren ihre Freizeit. Hier treffen sie auf die unterschiedlichsten Zuhörsituationen: öffentliche, lernende, politische, therapeutische, verstehende, kritische, konflikthafte, liebende, streitende, harmonische, verweigerte und noch viele weitere Zuhörsituationen. Die zuhörende Person bestimmt anhand der Zuhörsituation die Art und Weise, wie sie ihr Zuhören gestalten will. Von daher ist es von Bedeutung, die Situation, in der zugehört wird, zur Kenntnis zu nehmen und sich ihrer bewusst zu sein. In beratenden Zuhörsituationen geht es für den Klienten darum, seine Weise des Zuhörens darauf auszurichten, aus dem Gehörten das für ihn und seine Situation Relevante und Umzusetzende zu verstehen und in seinen Handlungsalltag integrieren zu können. Für die Beraterin geht es darum, ihre Zuhörweise so zu gestalten, dass sie sich ganz dem Anliegen des Klienten widmen kann. Das Gestalten der Zuhörweise als Lehrerin oder als Schüler ist in der gleichen Zuhörsituation ebenfalls eine andere. Richtet der Schüler seine Zuhörweise danach aus, zu verstehen und zu lernen, richtet die Lehrerin ihre Zuhörweise danach aus, zu kontrollieren, ob das von ihr Gelehrte auch verstanden wurde.

Zuhörend lernen

In einem Seminar zum Gerechten Sprechen kritisieren die Teilnehmerinnen nach der ersten Tageshälfte, dass ihnen der Kopf rauche von all dem Vielen, was sie hier Neues hören. Ich erläutere, dass sie sich in der Zuhörsituation des Lernens befinden, und frage nach, wie sie es denn machen, das zuhörende Lernen. Die Antwort kommt spontan: »Ich höre zu, um zu lernen.« Diesen doch sehr komplexen Satz sprechen wir auseinander, und es wird deutlich, dass zwischen hören und lernen noch mehrere Schritte der Verarbeitung liegen: zuhören, aufnehmen, einordnen, verstehen und lernen. Nach diesem Auseinandersprechen und dem Gewahrwerden, dass zwischen zuhören und lernen einige Schritte der Verarbeitung gestaltet werden können, beruhigen sich die Teilnehmer.

Am Ende des Tages analysieren wir nochmals die Art und Weise des zuhörenden Lernens. Die Teilnehmer sind sich einig darin, dass sie nach dem Wissen um die Zuhörsituation und dem Auseinandersprechen das zuhörende Lernen als angenehmer empfunden haben, da sie sich der einzelnen Verarbeitungsschritte bewusst sind und diese, wenn nötig, wieder aktivieren können. Einzelne sind sich darin einig, dass ihre Art und Weise des zuhörenden Lernens etwas anders aufgeschlüsselt ist. Sie gestalten das zuhörende Lernen, indem sie zuhören, aufnehmen, einordnen, lernen und verstehen. Es wird allen deutlich, dass es wichtig ist, die Zuhörsituation zu kennen und die für die Person passende Art und Weise des Zuhörens zu bilden.

Eine ganz andere Art und Weise des Zuhörens wird in der Regel in privaten Zuhörsituationen von Personen bevorzugt: zuhören, anregen, einordnen oder zustimmen oder ablehnen.

Personen entwickeln demnach aufgrund der Kenntnis der Zuhörsituation die Art und Weise des Zuhörens, die sie als passend bewerten. In einer lernenden und beratenden Zuhörsituation ist es dienlich, die Zuhörsituation regelmäßig zu benennen und die dazu passende Art und Weise des Zuhörens zu entwickeln. Dazu mag die folgende Übung »Art und Weise des Zuhörens« Unterstützung bieten.

Übung: Art und Weise des Zuhörens

Allgemeiner Ablauf der Übung
Das Zuhörenwollen wird eingerichtet. Die Zuhörsituation wird beschrieben. Die Art und Weise des Zuhörens wird auseinandergesprochen, und ein Verarbeitungsablauf wird erarbeitet. Der Verarbeitungsablauf wird regelmäßig genannt. Der Verarbeitungsablauf wird überprüft, aktualisiert und optimiert.

Ablauf der Übung in einem Lernprozess:
Das Zuhörenwollen wird eingerichtet: Ich will zuhören. Wir wollen zuhören. Die Zuhörsituation wird beschrieben: Wir befinden uns in einer Lernsituation. Es geht darum, dass Zugehörte zu lernen.

Die Art und Weise des Zuhörens wird auseinandergesproc ٦en, und ein Verarbeitungsablauf wird erarbeitet:

o zuhören, aufnehmen, einordnen, lernen und verstehen oder
o zuhören, aufnehmen, einordnen, verstehen und lernen oder auch
o je nach Zielgruppe noch ein ganz anderer Verarbeitungsablauf.

Welcher dieser Abläufe passt spontan besser zu dir und der jetzigen Zuhörsituation? Der Verarbeitungsablauf wird regelmäßig genannt oder für alle ersichtlich aufgeschrieben oder in die erinnernde Verantwortung der Lernenden gegeben.

Überprüfung: Die Überprüfung findet am Ende einer jeden Lerneinheit oder in regelmäßigen Abständen statt. Wie gestaltest du deine Art und Weise des Zuhörens?

Ziele der Übung

o Zuhörsituation bewusst machen.
o Den Verarbeitungsablauf des Zuhörens kennenlernen, bewusst gestalten und optimieren.
o Lernen in gelockerter Atmosphäre ermöglichen.
o Lernen über Zuhören intensiver gestalten können.
o In Lerngruppen wird der Lerneffekt erhöht, wenn den Lernenden bekannt ist, wie sie zuhören.

Grundhaltung – Zuhörabsicht: In diesem Bereich der Grundhaltung geht es um die Absicht, mit der zugehört wird. Im Empathischen Zuhören ist die Zuhörabsicht ganz auf die Ressourcen, das Können und die Antworten hin ausgerichtet.

In der heutigen auf Defizit, Scheitern und Fehlern ausgerichteten Realität sprechen Personen von sich in ihren Grenzen und sind bemüht, ihre Fehler entweder zu benennen oder zu kaschieren. Das Jammern über die schwierigen und überlagernden Verhältnisse ist allgegenwärtig, und darunter sind sowohl das eigene Können als auch die gesellschaftlichen Ressourcen verschüttet. Gern wird über die Fehler der anderen hergezogen, um sich wenigstens einmal ein wenig größer zu fühlen, und dem Scheitern der anderen zugehört, um dem gemeinsamen Jammern nachzugehen. In einer so gestalteten Sprech- und Zuhörabsicht werden die Grenzen und Defizite benannt, bestätigt und immer wieder neu erschaffen.

Gerechtes Sprechen geht davon aus, dass Personen in der Regel aus dem Untergewussten heraus sprechen. Nur sehr selten, denken Personen sich vorher bewusst oder denken es zu Ende, was sie sagen. Von daher ist die Grundhaltung einer Person, aus der heraus sie spricht und zuhört, von besonderer Bedeutung.

Mit der Zuhörabsicht wird insbesondere die Qualität des Gesprochenen und Zugehörten ausgerichtet. Ist die Zuhörabsicht auf Defizite, Scheitern und Fehler ausgerichtet, erschafft sich die so zuhörende Person eine Realität, die von Defiziten und Scheitern bestimmt ist. Ist die Zuhörabsicht jedoch auf Ressourcen, Können und Gestaltungsmöglichkeiten ausgerichtet, erschafft sich die so zuhörende Person eine Realität, die von gelebten und zugehörten Erfolgen und Können bestimmt ist.

Das bedeutet, dass eine sprechende Person gehört wird, um sie in ihren Wunderbarkeiten, ihren Ressourcen und ihrem Können wahrzunehmen. Wenn Fragestellungen oder Defiziterzählungen den Inhalt eines Redebeitrags ausmachen, gilt es, auf Antworten und Möglichkeiten und Potenziale hin zuzuhören. Wenn in Lernsituationen zugehört wird, gilt es, auf die stimmigen, passenden und erarbeiteten Inhalte hin zuzuhören, um eine Bewertung zu geben, die sich am Erreichten orientiert. Wenn in Beratungszusammenhängen zugehört wird, gilt die Zuhörabsicht dem Erfolg.

Im Empathischen Zuhören ist die Zuhörabsicht darauf ausgerichtet, der sprechenden Person in ihren Möglichkeiten und Ressourcen, ihrem Können und Streben zuzuhören, um darauf aufbauend Gesprächszusammenhänge zu erschaffen, die sich wahrlich ressourcenorientiert nennen können. Ein Beispiel aus dem Schulalltag wird Ihnen dies noch deutlicher vor Augen führen.

🔍

Zuhörend erinnern

Der Lehrer Marcel H. geht vor der Prüfung den zu prüfenden Stoff mit seiner Klasse durch. Viele Schüler sagen:»Das kann ich nicht. Das schaffe ich nie. Ich habe das einfach nicht kapiert.« Ihr Lehrer fragt nun nach ihrem Können und dem bisher Verstandenen:»Was hast du denn bisher verstanden? Konzentriere dich darauf, an was du dich erinnerst, und erzähle es.« Zuerst werden Witze gemacht, und sie weisen darauf hin, dass sie sich daran erinnern, dass es heiß im Klassenzimmer war und sie daher vom Unterricht nichts mitbekommen haben. Marcel H. bleibt bei seiner Frage: »Das ist ein Anfang. Ich weiß, ihr wollt die Prüfung gut machen. Und jetzt wollt ihr zuhören und euch an den Stoff erinnern. Also: Es war heiß, und über was haben wir gesprochen?« Ein Schüler beginnt zu erzählen, was er bisher behalten hat. Marcel H. lobt ihn und fordert weitere Schüler dazu auf, sich zu erinnern und zu erzählen. So erschließen sie sich den erarbeiteten Stoff. Nach und nach sind alle Schüler in die Wiederholung eingebunden und fühlen sich nach der Stunde bereit für die kommende Prüfung.

Der Lehrer Marcel H. hat seine Schüler in ihrem Können abgeholt, sie in ihrem Wollensystem angesprochen, ihr vorhandenes Wissen aktiviert und sie lobend weitergetrieben, bis der gesamte Stoff zusammengetragen war.

In den Erzählzusammenhängen, in denen es um Fehler oder Scheitern geht, wird auf die gelungenen Anteile, auf die angewandten Ressourcen und die eingebrachten Antworten hin zugehört. Sie kennen die Situation, wenn Schüler zu Ihnen kommen und davon erzählen, dass sie vom Pech verfolgt sind, wenn erwachsene Frauen und Männer mit ihrem Schicksal hadern und sie sich eingerichtet haben in ihren Fehlleistungen und in ihrem Scheitern.

In diesen Situationen, in denen tatsächliches Scheitern und klare Fehlverhalten vorhanden sind, geht es darum, die Zuhörabsicht auf die sicher auch vorhandenen Ressourcen und Gestaltungsansätze hin zu konzentrieren. Hier ist es wichtig, in der Erzählung des Scheiterns die Anteile herauszuhören, die das Potenzial sowohl der erzählenden Person als auch der Situation eröffnen.

Übung: Ressourcenorientiertes Zuhören

Allgemeiner Ablauf der Übung
Sie hören sich selbst zu. Das Zuhörenwollen wird aktiviert. Wissen und Können werden aufbauend fokussiert. Lob wird ausgesprochen. Das vorhandene Wissen und Können wird gebündelt. Wissen und Können werden bekräftigt. Die Zukunft wird über die Ressourcen eröffnet.

Ablauf der Übung in einem Lernprozess
Sie hören sich selbst zu.
Das Zuhörenwollen wird aktiviert: Ich will zuhören. Ihr wollt zuhören. Wissen und Können werden aufbauend fokussiert: An was erinnert ihr euch? Für die Erinnerung wird Lob ausgesprochen. Weitere Erinnerungen werden eingefordert. Für die Erinnerungen wird Lob ausgesprochen. Das vorhandene Wissen wird gebündelt.
Wissen und Können werden bekräftigt: Das Gefühl, etwas geleistet zu haben, wird hervorgehoben. Der Erfolg, das Wissen aktiviert zu haben, wird betont. Die Zukunft wird über die Ressourcen eröffnet: Jetzt habt ihr alles für die kommende Prüfung.

Ziele der Übung

o   Sich über das eigene Können und Wissen definieren.
o   Die eigenen Ressourcen entdecken und erweitern.
o   Gezielte Vorbereitung auf eine Prüfung.

Eine stolze Stellensuche

Fred G. ist seit Kurzem arbeitssuchend und konnte sich in einem mittelgroßen Betrieb vorstellen. Doch leider hat er eine Absage erhalten. Jetzt sitzt er mir gegenüber und klagt über sein Leben, sein Scheitern und die Verfahrenheit seiner Situation. Ich bitte ihn, mir seine Bewerbungsgeschichte bis zu dem Zeitpunkt, an dem er ein gutes Gefühl hatte, zu erzählen. Zudem gebe ich ihm die Aufgabe, sich selbst zuzuhören mit der Zuhörabsicht, was er alles gut und passend gemacht hat.
Er beginnt zu erzählen: »Ich habe mir die Stellenausschreibung ausgesucht, ein Bewerbungsschreiben gemacht, das ich mit Ihnen besprochen

habe. Das ist mir wirklich gut gelungen. Das stimmt. Dann habe ich die Einladung zu diesem Gespräch bekommen. Darüber habe ich mich riesig gefreut. Ich habe mir ausgemalt, wie es sein wird, dort zu arbeiten, und das hat mich stolz gemacht. Dann bin ich in das Gespräch, und alles lief schief.«
Wir arbeiten heraus, dass Fred G. eine sehr gute Bewerbung geschrieben hat, sich vorher mit dem Betrieb auseinandergesetzt hat und sich vorstellen konnte, dort zu arbeiten. Bis hierher hat Fred G. seine Ressourcen, bestehend aus Fantasie, Konzentration, Gefühlsbewusstsein und Vorstellungskraft, genutzt. Und für die Zukunft kommt jetzt an dieser Stelle hinzu, dass er sich auf das Vorstellungsgespräch einstellen wird mit eben diesen Ressourcen. Er wird sich ganz konkret auf das Vorstellungsgespräch vorbereiten, wird es sich vorstellen und seine Antworten, Reaktionen und Aktionen so durchspielen, dass er sich riesig freut und stolz auf sich ist. Dann wird er in das Gespräch gehen und es so gestalten, dass seine Freude und sein Stolz lebendig sein können. Fred G. strahlt und stellt fest, dass sein Leben tatsächlich ein spannendes Leben ist. Nach einigen Versuchen hat Fred G. wieder eine Anstellung gefunden, die ihn sehr freut und ihn stolz macht.

Dieses Beispiel zeigt deutlich, was es ausmacht, Denken und Sprechen an den eigenen Ressourcen zu orientieren.

Fragebeispiele für Coaches, Lehrerinnen und Trainer

o   Was haben Sie in der von Ihnen geschilderten Situation Ihres Erachtens richtig gemacht? Oder: Was wurde in dieser Situation alles richtig gemacht?
o   Welches Können haben Sie eingesetzt? Oder: Welches Können wurde aktiviert?
o   Erzählen Sie die Situation bis zur dem Moment, von dem Sie sagen, dass alles in Ordnung war.
o   Wie haben Sie sich gefühlt?
o   Hören Sie sich beim Sprechen selbst zu und konzentrieren Sie sich dabei auf Ihre Leistungen und Erfolge.

Grundhaltung – Gezielte Konzentration: Dem Zuhören liegt immer eine Selektion zugrunde, da aus dem Gehörten das ausgewählt wird, welches die zuhörende Person weiterverarbeiten will. Im Empathischen Zuhören gilt es, die gezielte Konzentration auf das Wort, die Sätze und den darin enthaltenen Inhalt zu richten. Es gilt das zugehörte Wort. Dieses wird weiter verarbeitet, um dann nachgefragt, zurückgewiesen oder eingeordnet zu werden.

Dieser Bereich der Grundhaltung im Zuhörprozess eröffnet die Möglichkeit, das Zuhören in den sowieso spontan ablaufenden Einzelschritten zu gestalten. Denn zuerst werden das Wort und der Inhalt gehört und zugehört, dann nehmen Personen Gestik, Mimik, Stimme wahr und gestalten ihre Interpretationen, Bewertungen und Einordnungen. Das bedeutet, anstatt sofort in die eigenen Interpretationen hineinzufallen, werden zuerst das Wort und der Inhalt zuhörend aufgenommen und verstanden. Wenn Personen sich also auf das Wort und den Inhalt konzentrieren, diesen aufnehmen, einordnen und verstehen wollen, erkennen sie ihre eigenen Gedanken und identifizieren diese als Interpretationen. So können sie sich auf das Wesentliche konzentrieren: das zugehörte Wort. Da im Zuhörprozess der Klang, die Gestik, Mimik und Stimme erst nach dem Zuhören des Wortes aktiv sind und dann der Verarbeitung des Zugehörten dienen, gilt es, sich in der Zuhörgrundhaltung auf das Wort und den Inhalt zu konzentrieren. So wissen wir heute, dass die gleichen Wortbeiträge, wenn sie von Frauen gesprochen sind, anders zugehört und interpretiert werden, als wenn sie von Männern gesprochen sind. Begründet wird diese Tatsache mit der anderen Stimmhöhe und den anderen Erwartungen, die an Frauen und Männer gestellt werden. Durch die gezielte Konzentration auf das Wort wird einerseits die Kombination von Wort und Gestik, Mimik und Stimme auseinandergehört, um den tatsächlichen Inhalt zuhörend aufnehmen zu können. Andererseits wird dem zugehört, was gehört wird, und Abstand davon genommen, sich bestätigen zu lassen, was erwartet wird. Es gilt also, die gezielte Konzentration auf das gehörte Wort, die Sätze und die Satzkombination zu richten, um den Inhalt dann zuhörend aufzunehmen und verarbeitbar zu machen.

Die alteingesessene Zuhörgrundhaltung, das Gehörte anhand der Gestik, Mimik und Stimme einordnen und verstehen zu wollen, wird hier aufgelöst. Dadurch werden Gespräche eröffnet, in denen es tatsächlich um den Inhalt und die Sache geht, und Gestaltungen gefunden werden können, anstatt sich auf Nebenschauplätzen zu tummeln, in denen es um die ausschweifende Klärung der jeweiligen Interpretationen der einzelnen Redebeiträge geht.

Das Konzentrieren auf das zugehörte Wort in der Zuhörgrundhaltung bringt in der Regel eine große Erleichterung bei den Lernenden in Gerechtes Sprechen. Die wiederholte Rückmeldung lautet: »Es wird viel einfacher, zuzuhören und das Zugehörte nachzufragen und zu klären, was ich verstanden habe, wenn ich mir meine Interpretationen als mein Eigenes bewusst mache. Erstaunlich für mich ist auch, wenn ich einige Zeit so zuhöre, habe ich meinen Kopf dafür frei, mir meine Gedanken zum Thema zu machen, und kann mir überlegen, was ich beitragen möchte. Zudem habe ich mehr Mut, das zu sagen, was ich sagen will, weil ich meine Gedanken für mich nutzen kann.«

In der gezielten Konzentration auf das Wort ist das Wissen um die gemeinsamen Wortsinnbedeutungen aktiviert. Das bedeutet insbesondere für Gesprächssituationen unter Personen aus verschiedenen kulturellen und Sprachhintergründen, dass das Wissen um die verschiedene Wortsinnbedeutung bewusst ist. Hier gilt es im besonderen Maße, das Wort zuhörend zu verstehen und nachzufragen, welche Bedeutung mit den genutzten Begriffen und Wörtern verbunden wird, um eine Verstehensbasis zu erarbeiten.

Der Meeresspiegel

Vielleicht kennen Sie das folgende Beispiel: Die Hochrheinbrücke zwischen Deutschland und der Schweiz wird geplant. Als Ausgangspunkt der Berechnungseinheiten wird der Meeresspiegel definiert. Die Brücke wird von jeder Landesseite aus entworfen und gebaut. Das Ziel ist, dass sie in der Mitte zusammenkommt. Als die beiden Brückenhälften fertig sind, haben sie einen Höhenunterschied von einem Meter. Das gemeinsame Projekt ist gescheitert. Der Meeresspiegel, der als Ausgangspunkt der Berechnungen gewählt wurde, wird in Deutschland an der Nordsee und in der Schweiz am Mittelmeer gemessen und hat daher diesen Unterschied von einem Meter. Es wird deutlich, wie zentral es ist die gemeinsame Wortsinnbedeutung zu klären und erst, besonders in interkulturellen oder multikulturellen Zusammenhängen davon auszugehen, dass mit dem gleichen Wort auch das Gleiche gemeint ist, wenn eben die Wortsinnbedeutung geklärt ist.

Grundhaltung – Empathische Aufmerksamkeit: Die empathische Aufmerksamkeit liegt im Gerechten Sprechen sowohl beim Sprechen als auch beim Zuhören bei der Person selbst. Anstatt also die Aufmerksamkeit auf die sprechende Person zu richten, um das Gesagte besser verstehen zu können, liegt die Aufmerksamkeit bei sich selbst, um dem Gehörten zuzuhören, das Wort zu verstehen, die eigenen Interpretationen und Gedanken zu gestalten. In dieser Grundhaltung sind Personen sowohl auf der kognitiven, der körperlichen als auch auf der Gefühlsebene mit sich selbst verbunden. Das Bewusstsein und das Untergewusstsein sind vollumfänglich zugänglich, sodass die Ressourcen erkannt und genutzt werden können, das eigene Können wird erweitert und die Erfolge werden gefeiert.

Vor diesem Hintergrund wird dem gehörten Wort zugehört, und die empathische Aufmerksamkeit bei sich selbst liefert die Basis dafür, dass das zugehörte Wort und die eigenen Inhalte und Interpretationen unterschieden werden können. Der in sich selbst wahrgenommene Kontext bietet Reize, die für das Verstehen der zugehörten Botschaft genutzt werden. Widersprechen diese Wahrnehmungen der zugehörten Botschaft, gilt zuerst das zugehörte Wort, und es wird in der verstandenen Aufnahme nachgefragt.

Und noch einmal Karl und Karla

Der weinende Karl, der sich glücklich fühlt und dies auch sagt. Karla, die weinen und glücklich einander ausschließend wahrnimmt, ist irritiert angesichts des glücklich weinenden Karls. In einer solchen Situation gilt es nachzufragen, was denn mit glücklich gemeint ist, denn nur dann wird Karl in seiner Aussage ernst genommen. Zudem kann Karla ihre Irritation als das wahrnehmen, was sie ist: ihr eigenes Gefühl.

Der in sich selbst wahrgenommene Kontext spiegelt allein das eigene Empfinden, das dem Verstehen der Situation dienen und im Weg stehen kann. Wenn Sie sehen, wie eine erwachsene Person sich heftig den Kopf anschlägt, werden Sie sich mit der Hand an den Kopf fassen, eingedenk Ihres eigenen Schmerzes, den so ein Schlag auszulösen vermag. Wenn Sie sehen, wie ein Kind hinfällt, werden Sie eher Mitleid mit dem Kind haben und es dazu ermuntern, wieder aufzustehen, da Sie aus Ihrem eigenen Erfahrungsschatz wissen, dass dies möglich ist. Diese Reaktionen auf wahrgenommene Situationen speisen sich aus dem eigenen Empfinden, welches es wahrzunehmen gilt. Vielleicht wird nun die erwachsene Person, die sich den Kopf angeschlagen hat, von Herzen lachen, oder das Kind schiebt Sie einfach zur Seite, hüpft davon und lehnt Ihre Ratschläge ab. Dann wird es spannend, denn es gilt das gesprochene Wort, und es lohnt sich, nachzufragen und herauszufinden, wie es zu den jeweiligen Aktionen und Reaktionen kommt.

Oder nehmen Sie einen Zusammenhang, den Sie als Lehrerin, als Coach oder Trainerin wahrscheinlich alle kennen: Ihnen wird etwas erzählt, und Sie haben in sich das sichere Gefühl, angelogen zu werden. Anstatt nun die bekannte Aussage »Du lügst« zu sprechen, geht es im Gerechten Sprechen darum, die gehörte Aussage und das eigene Gefühl ernst zu nehmen. Je nach Kontext ist das weitere Vorgehen verschieden. Im Zusammenhang mit erwachsenen Personen wird das eigene Gefühl benannt »Ich bin irritiert.« und nachgefragt, ob die Aussage tatsächlich so gemeint war, wie Sie sie verstanden haben: »Wie haben Sie das gemeint?« Dann gilt das gesprochene Wort. Im Zusammenhang mit Kindern und Jugendlichen wird ebenfalls das eigene Gefühl benannt und nachgefragt, ob die Aussage tatsächlich so gemeint war, wie Sie sie verstanden haben. Dann, je nach Antwort, ist es notwendig, die Konsequenzen aufzuzeigen, die Lügen haben können. Sie geben Bedenkzeit und fragen nochmals nach. Dann gilt das gesprochene Wort. Es ist erstaunlich, dass außer notorischen Lügnern in der Regel die Personen die Chance wahrnehmen und sich mindestens erklären oder ihre Wahrheit sprechen.

In dieser Weise des Zuhörens nimmt die zuhörende Person sich selbst und die sprechende Person zutiefst ernst, da das gesprochene und zugehörte Wort die am bewusstesten gestaltete Botschaft darstellt, die in einer Kommunikation getätigt wird. Bleibt die Aufmerksamkeit sowohl der sprechenden als auch der zuhörenden Person bei sich selbst, findet eine Kommunikation statt, in der es darum geht, Eigenes mitzuteilen und anderes in sich zu verstehen, um Weiteres daraus erschaffen zu können. Das Nähe- und Distanz-Verhältnis ist in einer so gestalteten Kommunikation gewahrt, da ein Zu-nahe-Treten, ein Übergriff oder eine zu große Distanz im Sprechen und im Zuhören ausgeschlossen ist.

Übung: Empathisches Zuhören

Diese Übung kann in Gruppen umgesetzt werden.
Zur Erinnerung: Die Aufmerksamkeit liegt ganz bei sich selbst. Das Gesagte und das Gehörte sind verschiedene Realitäten. Sie hören in Ihrem Kopf zu. Sie konzentrieren sich auf das zugehörte Wort. Vielleicht ist es zu Beginn leichter, die Augen von der sprechenden Person abzuwenden, um sich beim Zuhören ganz auf sich selbst zu konzentrieren.

Ablauf
Eine Person erzählt, worum es ihr geht. Die zuhörende Person konzentriert sich auf Folgendes und teilt ihre Gedanken dazu mit:
1. Welche Wörter, Sätze und Begriffe habe ich gehört? Welche Botschaft habe ich aufgenommen? Wiederholen Sie das, was Sie gehört haben.
2. Was denke ich dazu? Lehne ich das Zugehörte ab, stimme ich dem zu, ist es neu für mich und ich will mir noch Gedanken darüber machen?
3. Was hat das Zugehörte mit Ihnen und Ihrem Leben zu tun?
4. Will ich etwas dazu fragen, sagen oder will ich etwas hinzufügen oder verändern oder will ich etwas Neues oder Ergänzendes einbringen?
   Die erzählende Person macht den gleichen Durchgang zu dem, was Sie gehört hat.

Ziele der Übung
o Konflikte sind leichter lösbar, wenn alle Beteiligten ihre Gedanken in dieser Weise einbringen.
o Zusammenarbeit kann so gestaltet werden, dass alle ihre Gedanken, Ideen, ihr Wissen und ihre Kompetenzen einbringen.

Konsequenzen des Empatischen Zuhörens

Sie kennen gewiss diese Situationen, in denen Sie vollkommen sicher sind, dass Sie etwas ganz Bestimmtes gehört haben, und Ihr Gegenüber ist sich ebenfalls gewiss, etwas ganz anderes gesagt zu haben. Nun können Sie sich darüber streiten, wer recht hat, und halten an Ihrer Wahrnehmung fest, indem Sie sagen:»Du hast das gesagt. Ich habe es doch gehört.«

»Ich habe gehört ...«

Gehen wir von der Zuhörgrundhaltung im Gerechten Sprechen aus, kommen wir zu dem Schluss, dass Sie sicher das zugehört haben, was Sie gehört haben. Und ebenso gilt, dass die sprechende Person, sicher das gesagt hat, was sie gesagt hat. Wir wissen nun, dass zwischen dem Gesagten und dem Zugehörten zwei ganze Welten verschiedenen Gewordenseins liegen, die aus der Botschaft etwas je Eigenes gestaltet haben.

Vor diesem Hintergrund kann die zuhörende Person allein von dem sprechen, was sie gehört hat. Die Aussage lautet also:»Ich habe das so gehört.« Und nun besteht die Möglichkeit, sich über das Eigentliche auszutauschen. In einer solchen Situation kommt es dann darauf an, zu klären, was Sie und die andere Person denn zu diesem Zeitpunkt denken und sagen wollen zu dem Thema, um das es Ihnen geht.

Mitarbeiter beim Wort nehmen

Cordula K. ist Personalchefin und betreut 200 Mitarbeitende. Nachdem sie sich eingehend in die Grundhaltung des Empathischen Zuhörens eingearbeitet hat, berichtet sie von folgenden Konsequenzen:»Da ich nun zuhören will, nehme ich mir Zeit, um mit meinen Mitarbeiterinnen zu sprechen. Ich mache mir jedes Mal die Zuhörsituation bewusst: Handelt es sich um ein Gespräch, in dem ich meine Mitarbeiter qualifiziere, oder geht es um ein Anliegen, das sie selbst vorbringen wollen, oder geht es um eine Kündigung oder um eine Beförderung. Ich richte meine Zuhörabsicht ganz konkret auf das Können und die Ressourcen meiner Mitarbeiterinnen aus und auf mögliche Gestaltungen, die sie selbst sprechen. Ich konzentriere mich auf das zugehörte Wort und frage nach, falls ich es besser verstehen will. Und da meine Aufmerksamkeit bei mir liegt, weiß ich auch, was meine Interpretationen sind und was ich gehört habe. Diese Haltung erleichtert mir meine Arbeit enorm, da ich mich darauf verlassen kann, was ich zuhöre. Ich habe mich davon verabschiedet, mich von Sympathien leiten zu lassen oder mich durch Gestik, Mimik oder Stimme provozieren zu lassen. Ich nehme meine Mitarbeiter beim Wort. Und das wirklich Schöne ist, dass sich meine Leute von mir ernst genommen fühlen und sich tatsächlich mit ihren Fragen an mich wenden. So kann ich eingreifen und Gestaltungsmöglichkeiten finden, anstatt mich damit zu beschäftigen, aus irgendwelchen Nebengesprächen herauszufinden, wie es gerade bei den Mitarbeitern so läuft. Mir hat diese Haltung im Zuhören meine Arbeit enorm erleichtert.«

Es wird deutlich, dass die Grundhaltung, mit der zugehört wird, das Hören und Zuhören zutiefst beeinflusst. Der im Zuhören im weiteren Verlauf stattfindende automatisierte Prozess wird umgestaltet, und die Arbeit des Zuhörens wird konkreter, da sie sich am Wort orientiert.

Die Zuhörhaltung ist erarbeitet und eingenommen, und nun kommen die Geräusche gleichzeitig durch das Ohr zur Person. Hier werden diese sofort aufgenommen und unterteilt in Signale, Rauschen, Wörter. Nun geschieht das Zuhören konzentriert auf das gehörte Wort.

Dieses Zugehörte wird in Verbindung gebracht mit dem Kontext, also der Zuhörsituation. Es besteht ein Unterschied, ob Sie als Coach der Bitte um Unterstützung von einem Bekannten, also in einer privaten Zuhörsituation, oder der Bitte eines Klienten, also in einer professionellen Zuhörsituation, zuhören. Die Worte mögen die gleichen sein, die unterschiedliche Zuhörsituation eröffnet bei der zuhörenden Person jedoch jeweils andere Verarbeitungen des Zugehörten. In der privaten Situation kann es sein, dass Sie rückmelden, dass Sie gerade Ihre Freizeit genießen wollen, und Sie weisen darauf hin, dass er gern einen Termin vereinbaren kann. Dem Klienten, der zu Ihnen zur vereinbarten Zeit kommt, hören sie weiter zu und ermutigen ihn, noch mehr zu erzählen.

Übung: Ablauf einer Beratung

Diese Übung ist für Beratungssituationen jeder Art geeignet. Die Situation, Frage, wird anhand des folgenden Rasters vorgestellt:

o Zuerst wird die Frage formuliert, die bearbeitet wird.
o Dann wird erzählt, berichtet, um was es genau geht.
o Anschließend wird nochmals die Eingangsfrage formuliert. Vielleicht hat sich die Frage verändert, oder es sind weitere Fragen wichtig geworden.

Die sprechende Person hört sich beim Sprechen selbst zu. Die Beratungsperson hört wie folgt zu, oder die Zuhörer den bekommen folgende Aufgaben: Ich will zuhören. Vergegenwärtigen der Zuhörsituation. Verstehen der zugehörten Frage.

Während der Erzählung wird auf Antworten der Frage hin zugehört, auf schon gedachte Gestaltungen und auf die Ressourcen der sprechenden Person.

Nach der Erzählung wird zurückgemeldet, welche Antworten, Möglichkeiten und Ressourcen für die weitere Gestaltung gehört wurden. Diese Rückmeldungen werden ausgewertet und auf Brauchbarkeit hin überprüft.

Ziele der Übung

o Die im Untergewussten angestrebten Antworten, Gestaltungsideen und Ressourcen zuhörend aktivieren.
o Den für den Klienten einfachsten Weg herausarbeiten.

Die jeweilige Zuhörsituation eröffnet andere Verarbeitungen des Zugehörten, macht unterschiedliche Interpretationen möglich, und andere Bereiche des Gewordenseins sind gefordert. Die Konzentration auf das Wort und die empathische Aufmerksamkeit auf sich trennen das Verstehen des Zugehörten von den eigenen Interpretationen. Personen erkennen in einem so gestalteten Zuhörprozess ihre

eigenen Interpretationen und können sie gezielt einsetzen für das
Verstehen und Beurteilen der gesamten Situation und für die eigenen Reaktionen und Aktionen.

Zuhören wird als ein Nacheinander erlebt, indem das Zugehörte aufgenommen wird und die Interpretationen als die eigene Leis-
tung dann eingesetzt werden, wenn sie notwendig sind.

Aufgrund der erarbeiteten Zuhörhaltung können Sie nun Ihren
Zuhörprozess in seinen einzelnen Schritten wahrnehmen und gestalten. Für Ihre Arbeit, in der Lehre oder in der Beratung, bedeutet
das, dass Sie sich selbst und Ihrer Klientel regelmäßig die Zuhörhaltung in ihren einzelnen Möglichkeiten aufzeigen und das Zuhören
selbst bewusst gestalten.

o Sie wollen das Wort und den Inhalt hören,
o verbinden dies mit der Situation, in der Sie zuhören,
o trennen Ihre weiteren Wahrnehmungen der Gestik, Mimik,
  Stimme und
o nutzen diese zum weiteren nachfragenden Verständnis,
o Interpretationen nutzen Sie dann, wenn Sie Ihnen und dem
  nachfragenden Verstehen nützlich sind,
o das daraus Verstandene unterteilen Sie in Verstehendes, Abzulehnendes, Bekanntes, Neues,
o Sie entscheiden, was Sie in Ihr Gewordensein integrieren wollen,
o das Gewollte wird integriert, interpretiert, aufbereitet und bewertet.

Diese Art und Weise des Zuhörens ist ein lebendiger Prozess, der
von Ihnen, wenn Sie es wollen, bewusst gestaltet wird und so in Ihren Tätigkeiten gezielt genutzt werden kann. Denn eines ist sicher:
Zuhören ist eine Arbeitsleistung, die gelernt, vertieft und erweitert
werden kann.

Sich selbst zuhören

Ein weiterer Bereich des Gerechten Hörens ist das Sich-selbst-Zuhören. Wie schon im Empathischen Zuhören geht es um die Gestaltung des gerechten Verhältnisses der Person zu sich selbst und der Personen zueinander. Liegt der Schwerpunkt dort beim Zuhörprozess des fremden Sprechaktes, so liegt er hier beim Zuhören des eigenen Sprechaktes. Personen, die sich selbst zuhören, erkennen sich in ihren Möglichkeiten, schöpfen aus ihren Ressourcen und achten auf ihre Resilienz.

Empathische Aufmerksamkeit

Die sprechende Person nimmt während des Sprechaktes die Zuhörhaltung ein und hört sich selbst zu. Sie will sich zuhören und lauscht dem Selbstgesprochenen, der eigenen Erzählung, dem eigenen Sprechen. Im Gerechten Sprechen gehen wir davon aus, dass in der Regel spontan und aus der Verbindung des Bewussten mit dem Untergewussten heraus gesprochen wird, vorher gemachte Überlegungen, Strategien und Gedanken fließen auf diesem Weg in den Sprechakt ein. Das grundsätzliche Ziel und der gemeinte Inhalt sind der sprechenden Person gegenwärtig, der Sprechakt selbst geschieht, sich speisend aus dem, spontan im Moment. Durch das Sich-selbst-Zuhören vergegenwärtigt sich die sprechende Person die jetzt gesprochenen Worte, Gedanken und Inhalte, kann sie gegebenenfalls anpassen, verändern, bestärken oder auch wieder zurücknehmen. In jedem Fall weiß die so sprechende und sich zuhörende Person nach dem Sprechakt, was sie gesagt hat.

Ich weiß, was ich gesagt habe

Vielleicht kennen Sie diese Situation: Sie nehmen an einer regen Diskussion teil. Eine Person sagt zu Ihnen:»Was ich eben von dir gehört habe, finde ich spannend. Kannst du das nochmals erläutern?« Und Sie haben vergessen, was Sie sagten, versuchen sich zu erinnern und kramen es sich mühsam wieder aus Ihrem Gedächtnis aus. Wenn Sie sich dagegen selbst zuhören, wissen Sie noch, was Sie gesagt haben.

Im Gerechten Sprechen liegt demnach die Kontrolle, ob das Gemeinte gesagt wird, bei der sprechenden Person. Die empathische Aufmerksamkeit liegt auch beim Sprechen bei sich und im zuhörenden Verstehen des eigenen Sprechaktes, denn nur die sprechende Person kann Gradmesser des Verstehens sein.

Das *Sich-selbst-Zuhören* sichert das Verständnis und Verstehen des Gesprochenen. Je besser sich die sprechende Person selbst versteht, umso besser wird sie von den Zuhörenden verstanden. Sobald sie verworren spricht, kann sie sich korrigieren, ergänzen oder konkreter sprechen. Sich-selbst-Zuhören hat die Konsequenz, dass das Gegenüber sehr viel besser nachvollziehen kann, was er zuhörend aufnimmt.

Zu Beginn lohnt es sich, sich auf einzelne Worte zu konzentrieren, damit nach und nach geübt werden kann, sich beim Sprechen selbst zuzuhören. Der Weg vom Zwangssystem hin zum Wollenssystem, wie er im Entscheidungsgerechten Sprechen dargestellt ist, ist dazu eine gute Übung: In diesem Prozess wird empfohlen, sich zunächst auf den Begriff »müssen« zu konzentrieren. Wenn er zugehört wird, kann er im gleichen Zusammenhang im Wollenssystem nochmals gesprochen werden. Im zweiten Schritt konzentriert sich die Person auf die Begriffe »wollen«, »mögen« und »wünschen«, damit diese zuhörend mehr und mehr gesprochen werden.

Das Sich-selbst-Zuhören erfordert in der Regel eine Umkehr der Aufmerksamkeit. Richteten Sie bisher Ihre Aufmerksamkeit beim Sprechen darauf, ob das Gesagte von den Zuhörenden auch verstanden wird, so richtet sich nun Ihre Aufmerksamkeit darauf, dass Sie sich selbst zuhörend besser verstehen, um, darauf aufbauend, besser verstanden zu werden. Das Sich-selbst-Zuhören beschreibt eine grundlegende Haltung, aufgrund derer eingeschliffene Seinsweisen erkannt und verändert werden können.

Übung: Sich selbst zuhören

Diese Übung können Sie im Einzelsetting oder mit einer Gruppe machen. Geben Sie Ihren Klienten oder Schülerinnen folgenden Auftrag:

1. Erzählen Sie, was Sie gestern alles erlebt haben. – Sie lassen erzählen und hören zu.
2. Erzählen Sie, was Sie gestern alles erlebt haben. Legen Sie Ihre Aufmerksamkeit und Konzentration darauf, sich selbst zuzuhören. – Wieder erzählen lassen und zuhören.
3. Gibt es zwischen den beiden Erzählungen einen Unterschied? Wenn ja, beschreiben Sie diesen. – Rückmeldungen geben, wenn Sie selbst Unterschiede gehört haben.

Ziele der Übung
o Das Sich-selbst-Zuhören üben.
o Von sich selbst lernen.
o Sich selbst als Zentrum der eigenen Gedanken kennenlernen.

Hören der eigenen Ideen

Zudem eröffnen sich der sich selbst zuhörenden Person ihre eigenen Fähigkeiten und ihr eigenes Wissen. Die bisherige Ausrichtung auf die Defizite der eigenen Person oder auf die Zweifel, ob es auch gut klingt, was ausgesprochen wird, erfährt eine tief greifende Veränderung hin auf die Ressourcen. Sprechen geschieht weiterhin spontan und aus dem Untergewussten heraus. Durch das Zuhören des Selbstgesprochenen kann entdeckt werden, welche wunderbaren Ideen und Gedanken vorhanden sind; kann aufgefunden und wieder erlernt werden, was alles aus der Verbindung des Bewusstseins mit dem Untergewussten heraus gesprochen wird.

Der Kaffee

Die Seminarbesucherin Gerda R. erzählt folgende Episode: »Ich weiß nicht mehr, was ich machen kann. Jeden Morgen kommt mein Kollege in mein Büro und holt sich von meiner Kaffeemaschine einen Becher Kaffee. Wenn kein Kaffee da ist, beschwert er sich bei mir, dass der Kaffee noch nicht fertig ist. Wir sind gleichgestellte Kollegen. Ich habe bisher noch nichts gesagt. Es ist sicher besser, wenn ich ihn darauf aufmerksam mache, dass es mein Kaffee ist und ich keine Lust habe, ihn zu versorgen. Ich bin sicher, er wird weiterhin jeden Morgen zu mir kommen, um sich seinen Kaffee zu holen. Was kann ich nur machen? Ich habe keine Ahnung, was ich machen kann.«

Gerda R. bekommt den Auftrag, die Geschichte nochmals zu erzählen und sich dabei zuzuhören. Sie beginnt ein weiteres Mal mit ihrer Erzählung: »Ich weiß nicht mehr, was ich machen kann. Jeden Morgen kommt mein Kollege in mein Büro und holt sich von meiner Kaffeemaschine einen Becher Kaffee. Wenn kein Kaffee da ist, beschwert er sich bei mir, dass der Kaffee noch nicht fertig ist. Nun ist es wichtig zu wissen, dass wir gleichgestellte Kollegen sind.« Hier macht Gerda R. eine Pause und bemerkt: »Wenn ich mir selbst zuhöre, spreche ich langsamer und konzentrierter. Deshalb möchte ich jetzt noch hinzufügen, dass ich schon einige Jahre länger dort arbeite und mein Kollege erst seit sechs Monaten. Auf jeden Fall habe ich bisher noch nichts gesagt. Er ist ja noch neu. Es ist sicher besser, wenn ich ihn darauf aufmerksam mache, dass es mein Kaffee ist ...«

Gerda R. unterbricht sich. »Ich habe die Antwort schon gesagt, und so mache ich es: Ich werde mit ihm reden und ihm die Regeln im Büro erklären. Dazu gehört, dass er sich seinen eigenen Kaffee kochen kann oder dass wir eine gemeinsame Kaffeemaschine in den Flur stellen oder was auch immer. Auf jeden Fall kann er bei mir keinen Kaffee mehr holen.«

Dieses Beispiel zeigt die Vorzüge des Sich-selbst-Zuhörens: Die schon entworfenen und noch im Untergewussten schlummernden Ideen, Wahrheiten und Weisheiten werden gehört, wirken auf die Wahrnehmungssensoren im Gehirn zurück und können überprüft, gegebenenfalls angepasst und umgesetzt werden. Der Sprechrhythmus verlangsamt sich. Es besteht die Möglichkeit, sich beim Sprechen korrigieren zu können. Das Verstandenwerden von der anderen Person erhöht sich.

Die Kaffeemaschine

Gerda R. folgte ihren eigenen Ideen, sprach mit ihrem Kollegen, der froh um die Klärung war, und bot ihm ihre Ideen an. Sie einigten sich darauf, sich eine gemeinsame bessere Kaffeemaschine zu kaufen. Jetzt können sie jeder für sich oder gemeinsam den Kaffee genießen.

Da das Sich-selbst-Zuhören es möglich macht, die eigenen Antworten zu erkennen, ist es sinnvoll, dies auch für sich selbst zu üben.

Übung: Selbstberatung

Dies ist eine Übersetzung der »Übung Ablauf einer Beratung« für die Eigenanwendung, und sie ist für Situationsgestaltungen jeder Art geeignet. Die Zuhörhaltung wird aktiviert: Ich will mir beim Sprechen zuhören. Ich formuliere laut die Frage, die ich bearbeiten will. Laut erzähle ich, um was es mir bei dieser Frage geht. Ich höre mir beim Sprechen auf Möglichkeiten, Antworten und Ideen hin zu.
Welche Möglichkeiten, Antworten und Ideen habe ich gehört? Welche davon will ich anwenden und ausprobieren?
Dann spreche ich die ausgewählten Ideen laut aus und höre mir beim Sprechen selbst zu. Was brauche ich, um diese Ideen umzusetzen? Diese Ideen werden umgesetzt.

Ziele der Übung
o   Sich selbst unterstützen und helfen.
o   Den einfachsten Gestaltungsweg herausarbeiten.

Steigerung des Selbstbewusstseins

Die Zuhörabsicht ist hier wie auch im Empathischen Zuhören darauf ausgerichtet, auf die Ressourcen und das Können hin zuzuhören. Da es sich um die eigenen Ressourcen und um das eigene Können handelt, lernen sich selbst zuhörende Personen sich in der Fülle ihres Daseins kennen.

Auf diese Konsequenz des Sich-selbst-Zuhörens reagieren Frauen und Männer unterschiedlich. Für Männer ist es eher selbstverständlich, dass sie sich selbst in ihren Möglichkeiten und ihrem Können betrachten. Wohingegen Frauen sich eher in ihren Defiziten und Schwächen wahrnehmen und es ihnen noch immer leichter fällt, sich als Mangelwesen zu präsentieren anstatt als erfolgreiche Frau. Doch für beide stellt es eine Revolution dar, sich selbst zuhörend allein auf das Gekonnte zu konzentrieren. Beurteilungen wie »Eigenlob stinkt« oder »Wer sich selbst erhöht, wird erniedrigt werden« klingen nach. Doch hier geht es um die realistische Betrachtung und Erzählung des Eigenen im Lichte der Ressourcen und des Könnens.

o *Hieß es bisher:* Das war Glück, dass ich diesen Abschluss geschafft habe.
Heißt es jetzt: Ich habe dafür gearbeitet und mich sehr genau darauf konzentriert, um diesen Abschluss zu machen. Ich bin richtig stolz auf mich, dass ich das gemacht und geschafft habe.
o *Hieß es bisher:* Die Prüfung war ganz leicht, deshalb habe ich bestanden.
Heißt es jetzt: Ich war sehr gut vorbereitet, und deshalb habe ich die Prüfung bestanden.

Die zweite Beschreibung der gleichen Situation von sich zuhörend aufzunehmen erschafft ein Selbstbewusstsein, bei dem sich die Person tatsächlich ihrer Selbst bewusst ist. Es wird deutlich, dass diese Art des Sich-selbst-Zuhörens den Sprechakt nachhaltig verändert, denn er bringt die sich zuhörend sprechende Person dazu, sich in der realistischen, an ihren Ressourcen und ihrem Können orientierten Beschreibung des eigenen Personseins auszudrücken.

Übung: Erzählen von Erfolgsgeschichten

Lassen Sie zu Beginn einer jeden Lerneinheit oder einer Beratungsstunde das letzte Erfolgserlebnis entweder in Kleingruppen oder in der Gesamtgruppe erzählen. Sie geben folgende Aufgaben:

- Die Sprechenden hören sich beim Sprechen selbst zu.
- Die Zuhörabsicht ist bei den Zuhörenden und Sprechenden auf Ressourcen, Können und Erfolg ausgerichtet.
- Sie sprechen in der Anwesenden Sprache und im Wollensystem.
- Sie benennen, was Sie meinen.
- Sie korrigieren sich.
- Erfolgsgeschichte entlang dieser Schritte:
1. Den Erfolg in einem Satz formulieren.
2. Das habe ich konkret gemacht, um erfolgreich zu sein.
3. So habe ich mich dabei gefühlt.
4. Diese Rückmeldungen habe ich bekommen.
5. Der Erfolg in einem Satz.

Ziele der Übung

- Sich selbst bewusster werden.
- Die Wahrnehmung über sich orientierend am eigenen Können ausrichten lernen.
- Realistische Selbsteinschätzung üben.

Besonders bei Jugendlichen lohnt es sich, sie regelmäßig darauf aufmerksam zu machen, sich selbst zuzuhören und dies für den eigenen Prozess des Gewordenseins zu nutzen.

Der tolle Hecht

Eine Lehrerin, die mit schwierigen Jugendlichen arbeitet, erzählt von folgendem Erlebnis: Joschua flucht häufig, schreit auch schon mal seine Lehrerin an und beschimpft sie. Eines Tages ist es wieder so weit. Therese L. unterbricht ihn laut und deutlich und fordert ihn dazu auf, sich selbst zuzuhören: »Hör dir bitte selbst zu bei dem, was du sagst. Überleg dir, ob du das von jemand anderem hören willst, was du mir jetzt sagen willst.«

Joschua stockt. Dann sagt er:»Mein Vater sagt mir ständig, dass ich zu blöd bin und sowieso nichts mitkriege und der Letzte auf der ganzen Welt bin.«»Und glaubst du ihm?«»Na ja, er ist mein Vater«, antwortet Joschua und will wieder ansetzen, sie zu beschimpfen. Therese L. ist schneller und fragt:»Willst du das denn von deinem Vater hören?« Jetzt schüttelt Joschua einfach nur seinen Kopf.»Was willst du denn lieber hören.« Jetzt grinst Joschua:»Na, dass ich ein toller Hecht bin.«»Ja dann erzähl mir mal, wo du ein toller Hecht bist«, sagt Therese L. Und Joschua beginnt erst stockend und dann schneller davon zu erzählen, was er alles kann und was ihn alles interessiert. Das Eis ist gebrochen, und Joschua hat nun andere Möglichkeiten, an denen er sich orientieren kann.

Wichtig in der Arbeit mit Jugendlichen ist, dass sie regelmäßig darauf aufmerksam gemacht werden, dass sie sich selbst zuhören, verbunden mit der Frage, ob sie selbst das von ihnen Gesagte auch hören möchten. Auf den Vergleich mit sich selbst wird verzichtet. Stattdessen gilt es nachzufragen, was sie denn gern hören möchten. Zentral bei einem solchen Gespräch ist, dass der junge Mensch ganz im Zentrum bleibt und dazu aufgefordert wird, sich Gedanken darüber zu machen, was er will und wie das Gewollte klingen kann.

Fragebeispiele für Coaches, Lehrerinnen und Trainer

o   Hör dir selbst zu, wenn du sprichst. Überleg dir, ob du das von jemand anderem hören willst, was du mir jetzt sagen willst.
o   Was willst du denn von anderen gern hören?
o   Bitte wiederholen Sie, was Sie eben sagten. Bitte hören Sie sich beim Sprechen selbst zu. Hören Sie darauf hin, was Ihnen an Ihnen selbst gefällt.
o   Es gilt sich selbst zuzuhören, um besser verstanden zu werden.

Nähe und Distanz

Welche Mischung aus Nähe und Distanz die passende für die Kontexte von Beratungs- und Lernsituationen ist, ist ein zentrales Thema.

Die Kombination des Empathischen Zuhörens mit dem Sich-selbst-Zuhören sichert die Nähe zu sich und die Verbundenheit mit sich selbst. Darauf aufbauend, gestalten Personen die passende Distanz nach außen. Diese Distanz ist je nach Zuhörsituation eine andere. Handelt es sich um eine private oder um eine berufliche Situation, wird die passende Distanz jeweils anders gebildet.

Da zugehört wird, was gehört wird, und das Gesprochene in der Verantwortung der sprechenden Person bleibt und da sich selbst zugehört wird, um das eigene Verstehen und das Verstandenwerden zu steigern, bleibt eine so zuhörende Person ganz bei sich, da sie in sich zuhörend sich selbst und das Gegenüber versteht und von dort aus die weiteren Sprechakte selbstverantwortlich bildet. Das Aufgehen oder Mitleiden oder Hineinsinken in die Geschichte des Klienten wird durch die Zuhörhaltung sich selbst gegenüber aufgehoben. Dieses Sich-selbst-Zuhören in sich hinein orientiert sich an den Ressourcen, dem Können und den Erfolgen, gibt der eigenen Kompetenz einen reichhaltigen Boden, und darauf aufbauend wird eine professionell gestaltete Distanz geschaffen.

Auf Ressourcen hin zuhören

Die Personalchefin eines Krankenhauses, die mit einem aufkeimenden Burnout in die Beratung gekommen war, berichtete nach einiger Zeit von der großen Erleichterung, die das Gerechte Sprechen in ihrer Arbeit gebracht hat. »Ich habe vorher auf die Defizite und Schwierigkeiten meiner Mitarbeiterinnen gehört und wollte diese möglichst gut für sie lösen. Dabei habe ich mich vollkommen vergessen und bin nur noch hin- und hergerannt. Jetzt höre ich auf die Ressourcen hin zu, höre mir selbst beim Sprechen zu und kann dabei erkennen, wie viel meine Mitarbeiterinnen selbst gestalten können und auch wollen. Ich fordere sie wieder mehr. Sie fühlen sich ernst genommen, und ich habe mehr Zeit für meine Aufgaben. Zudem bin ich wieder ganz bei mir und kann meine Grenzen wunderbar annehmen, weil ich selbst um mein ganzes großes Können weiß. Ich habe zur passenden Distanz gefunden, die in meinem Job so wichtig ist.«

Diese Erkenntnis teilt die zitierte Personalchefin mit vielen anderen, die das Gerechte Sprechen absolviert haben. Im Einzelsetting oder bei der Arbeit mit einer Gruppe kann mit den eigenen Kräften besser umgegangen werden, und die Gefahr der Verausgabung wird reduziert. Das Sich-selbst-Zuhören ist einer der Schlüssel, die zu einem solchen Umgang mit den eigenen und den Ressourcen der anderen Personen führen.

Übung: Sich selbst zuhören im Selbststudium

Erster Tag
Stellen Sie sich vor den Spiegel und erzählen Sie sich, was Sie gestern alles erlebt haben.
Und nochmals: Stellen Sie sich vor den Spiegel und erzählen Sie sich, was Sie gestern alles erlebt haben. Jetzt hören Sie sich beim Sprechen selbst zu. Gibt es zwischen den beiden Erzählungen einen Unterschied? Wenn ja, beschreiben Sie diesen.

Zweiter Tag
Stellen Sie sich vor den Spiegel und erzählen Sie sich, was Sie gestern alles erlebt haben. Dabei schauen Sie sich im Spiegel an. Hören Sie sich selbst zu. Können Sie erkennen, wann Sie sich selbst zuhören und wann Sie Ihre Aufmerksamkeit verschieben? Wenn ja, an welchen Worten machen Sie Ihre Erkenntnis fest?

Dritter Tag
Erzählen Sie, was Sie gestern alles erlebt haben. Legen Sie Ihre Aufmerksamkeit und Konzentration darauf, sich selbst zuzuhören. Hören Sie sich selbst zu. Wenn Sie hören, dass Sie Ihre Aufmerksamkeit verschieben, konzentrieren Sie sich wieder darauf, sich selbst zuzuhören.
Sie hören auf Ihr Können, Ihrer Erfolge und Ihre Ressourcen.
Haben Sie neue Erkenntnisse über sich selbst gehört? – Wenn ja, welche?

Ziele der Übung
o   Sich-selbst-Zuhören üben.
o   Von sich selbst lernen.
o   Sich selbst als Zentrum der eigenen Gedanken kennenlernen.

Mit dieser Übung eröffnen Sie Ihrer Klientel die Möglichkeit, sich in den eignen Kompetenzen und Ressourcen kennenzulernen. Sie dient dazu, das Sich-selbst-Zuhören auszuprobieren, trainieren zu können, und unterstützt in dem Genuss, von sich selbst zuhörend zu lernen, was Sie im Laufe des Tages in Ihrem Untergewussten aufgenommen haben. Zudem schulen Sie sich darin, auf die Begriffe aufmerksam zu werden, die Ihnen verdeutlichen, dass die sprechende Person damit aufgehört hat, sich selbst zuzuhören.

Diese Übung ist geeignet für Lernzusammenhänge, sei dies in der Schule, der Aus- oder Weiterbildung, in der lernenden Therapie oder einem Coaching. Wenn Personen sich neue Kenntnisse oder Wissen aneignen, ist es von Bedeutung, dass sie auch überprüfen können, was sie schon wissen und was sie neu gelernt haben. Beim Sich-selbst-Zuhören können Lernende erkennen, was sie können und welche Zusammenhänge sie sich darauf aufbauend noch erarbeiten wollen. Für erwachsene Personen, die sich erneut auf einen Lernprozess eingelassen haben, wird es leichter, sich lernend zu verändern, da sie durch das Sich-selbst-Zuhören die eigenen Kompetenzen als Grundlage für Neues und Anderes entdecken.

Inneres Zuhören

Das menschliche Ohr hört nach außen und nach innen. In diesem Bereich des Gerechten Sprechens geht es um das Hören nach innen, dem Zuhören der Gefühle, der Seinsweisen und der inneren Stimmen, die sich aus dem Untergewussten heraus zu Wort melden. Geht es bei den beiden anderen Bereichen des Gerechten Hörens – Empathisches Zuhören und Sich-selbst-Zuhören – um das gerechte Verhältnis der Person zu sich selbst und um das gerechte Verhältnis der Personen zueinander, so geht es beim Inneren Zuhören allein um das Gestalten und Wahren des gerechten Verhältnisses der Person zu sich selbst.

Gefühlen zuhören

Die Aufmerksamkeit nach innen nehmen und in sich selbst zuhören erschafft einen tiefen Kontakt zu sich selbst. Im Gerechten Sprechen geht es beim Zuhören nach innen darum, dem zuzuhören, was in einem selbst geschieht. Durch das Innere Zuhören vergegenwärtigt sich die so zuhörende Person, was in ihr geschieht. So wird die innere Haltung erschaffen, erhalten und verändert. Das Gefühlsensemble wird erkannt und gestaltet.

Wie im Gefühlsgerechten Sprechen schon ausgeführt, verfügt jedes Gefühl über eine Stimme. Gefühlsstimmen klären vertrackte Situationen, machen auf Potenziale aufmerksam und geben ihre Meinung kund zu den verschiedensten Zusammenhängen. Sie streiten, sie schmeicheln, sie teilen sich den Menschen mit. Indem Personen ihren Gefühlen durch bewusstes Zuhören Aufmerksamkeit schenken, verstehen sie deren Meinungen, Streitigkeiten, Schmeicheleien und die Gestaltungsvorschläge für die unterschiedlichsten Situationen. Diese Vorgänge geschehen in der Regel im Untergewusstsein der Person. Für dieses innere Vorgehen gibt es verschiedene Begriffe: Intuition, Gedankenblitz, innerer Dialog, spontaner Einfall.

Die Person kann dafür sorgen, dass sie sich mehr und mehr Zugang zum untergewussten Bereich des eigenen Seins erschließt und so spontane Gefühle zu Wort kommen, ihre Stimme haben und an der Gestaltung von Situationen beteiligt sind. Dazu ist es notwendig, dass spontane Gefühle wahrgenommen und als Realität akzeptiert werden. Da alle Gefühle dem Menschen und der Wahrnehmung von Welt dienen, sind alle Gefühle für Personen wichtig. Wenn Gefühle sprachlich negativ eingeschätzt werden, stellen sie sich negativ dar und haben demzufolge negative Konsequenzen.

Für das Kennenlernen des Gefühlsensembles ist es wichtig, alle Gefühle als gut und zum Menschen dazugehörig zu akzeptieren. Dadurch ergibt sich die Möglichkeit, spontane Gefühle anzunehmen und weitere Gefühle der jeweiligen Situation entsprechend auszuwählen und dazu zunehmen, sodass ein optimales Gefühlsensemble entsteht. An der Person liegt es, die stimmige Choreografie zu kreieren, zuzuhören, sich einzumischen, wenn einzelne Gefühle zu kurz kommen oder andere zu viel Platz einnehmen. Dieser Vorgang ist für den ständig stattfindenden Entscheidungsfindungsprozess wichtig. An jeder Entscheidung ist das Gefühlsensemble wesentlich beteiligt. Personen gestalten diesen Prozess zuhörend und wissen um die Möglichkeit, das Gefühlsensemble bewusst zu kombinieren.

Übung: Den eigenen Gefühlen zuhören

Diese Übung können Sie im Einzelsetting oder auch mit Gruppen machen. Sie führen in das Gefühlsgerechte Sprechen ein und erläutern die Wichtigkeit der Gefühle. Dann erläutern Sie den Zuhörprozess und führen von einem Schritt zum nächsten.

o Ich will zuhören.

o Die Zuhörsituation ist in mir selbst ein Austausch meiner Gefühle.

o Ich habe die Zuhörabsicht die Möglichkeiten und Ressourcen aufzunehmen, zu bewerten, auszuwählen und umzusetzen.

o Meine empathische Aufmerksamkeit liegt in mir, und mein Inneres Ohr ist geöffnet: Jetzt höre ich zu.

Ziele der Übung

o Kontakt zum inneren Austausch eröffnen.

o Die Ressource Gefühle entdecken und nutzen.

Es gilt also, den Gefühlen zuzuhören. Auch für dieses Zuhören wird der Zuhörprozess genutzt.

Mit der Angst zur optimalen Gestaltung

Martin G. ist Computerspezialist und hat sich eine kleine Firma aufgebaut, in der er Softwareentwicklung anbietet. Er wirbt die Kunden an, bespricht die Wünsche mit ihnen und stellt ihnen dann die Ideen vor. Er weiß von sich, dass er ein sehr guter Computerspezialist ist, doch in den Kundengesprächen hat er oft mit Wut, Genervtsein und Langeweile zu kämpfen. Wenn er zu viele Gespräche in einer Woche hat, kann es auch schon einmal sein, dass er seine Kunden anschreit.

Er benennt seine Gefühle in den Gesprächen also mit Wut, genervt und Langeweile. Jetzt bekommt er den Auftrag, bei den Kundengesprächen seinen Gefühlen zuzuhören. Martin G. ist erstaunt, dass er sowohl seinen Gefühlen als auch seinen Kunden zuhören konnte. Seine Erkentnisse waren auf einmal ganz klar: Eigentlich hat er Angst, als Versager dazustehen, wenn er diese Arbeit in seiner Firma an andere abgibt, und deshalb macht er all diese Gespräche, die er verabscheut.

In den nächsten Tagen macht sich Martin G. Gedanken darüber, was er mit seiner Angst erreichen will. Jetzt weiß er, dass er sich beschützen will. Und er hat Konsequenzen gezogen:»Ich weiß, dass meine Firma gut läuft und ich erfolgreich bin. Zudem habe ich einen Mitarbeiter, der hervorragend mit den Kunden sprechen und ihnen alles erklären kann. Ich habe ihm die Werbung der Kunden übergeben, und ich spreche nur noch mit ihnen, wenn alles geklärt ist. Dann mache ich Vertrag mit ihnen.«

Martin G. hat für sich, seine Firma und für einen seiner Mitarbeiter durch die Auseinandersetzung mit seiner Angst die optimale Lösung gefunden.

Es geht darum, die spontanen Gefühle ernst zu nehmen und ihnen zuzuhören. Darauf aufbauend, wird mit einer neuen Perspektive das Vorhandene betrachtet, und im Einklang mit den dann kommenden und neu hinzuchoreografierten Gefühlen kann das Passende entworfen werden. Dieses Innere Zuhören fällt in der Regel Männern schwerer als Frauen, da die Bewertung der Gefühle für die Geschlechter verschieden ist. Es lohnt sich jedoch für alle Personen, den vorhandenen Reichtum und die große Kompetenz zu nutzen.

Das Spiel mit den Gefühlskarten

Noch einmal eine Geschichte von Therese L., diesmal mit den Jugendlichen Sandro und Micaela. Sandro ist schnell beleidigt und zieht sich dann in sich selbst zurück und schmollt, wohingegen Micaela schnell wütend wird und dann lauthals tobt. Wieder einmal ist es zwischen den beiden zu einem Streit gekommen. Therese L. holt sie zu sich und gibt beiden eine Gefühlskartenbox. Sie bekommen den Auftrag, die Karten herauszusuchen, die ihre Gefühle am besten beschreiben. Sie dürfen so viele Karten wählen, wie sie brauchen. Es dauert einige Zeit, bis beide die passenden Karten gefunden haben. Sandro hat die Karten traurig, wütend, verletzt, gehemmt und verängstigt herausgesucht. Micaela hat die Karten wütend, beleidigt, traurig, sauer und Angst genommen. Jetzt zeigen sie einander die Karten. Beide sind überrascht. Nun können sie einander nachfragen, was mit den einzelnen Wörtern gemeint ist. Therese L. fordert beide dazu auf, in der kommenden Zeit in sich hineinzuhören, ob sie diese Gefühle auch hören können.

Sie fragt häufiger nach, was sie denn von ihren Gefühlen so gehört haben. Zu Beginn finden sowohl Sandro als auch Micaela diese Aufgabe ziemlich öde. Doch nach einigen Tagen bemerken sie selbst, dass, wenn sie selbst nach innen zuhören, sie sich auch anders nach außen verhalten können.

Es wird deutlich, dass auch für junge Menschen, die sich begleitet in ihrem Personsein einrichten, das Innere Zuhören eine große Unterstützung bietet. Indem sie lernen, ihren Gefühlen zuzuhören und dann mit ihnen und aus ihnen heraus zu leben, eröffnen sie sich die Möglichkeit der Gefühlsgestaltung.

Selbstgespräche

Wahrscheinlich kennen Sie diese inneren Gespräche, mit denen Sie um Klärung ringen oder in denen Sie Ideen wälzen oder um Antworten kämpfen. An diesen Gesprächen sind mehrere Ebenen des personalen Seins beteiligt: Bewusst sind die Gedanken und Gefühle aktiv, die die Person bevorzugt. Dann melden sich dazwischen einige andere Gefühle und Stimmen, die aus dem Untergewussten kommen und entweder zustimmen oder ablehnen, was da im Bewusstsein zusammengedacht wird. Manchmal melden sich Stimmen aus dem Untergewusstsein heraus und erinnern an weitere mögliche Denkzusammenhänge. Diese inneren Gespräche dienen der Selbstdefinition oder der Entscheidungsfindung oder machen Spaß. In jedem Fall lohnt es sich, ihnen zuzuhören und mitzusprechen.

Ein solches inneres Gespräch kann viele Stimmen haben: Alle Gefühle können teilnehmen, alle Seinsweisen, die Ihnen zur Verfügung stehen, alle Erfahrungen und all das Wissen, das Sie sich erarbeitet haben, die Stimmen aus der Vergangenheit, die Sie sich bewahren möchten, und auch die Stimmen der Zukunft, von denen Sie annehmen, dass Sie sie eines Tages hören werden. So besteht vielleicht das innere Gespräch aus der Vernünftigen, dem Spaßhabenwollenden, der Freude und dem Mut und der Langeweile, aus der erhofften Erfolgreichen und der Konsequenten. Dann mischen Sie sich selbst ein in dieses innere Gespräch, sprechen mit und hören zu. Diese inneren Selbstgespräche, in denen das Selbst in all seinen Fassetten mit sich spricht, sind eine tiefe Quelle der Inspiration. Doch leider werden diese inneren Selbstgespräche im Alltag gern dafür genutzt, sich klein zu halten und schuldig zu fühlen. Klientinnen berichten regelmäßig vom schlechten Gewissen, das sich zu Wort meldet und schnell die Oberhand gewinnt.

Sprechen wir diesen Zusammenhang auseinander, dann wird deutlich, dass hier die Definitionsmacht an das schlechte Gewissen abgeben wird. Beim inneren Gespräch gilt wie in allen anderen Seinszusammenhängen auch, dass die Person selbst verantwortlich dafür ist, welche Stimmen sie an diesem Gespräch teilnehmen lässt und was sie aus dem Gespräch macht.

Das gute Gewissen

Auch Nicola V. kommt mit der Last des schlechten Gewissens in die Beratung. Sie ist Lehrerin und Mutter von drei Kindern. Sowohl im Beruf als auch als Mutter hat sie das Gefühl zu versagen. Es kommt heraus, dass Nicola V. allein ihrem schlechten Gewissen zuhört und alle anderen Stimmen, die sich in ihr zu Wort melden außer Acht lässt. Zuerst erläutere ich ihr, dass wir Menschen als Personen auf unser Gewissen angewiesen sind, da es die moralische Instanz darstellt und wir es für Entscheidungsfindungen und unser Einschätzen des eigenen Seins und der Welt brauchen. Doch die Wortverbindung mit »Schlechtes«, die gilt es aufzulösen. Das Schlechte am Gewissen kann sie an die zurückgeben, von denen es kommt, und das Gewissen wird sie behalten.

Nicola V. lächelt.»Das fühlt sich sofort gut an. Ich weiß auch schon, wem das Schlechte des Gewissens gehört. Ich werde es tatsächlich zurückgeben. Ich werde es schenken, denn es war gut gemeint.«

Dann bekommt sie die Aufgabe, genau hinzuhören, welche Stimmen an dem inneren Gespräch beteiligt sind, und die dazuzuholen, von denen sie möchte, dass sie sich einmischen. In einer kommenden Sitzung erzählt Nicola V. begeistert von ihren inneren Gesprächen, die sie sich neu zusammengesetzt hat. Und das für sie Wunderbare ist, dass sie die Zeit mit ihren Kindern genießen kann und weiß, dass sie eine gute Lehrerin ist.

Übung: Das unterstützende Gewissen

Wenn das schlechte Gewissen im Gespräch zum Thema wird, ist diese Übung sowohl im Einzelgespräch als auch in einer Gruppe anwendbar. Erläutern Sie, dass das Gewissen eine notwendige und hilfreiche Instanz darstellt. Durch die gewählte Wortverbindung mit »Schlechtes« wird jedoch die Unterstützung der hilfreichen Instanz in das Gegenteil gekehrt. Jetzt denken Sie die beiden Worte auseinander: Gewissen will ich und brauche ich als meine moralische Instanz. Das »Schlechte« wird an die Adresse zurückgegeben, von der ich es mir geholt habe. Das kann durch das Briefeschreiben geschehen oder dadurch, dass es symbolisch versenkt oder vergraben wird. Das innere Gespräch wird neu mit weiteren Fassetten des Selbst zusammengesetzt und für sich genutzt.

Ziele der Übung

o   Das Gewissen für sich nutzen lernen.
o   Sich selbst von Altlasten befreien.

Inneres Schweigen

Ein weiterer Aspekt des inneren Hörens ist das Hören auf das innere Schweigen. Es tritt dann ein, wenn das Gefühlsensemble alles gesagt, ausgedrückt, gesprochen und das innere Gespräch zu einem Ende gefunden hat. Es kann gut sein, dass dieser Prozess im untergewussten Bereich des Personseins erlebt wird. Dann geht es darum, in sich hineinzuhorchen und sich mit dem inneren Schweigen zu verbinden. In diesen Momenten wird die größte Aufmerksamkeit nach außen erreicht. In der stimmigen Verbindung mit sich selbst und dem Aufgehobensein im inneren Schweigen, in dem Wissen, dass jetzt alles zusammenklingt, entsteht ein Gefühl von Verbundenheit mit sich selbst, während das, was außen geschieht, von der Person in vollkommener Konzentration wahrgenommen wird.

Fragebeispiele für Coaches, Lehrerinnen und Trainer

o Wie hören Sie Ihren Gefühlen zu?
o Führen Sie gezielte Selbstgespräche?
o Gibt es Seinszusammenhänge oder Gefühle, die Sie vermehrt ins Selbstgespräch mit einbeziehen möchten?
o Wie fühlt sich Ihr inneres Schweigen an?
o Wenn Sie jetzt nach innen hören, was hören Sie du da?
o Was bringen innere Gespräche? Was bedeuten Selbstgespräche?
o Was kann mit dem inneren Schweigen erreicht werden?

Alle Gefühle sind für den Menschen da, Personen hören ihren Gefühlen zu und choreografieren sie zu dem Ensemble, das ihnen dienlich ist. Personen verbinden sich mit ihrem inneren Schweigen und erleben so vollkommene Konzentration. Sie hören sich selbst beim Sprechen zu, erhöhen damit das Verstehen, das Verstandenwerden und entdecken ihre eigenen Wunderbarkeiten. Sie hören in sich empathisch zu und gestalten ihr Gewordensein.

Hören und Zuhören – Eine Zusammenfassung

Im Gerechten Sprechen hören Personen in sich dem gehörten Wort zu. Sie gestalten ihre Zuhörgrundhaltung bewusst, indem sie ihr Zuhörenwollen aktivieren, sich der Zuhörsituation bewusst sind und ihre Zuhörabsicht auf die Ressourcen, das Können und Gestaltungsmöglichkeiten hin ausrichten. Die empathische Aufmerksamkeit liegt sowohl beim Sprechen als auch beim Zuhören bei sich selbst.

Beim Sprechen hören sich die Personen selbst zu, wodurch sich das eigene Verstehen und das Verstandenwerden erhöhen. Die sich selbst zuhörende Person versteht das von ihr gehörte Wort und hört auf eigene Ressourcen und Erfolge hin zu. Personen sind mit sich selbst empathisch und verstehen einander von sich her.

Im Inneren Hören hört die Person den Gefühlen zu. Die Selbstgespräche werden gestaltet und für das eigene Gewordensein zur Person eingesetzt.

Praxisberichte: Gerechtes Sprechen im (beruflichen) Alltag

—— Teil 05

In den letzten Jahren ist Gerechtes Sprechen in einigen Institutionen zur Alltagsprache aufgestiegen. Vielfältige Erfahrungen wurden damit gemacht. Die folgenden Praxisberichte zeigen Umsetzung, Nutzen und Wirkung des Gerechten Sprechens in Schulleitung und Personalführung; wie Gerechtes Sprechen in einem multikulturellen Umfeld eingesetzt werden kann; und welche Konsequenzen es in der virtuellen Kommunikation hat. Auch im Umgang mit Aggressionen ist Gerechtes Sprechen von Erfolg gekrönt. Und lesen Sie, wie viel Spaß es macht, Gerechtes Sprechen zu zweit zu erobern. Gerade in Beratungssettings – sei es in der Laufbahnberatung oder in der Telefonseelsorge – werden Veränderungsprozesse mit Gerechtem Sprechen vertieft. Und zur Krönung lesen Sie eine spannende Erzählung und erkennen, dass Gerechtes Sprechen auch in der literarischen Welt von Bedeutung ist. Viel Vergnügen!

Die Autorinnen und Autoren:
- Regina Brandes, Wolfgang Naegeler – Studienseminar Hameln, www.studienseminar-hameln.de
- Luz Dalila Brunner – Personalchefin Stardecor AG, Coach, Seminarleiterin, www.luzdalilabrunner.ch
- Marco Bürli – Leiter E-Gov-Projekte Kanton Aargau, www.ag.ch
- Dorothea Fiechter – Trainerin Aggressionsmanagement NAGS, Trainerin Gerechtes Sprechen
- Myriam Heidelberger Kaufmann – Leiterin Cost Center Versorgung JVA Witzwil
- Fabienne Hostettler, Gabriela Imhof – Coaches www.realisaction.ch
- Sandra Bettina Macher – Laufbahnberaterin
- Anna Marie Ramseier – Schriftstellerin
- Franz Schütz – Ökumenische TelefonSeelsorge Augsburg www.telefonseelsorge-augsburg.de
- Brigitte Warth-Rensch – Schulleiterin, Coach, www.warthvision.ch

Gerechtes Sprechen in der Schulleitung

Brigitte Warth

Als Schulleiterin bin ich zu einem großen Teil sprechend unterwegs. Gespräche mit Lehrpersonen, Eltern, Schülerinnen und Schülern, Behörden und interdisziplinären Fachleuten gehören zu meinen Arbeitsalltag.

Ich sage, was ich meine

Als wichtiger Grundsatz gilt für mich der Leitsatz des Gerechten Sprechens »Ich sage, was ich meine«. Dadurch wird alles klarer, und ich formuliere meine Anliegen transparent und offen. So gestalte ich Beratungs-, Konflikt-, Klärungs- und Informationsgespräche. Wenn Ziele klar formuliert werden, ist deren Erreichung leicht möglich.

Im Schulumfeld ist diese Art der Kommunikation neu. Lehrpersonen gehen sehr vorsichtig miteinander um und das, was gemeint ist, wird teilweise verschwiegen. Damit wird das Ziel der Harmonie und des friedlichen Miteinanders verfolgt. Dies ist meiner Meinung nach ein Trugschluss, denn die Harmonie ist höchstens vordergründig vorhanden. In Mitarbeitergesprächen höre ich oft, welche Konflikte schwelen, weil sie verschwiegen werden, und welche Hemmung besteht, das zu sagen, was gemeint ist.

Viele Lehrpersonen sind ausgebrannt und erschöpft durch die anspruchsvolle Arbeit. Da biete ich als Schulleiterin Unterstützung und Stärkung. Schon viele Erfolgserlebnisse konnten durch die Anwendung des Gerechten Sprechens gefeiert werden. Sobald Menschen zu dem stehen, was ihnen wichtig ist und dies auch in Worte fassen, können Erwartungen erfüllt und Ziele erreicht werden. Worte erschaffen Wirklichkeit. Dinge, die ausgesprochen werden, entspannen die Kommunikation und Dinge, die verschwiegen werden, bilden Nährboden für Konflikte – innere und äußere.

Gerechtes Zuhören

Auch das Gerechte Zuhören ist ein zentraler Bestandteil meiner Arbeit. Einerseits mir selbst zuzuhören, um beim Sprechen zu realisieren, was ich genau gesagt habe und wie es mir dabei geht. Gleichzeitig gilt es, die Aufmerksamkeit beim Zuhören auf das gesprochene Wort zu richten. So bleibt die Verantwortung für das Gesagte beim Gegenüber. Ich verzichte darauf, zu interpretieren und nehme wahr, was gesagt wird.

In der Schule wird viel interpretiert und Mutmaßungen angestellt. Lehrpersonen und auch Schulleitungen haben schnell Antworten und wenig Fragen. Die Zeit für längere Gespräche fehlt. Viele Erwartungen werden an die Schule gestellt – oftmals still. Darauf wird mit Angst und Zurückhaltung reagiert. Und bietet eine große Herausforderung für alle.

Konsequenzen

Zu sagen was ich meine, ist für mich als Schulleitung eine große Arbeitserleichterung. Ich nutze die Zeit für die zentral wichtigen Gespräche klärend und zielführend. Mit dem Gerechten Zuhören habe ich die Möglichkeit mich abzugrenzen, da ich in einem passenden Verhältnis von Nähe und Distanz zu den Gesprächsteilnehmenden bin.

Durch die Grundhaltung der Selbstverantwortung und den Einsatz des Gerechten Sprechens gestalte ich eine Zusammenarbeitskultur, in der auch die Lehrpersonen mit einbezogen sind. Das gegenseitige Verständnis wird dadurch verstärkt. Es entsteht Klarheit, Authentizität und viel Spaß bei der Arbeit!

Gerechtes Sprechen in der Ausbildung von Lehrkräften

Wolfgang Naegeler, Regina Brandes

»Ja, es war sehr schwer für mich, das Wort *müssen* für eine Woche durch das Wort *wollen* zu ersetzen«, gibt eine unserer Auszubildenden uns zu verstehen, und der Großteil der Gruppe pflichtet ihr bei. Was sich in der Folgezeit als wirklich hilfreich erweist, ist der stetige Hinweis darauf, *wollen* statt *müssen* sowohl zu sagen, als auch zu meinen. Sich selbst im positiven Sinne regelmäßig zu ertappen, ist großartig, wenn der Sinn im Austausch der beiden Worte erkannt, besser noch erfühlt wird und deutlich wird, wie Sprache benennt und damit Wirklichkeiten schafft.

Es wird klar, dass sprechende und zuhörende Arbeit sehr viel leichter fällt, wenn jede noch so kleine Gelegenheit im Alltag genutzt wird, um alltägliche Kommunikation gerechter zu gestalten und zu erleben. Diese Überzeugung wollen wir (vor)leben.

Emphatisches Zuhören

Unsere Auszubildenden sind permanent in Situationen, in denen sie »zugetextet« werden. Wie können sie das alles zuhörend verstehen? Dazu braucht es die Erkenntnis, dass zunächst das Zuhören erfolgt, besser noch das empathische Zuhören im Sinne des In-sich-selbst-Hineinfühlens, um den Gedanken des Gegenübers folgen zu können. Diese Umleitung der Aufmerksamkeit von der sprechenden Person zu sich selbst ist das Entscheidende.

Schule und das Wollensystem

Das Thema Schule ist oft mit einem Zwangssystem verbunden, welches nur schrittweise aufgebrochen werden kann. Das bedeutet, sich die Zeit zu nehmen, um beispielsweise den Schülerinnen und Schülern zu erläutern, warum sie Hausaufgaben machen »wollen«. Das heißt für uns und unsere Auszubildenden, dass wir uns selbst immer wieder beim Sprechen zuhören und Gesagtes konsequent reflektieren. Hierbei nutzen wir für unsere Seminararbeit – aber auch in Unterrichtsnachbesprechungen – einzelne Kapitel aus den Werken »Gerechtes Sprechen« und »Besser kommunizieren im Beruf durch Gerechtes Sprechen«.

Innere Haltung

Den Fokus immer wieder auf das Gesagte zu lenken und zu reflektieren ist anstrengend und wohltuend zugleich. Was mache ich mit dem Gehörten, wenn jemand mir erzählt, wie schrecklich die eigene Lerngruppe sich gerade wieder verhalten hat? »Ja, es zieht mich für eine ganze Weile mit hinunter«, stellen unsere Lehrkräfte im Vorbereitungsdienst an sich selbst fest. Wir erkennen in unserer Arbeit zunehmend, dass »die innere Haltung beim Gerechten Sprechen geprägt ist von der Liebe zu sich selbst und zu den anderen Menschen ...«. Wir vermitteln einerseits das Wissen und Können im Sinne von Kompetenzentwicklung, andererseits legen wir Wert darauf, dass zukünftige Lehrkräfte in dieser Phase ihres Berufserwerbs eine Haltung einnehmen, dass sie eine »großzügige« innere Haltung für sich selbst entwickeln, die es ihnen ermöglicht, aufmerksam und wertschätzend gegenüber anderen zu sein, aufrecht durch den Vorbereitungsdienst zu gehen und die eigene Meinung und Position begründet zu vertreten.

Hier spielt uns Cornelia Schinzilarz mit ihrem philosophischen Ansatz des Gerechten Sprechens förmlich in die Karten, denn gute Modelle bieten den angehenden Lehrkräften beste Lerngelegenheiten.

Erfolge auseinandersprechen

Gerade auch in Unterrichtsnachbesprechungen können sie üben, Erfolge »auseinanderzusprechen«. Die Aussage »Das ist mir gelungen« bedeutet nämlich, zum Erfolg zu stehen und die dahinterstehenden eigenen Ressourcen entsprechend zu benennen. Auszubildende lernen dabei, Handlungen, die im Unterricht zum Erfolg geführt haben, zu erinnern und klar zu benennen. Wenn dann auch noch die Gefühle, die der Einzelne in der jeweiligen Situation hatte, selbstbewusst artikuliert werden, sind die Auszubildenden auf dem besten Weg, freudvolle und erfolgreiche Lehrkräfte zu werden.

Gerechtes Sprechen in der Personalführung

Luz Dalila Brunner

Die klare Sprache des Gerechten Sprechens, das gekonnte Zuhören und die respektvolle Feedbackkultur dieses Kommunikationsmodell wurden meine wichtigsten Führungsinstrumente. Darauf aufbauend ist mir für die Personalführung Folgendes von zentraler Bedeutung:

o   die einzelne Mitarbeiterin in den verschiedenen Abteilungen besser kennenzulernen,

o   eine Atmosphäre des Vertrauens und gegenseitigen Respekts zu wecken,

um so die Themen, die Bedürfnisse, die vorhandene Zufriedenheit und die Spannungen der einzelnen Personen auch gegenüber dem Team wahrzunehmen. Und dann gilt es, zu entscheiden, was zu tun ist.

Konkretes Vorgehen

In unserem Textilbetrieb arbeiten hauptsächlich Frauen, die aus den verschiedensten Kulturen sind. In allen Abteilungen arbeiten die meisten Mitarbeiterinnen sehr selbstständig und gekonnt. Sowohl gute Qualitäten und Kompetenzen als auch die Bereitschaft, Zusätzliches zu lernen, sind vorhanden. Doch im Bereich Kommunikation, Konfliktfähigkeit und Teamfähigkeit sind Mängel vorhanden. Zu Beginn wurden die Mitarbeiterinnen in Sitzungen daran erinnert, dass sie mit der Unterzeichnung des Arbeitsvertrags drei Verpflichtungen eingegangen sind: Verpflichtungen im Arbeitsbereich, im Teambereich und im Umgang mit Materialien. Gemäß dem Gerechten Sprechen machte ich sie zuerst einmal auf ihre Kompetenzen und Erfolge aufmerksam. Ich wies sie darauf hin, dass sie gute Leistungen in zwei Bereichen zeigten. Dann war es sehr gut möglich, eine Leistungssteigerung bei der Teamfähigkeit einzufordern.

Entlang der drei Ebenen zu Gerechtigkeit – das gerechte Verhältnis zu sich selbst, den anderen Personen und der Situation gegenüber – erarbeitete ich als Personalverantwortliche Regeln, Abmachungen und Vereinbarungen. Diese wurden allen mündlich erklärt und zum Unterschreiben gegeben. Durch die persönliche Unterschrift hat jede Mitarbeiterin ihr Ja zur Veränderung und Verbesserung der Kommunikation und Zusammenarbeit gegeben.

Rückmeldungen

Für die Evaluation des neuen Vorgehens habe ich eine kleine Umfrage durchgeführt. Das führte zu folgenden Ergebnissen:

o   Die Personalverantwortliche beeindruckte von Anfang an mit ihrem Kommunikationsstil. Er wurde als motivierend und unterstützend erlebt.

o   Hier einige detaillierte Bewertungen:
   – sehr ehrlich, direkt und offen
   – gelassen, ruhig, stark, entschieden, tapfer

- Konflikte werden in einem angemessenen Ton angesprochen und sie behält die Ruhe
- bringt gute Ideen, Vorschläge um Fehler und Konflikte zu vermeiden
- sehr hilfsbereit, fair und zuvorkommend
- versucht in mehreren Gesprächen zu retten, was zu retten ist
- kann aber auch negative Entscheidungen treffen
- weiß, was sie will, hat ihr Ziel immer vor Augen

Insgesamt lässt sich festhalten, dass das Arbeitsklima in der ganzen Firma sehr viel solidarischer und die Kollegialität unter den Mitarbeiterinnen deutlich besser geworden ist. Es ist erkennbar, wie gern die Mitarbeiterinnen jetzt zur Arbeit kommen. Mit anderen Worten: die Produktivität hat sich verbessert, die Qualität der Ware ist gestiegen und die Leistungsbereitschaft ist deutlich erhöht. So ist aus guter Arbeit sehr gute Arbeit geworden.

Es wird deutlich, dass die positiven und markanten Veränderungen allein durch die klare Kommunikation des Gerechten Sprechens und das gezielte Zuhören auf die Anliegen der Mitarbeiterinnen zu erreichen sind. Mit Gerechtem Sprechen sind so etwas wie Wunder möglich, weil die Menschen sich angesprochen und ernst genommen fühlen.

Gerechtes Sprechen im multikulturellen Umfeld

Myriam Heidelberger Kaufmann

Mittels Kommunikation stellen Menschen Beziehungen zueinander her und vertiefen diese. Dabei werden eigene Hintergründe und Erfahrungen eingebracht. Im multikulturellen Umfeld unterscheiden sich diese Hintergründe enorm und werden häufig als Kommunikationsbarrieren bezeichnet. Durch den konsequenten Einsatz des Gerechten Sprechens, mit spezieller Konzentration auf das Gerechte

Zuhören, Anwesende Sprache und Kulturgerechtes Sprechen können Personen sich neue Kulturwelten eröffnen, wie das folgende Beispiel zeigt.

Ein Gespräch unter Musliminnen und Christinnen

Eine Arbeitsgruppe bereitet ein Treffen zwischen jungen Frauen aus Ägypten und der Schweiz vor. Das Ziel ist, wertebasierten Austausch zwischen Christinnen und Musliminnen zu pflegen und so den Boden für Friedensarbeit zu bereiten. Die Diskussion der wesentlichen Grundwerte beider Religionen hat das Ziel, gemeinsame Werte als Basis zu finden. Die Ägypterinnen nannten »Ordnung, Kontrolle und Gehorsam« als oberste Werte. Sie schienen unvereinbar mit den christlichen Grundwerten »Würde, gleiche Rechte, Vertrauen«. Die Verhandlungen drohten zu scheitern.

Die Frage nach dem Sinn und dem Hintergrund der Begriffe brachte Klärung. »Was bedeutet denn Ordnung? Und warum ist es so wichtig für euch?« wurde mit folgender Aussage beantwortet: »Hier in Ägypten haben wir keine Ordnung, niemand hält sich an Gesetze, jeder tut, was er will. Hast du gesehen, wie in Kairo Auto gefahren wird? Es ist absolut notwendig, dass junge Frauen sich einen eigenen Ordnungskodex geben, sich selbst Regeln für ihr Leben erstellen und auch einhalten. Nur so überleben wir in dieser Welt. Entsprechend wesentlich ist es, dass wir ruhig und gelassen bleiben in diesem Chaos, das wir nur teilweise beeinflussen und ändern können.«

Basierend auf der gegenseitigen Erklärung der Bedeutung der gewählten Begriffe wurde ein gemeinsamer Wertekatalog erstellt. So konnte ein bereicherndes Treffen für beide Gruppen organisiert werden.

Ein Gespräch über das Wetter

Bereits im Gespräch über das Wetter werden kulturelle Unterschiede sichtbar. Ein Brite hat zum Beispiel durch seinen Hintergrund die Angewohnheit abwesend zu sprechen. Das Wetter ist »nicht so schlecht« oder »es regnet nicht«. Genauso wird er auf die Nachfrage, ob er die Aufgabe verstanden habe, antworten, dass es »kein Problem« sei. Durch das gezielte Einfordern der Anwesenheitssprache eröffnen sich diese Menschen neue Wirklichkeiten, höheres Selbstbewusstsein und eine verstärkte Motivation.

Frauen und arabische Männer

Durch die Anwesende Sprache und damit durch das Benennen der Wirklichkeit können auch Unterschiede in Rang und Wichtigkeit, wie es zum Beispiel im asiatischen oder arabischen Raum Gang und Gäbe ist, aufgehoben werden. Menschen begegnen sich auf derselben Ebene. So wurde es möglich, dass eine Frau eine Gruppe arabischer Männer anleitete und von ihnen in ihrer Funktion akzeptiert wurde.

Gerechtes Sprechen in multikulturellen Teams

Die Anwendung des Gerechten Sprechens in multikulturellen Teams verkürzt Arbeitsbesprechungen, versachlicht Mitarbeitendengespräche und minimiert Konflikte. Zudem erhöhen die Mitarbeitenden ihre Fähigkeit, andere verstehen zu wollen, sie bauen dadurch Vorurteile ab und ihre eigene Sozialkompetenz auf. Multikulturelle Teams, die Gerechtes Sprechen konsequent einsetzen sind neugierig auf andere Kulturen, feiern Gemeinsamkeiten und akzeptieren Unterschiede. Sie sind sehr erfolgreich und erreichen gesetzte Ziele gemeinsam.

Gerechtes Sprechen in der virtuellen Kommunikation

Marco Bürli

Weltweit arbeiten Unternehmen immer vernetzter. Die Organisationsformen passen sich den neuen Umständen an. Die Zusammenarbeit wird vermehrt ortsunabhängig und internationalisiert. Die Anforderungen an die technische Unterstützung der Organisation, vor allem im Bereich der Kommunikation, halten Schritt und bieten evolutionär regelmäßig mehr Möglichkeiten. Die Virtualisierung von Gruppen und Teams in der Arbeitswelt nimmt zu. Dieser Wandel betrifft auch den Staat.

Insbesondere im standortverteilten Projektmanagement kommen die Mechanismen von virtuellen Teams zum Tragen. Selbst im privaten Bereich ist eine Virtualisierung unserer Gesellschaft durch die Nutzung virtueller Plattformen wie zum Beispiel Facebook, Skype, Twitter, WhatsApp, Video on Demand, Cloud-Speicher et cetera festzustellen. Doch neben der Tatsache, dass Menschen verteilt arbeiten und für den Geschäftserfolg eingestellt sind, braucht es noch einiges, um den Erfolg virtueller Teamarbeit zu sichern.

Sprechen als soziale Kompetenz

An die Kommunikation und insbesondere an die Sprache werden im beruflichen Alltag hohe Anforderungen gestellt und von den Mitarbeitenden ausgeprägte Kompetenzen gefordert. Sprechen als soziale Kompetenz stellt somit einen entscheidenden Erfolgsfaktor im virtuellen Team dar. Dies ist im standortverteilten Kontext für den synchronen Austausch von Informationen maßgebend und somit ein entscheidender Faktor für den Erfolg und die prosperierende Zusammenarbeit. Gerechtes Sprechen ist eine soziale Fähigkeit, die erlernt und ausgebaut werden kann. Diese Erkenntnis macht die Methode des Gerechten Sprechens jederzeit und besonders für den Führungsalltag anwendbar.

Das gesprochene Wort gilt

Gerechtes Sprechen ist prädestiniert, um kreativ und benennend die Zusammenarbeit im virtuellen Team zu gestalten. Damit schaffen wir die Voraussetzung, dass ein gesprochenes Wort gilt und der Anteil an Interpretation erheblich vermindert wird. Dies führt zur Reduktion des Kommunikationsaufwands (weniger E-Mails und Sitzungen) und vermindert Missverständnisse (weniger Konflikte). Die dabei verwendete Entscheidungssprache optimiert die Kommunikationswege und steigert das Verständnis des Einzelnen über die ausgesprochenen Willensäußerungen. Die freigewordenen Ressourcen werden in die Qualität der Arbeit und der Beziehungen investiert. Dies fördert unter anderem den Zugang zur eigenen Person. Da wir Menschen unterschiedlicher Herkunft und Kulturkreise im Team haben, nutzen wir besonders die Benennende Sprache aktiv, um Menschen auf eine gleiche Stufe zu stellen. Kulturelle Unterschiede werden akzeptiert und als Basis für einen interaktiven Austausch eingesetzt. Herrschaftsverhältnisse werden egalisiert, was einen Zugang zu Meinungen und Wertvorstellungen ermöglicht. Gerechtes Sprechen fungiert somit auch als Konnektor zum multikulturellen Management und erleichtert über die Sprache den Zugang zu anderen Kulturen.

Gerechtes Sprechen praxisnah

All diese Eigenschaften und die damit einhergehende Denkweise unterstützen uns als virtuelles Team, insbesondere wenn wir in der Projektleitung mit Teilnehmenden über größere Distanzen verteilt sind. Die ressourcen- und gestaltungsorientierte Sprache ermöglicht einen fruchtbaren und fairen Austausch und bringt die Möglichkeit einer gesteigerten Selbstwahrnehmung als kompetenzbasierten Bestandteil mit sich. Gerechtes Sprechen wird bei uns praxisnah und auf einfache Weise eingesetzt. Als Motivation dient neben der Verringerung des Konfliktpotenzials auch ein gemeinsames menschenorientiertes Verständnis.

Die Initialisierung und Einführung in diese Form der Kommunikation bedingt eine vorbereitende Unterweisung in die Grundlagen des Gerechten Sprechens, den Willen und die aktive Auseinandersetzung mit den eigenen Werten. Eine anfängliche Begleitung der Mitarbeitenden und den reflexiven Austausch erachte ich als zwingend. Und selbstverständlich lernen alle Beteiligten über die Anwendung des Gerechten Sprechens mehr über sich und die selbst gestaltete Welt drum herum.

Gerechtes Sprechen im Aggressionsmanagement

Dorothea Fiechter

Im Aggressionsmanagement wird mit Menschen gearbeitet, die sich in einer akuten aggressiven Krise befinden. Neurobiologisch ist erforscht, dass die Sinneswahrnehmung in einer aggressiven Krise eingeschränkt, und somit das vernetze Denken teilweise oder fast unterbrochen ist. Dadurch entsteht großer Spielraum für Fehlinterpretationen und Missverständnisse. Von daher ist es von großer Wichtigkeit, mit den Menschen in einer aggressiven Krise klar und verständlich zu sprechen.

Gerechtes Sprechen ist ein hervorragendes Kommunikationsmodell im professionellen Aggressionsmanagement. Geht es hier doch darum, das zu sagen, was gemeint ist, und das zu meinen, was gesagt wird. Besonders hervorzuheben ist das Menschenbild, das dem Gerechten Sprechen zugrunde liegt, das Wollensystem und die Anwesende Sprache.

Menschenbild

Das Menschenbild im Gerechten Sprechen geht davon aus, dass Menschen in ihrer Grundstruktur gut und auf Potenziale, Wohlwollen und Kooperation ausrichtet sind. Im Umgang mit Aggressionen spielt dieses Menschenbild eine ganz wichtige Rolle, da es für das Verhalten des Betreuungspersonals handlungsleitend ist. Es wird darauf verzichtet, Aggressionen als böse zu bewerten. Vielmehr stellen sie einen Ausdruck persönlicher Not dar. Oder sie gehören – aus der Grundperspektive der Neurobiologie – zum Erleben von seelischem oder körperlichem Schmerz. Eine solche Bewertung ermöglicht einen Umgang mit Aggressionen, welcher das Erleben der Aggression sowohl bei den Betroffenen Personen als auch bei denen, die sie betreuen, erleichtert.

Wollensystem

Mit der Zwangssprache und dabei mit den Begriffen »müssen« und »sollen« werden Aggressionen verstärkt. Im Wollensystem wird die Selbstverantwortung und Selbstbestimmung gefördert, aggressive Menschen können sich erkennen und andere Gefühle für sich entdecken. Im Wollensystem zu sprechen ist demnach sowohl eine wertvolle und hilfreiche Präventionsstrategie als auch besonders sinnvoll in einer aggressiven Krise.

Anwesende Sprache – Gefühlsgerechtes Sprechen

Verhalten und Handeln von Menschen werden vorwiegend durch die Gefühle gesteuert. Im Gefühlsgerechten Sprechen sind alle Gefühle für die Lebensgestaltung dienlich. Diese Haltung erleichtert den Zugang auch zu aggressiven Gefühlen. Sie gehören zum Menschsein. Gerade in Schmerz- oder Angstsituationen sind sie von großer Wichtigkeit. Denn das Gefühl Aggression stellt eine Kraft dar, mit der Menschen sich schützen, selbst behaupten oder die sie zur Verteidigung nutzen können.

Um einen konstruktiven Umgang mit ihr zu finden, ist es zentral, dass Menschen diese Gefühle benennen und ausdrücken können. Bleibt Aggression unterdrückt oder wird sie gar als schlecht oder böse bewertet, wirkt sie sich gefährlich und schädigend aus.

Hier bietet Gerechtes Sprechen einerseits die dienliche Bewertung aller Gefühle an, also auch der Aggression. Andererseits werden vielfältige anwesende Gefühlswörter zur Verfügung gestellt, sodass Angebote für weitere Gefühle gemacht werden können.

Anwesende Sprache – Situationsgerechtes Sprechen

Im Situationsgerechten Sprechen geht es darum, die Wortverbindungen mit »un«-, »nicht«, und »kein« zu vermeiden. Bedingt durch die eingeschränkte Sinneswahrnehmung werden diese Wörter von Betroffenen überhört. Wenn das Betreuungspersonal also zum Beispiel sagt: »Sprechen Sie nicht so laut«, hört der aggressive Mensch »Sprechen Sie laut«. In diesem Fall wird dann gesagt: »Sprechen Sie leiser«. Es geht also darum, das zu sagen, was tatsächlich ist.

Zusammenfassend lässt sich feststellen: Es ist wichtig, im Umgang mit aggressiven Menschen gerecht zu sprechen. Das bedeutet, sich möglichst in deutlichen und verständlichen Worten, in kurzen Sätzen und in einer klaren Stimmlage auszudrücken. Dabei gilt es, im Wollensystem zu bleiben und auch die Aggression als zum Menschen dazugehörig zu bewerten.

Zu zweit macht es noch mehr Spaß!

Gabriela Imhof, Fabienne Hostettler

Mit dieser Einstellung haben wir begonnen, uns mit dem Gerechten Sprechen auseinanderzusetzen und uns darin zu vertiefen. Wir sind zwei Frauen, die als Beraterinnen, Coaches und Erwachsenenbildnerinnen in der beruflichen Arbeitsintegration sowie im Sozial- und Gesundheitswesen tätig sind; die eine von uns hauptsächlich französischsprachig, die andere deutschsprachig. Spannende Voraussetzungen also, um das Gerechte Sprechen sowohl in Deutsch als auch in Französisch im beruflichen Alltag einzuüben, zu verinnerlichen und es in Bildungs-, Coaching- und Beratungssituationen locker anzuwenden.

Wollensystem und Rhythmusgerechtes Sprechen

Der Prozess der Verinnerlichung des Gerechten Sprechens begann für uns beide damit, uns im Wollensystem und Rhythmusgerechtem Sprechen zu üben. Dafür begannen wir mit der Reduktion von Zwangsbegriffen und Tempobegriffen. »Noch schnell die E-Mails beantworten«, »Geschwind in die Sitzung müssen«, »Rasch telefonieren« ... – unser Alltag war voll von Zwangs- und Tempobegriffen. Wir haben uns gegenseitig bei entsprechender Wortwahl stets auf Neue darauf aufmerksam gemacht, um dann die Sätze im Wollensystem und im gewollten Rhythmus neu zu formulieren. So ermöglichten wir uns, uns im Berufsalltag entspannter zu fühlen. Jetzt entscheiden wir lustvoll, bewusst und mit Leichtigkeit, was wir wollen. Dadurch übernehmen wir Verantwortung für unser Fühlen und Handeln.

Im Coaching- und Beratungskontext stellen wir den Kundinnen und Kunden heute andere Fragen. »Müssen Sie wirklich?«, »Wie fühlen Sie sich, wenn Sie müssen, und wie, wenn Sie wollen?«, »Wie wollen Sie sich fühlen?« Einige Kundinnen und Kunden reagieren irritiert bis ablehnend. Lassen sie sich aber auf die Fragen ein, haben sie Erkenntnisse wie: sich leicht und befreit fühlen, die Zügel selbst in der Hand halten, den Weg klar vor sich sehen.

Gefühlsgerechtes Sprechen

Eine besondere reizvolle Herausforderung war und ist für uns als zweisprachiges Team die Reflexion rund um das Gefühlsgerechte Sprechen. Wir haben die knapp 500 deutschsprachigen Gefühlsbegriffe der Gefühlskarten intensiv durchgesprochen, um die jeweils entsprechenden französischen Gefühlsbegriffe zu finden. Dadurch haben wir unseren Wortschatz beträchtlich erweitert und es macht uns riesig Spaß, Wortzauberei zu betreiben, damit wir möglichst präzise ausdrücken können, wie wir uns fühlen. Die Gefühlskarten gehören heute zu unserem Berufsalltag. Sei es, dass wir sie für uns selbst nutzen, um uns gefühlsmäßig auf eine Sitzung vorzubereiten. Sei es, dass wir unsere Kundinnen und Kunden auffordern, aus den Gefühlskarten ein Gefühlsensemble zur aktuellen Frage oder Situation zu ziehen. Das spielerische Element des Kartenziehens, die Neugier auf das Wort, welches gezogen wird, regt die Kundinnen und Kunden an und sie lassen sich gern auf dieses Spiel ein.

Situationsgerechtes Sprechen

Konsequent haben wir auch begonnen, situationsgerecht zu schreiben respektive zu sprechen und zu benennen, was da ist und was gewollt wird. So wird zum Beispiel aus»Setzen Sie Ihre Anonymität nicht leichtfertig aufs Spiel« der Satz »Gehen Sie mit Ihren persönlichen Daten bewusst und vertraulich um«. Mit der Anwendung des Situationsgerechten Sprechens stoßen wir bei Vorgesetzten und Teamkolleginnen teilweise auf Resistenz. »Man müsse doch so sprechen und schreiben, dass die Leute verstehen würden, was sie nicht tun sollen, man müsse sich doch die Leute dort abholen, wo sie seien, sonst würden sie nicht begreifen, worum es gehe ...« Bei solchen Aussagen bleiben wir gelassen und heiter, wir anerkennen die Ressourcen der Ablehnung und wir schaffen gerecht sprechend weiterhin die Wirklichkeit, die wir wollen.

Erfolgsgeschichten

Ein weiteres Lieblingselement aus dem Gerechten Sprechen ist für uns das Erzählen von Erfolgen. Wir richten unseren Fokus regelmäßig auf die kleinen und großen Erfolge, sowohl auf unsere eigenen als auch auf jene unserer Kundinnen und Kunden. Erfolgsgeschichten erlauben uns, diejenigen Ressourcen herauszukristallisieren, welche zur Zielerreichung oder zum Meistern einer Situation hilfreich sind.

Neue Dimensionen

Gerechtes Sprechen ist für uns eine Kommunikation mit neuen Dimensionen. Wir fühlen uns wie Zauberlehrtöchter. Mittels Gerechtem Sprechen werden wir erwachsen. Denn erwachsen werden heißt, Verantwortung zu übernehmen für die eigene Wirklichkeit.

Gerechtes Sprechen in der Laufbahnberatung

Sandra Macher

Viele kennen das Erarbeiten eines möglichst vollständigen Curriculum Vitae, das Zusammenstellen eines beruflichen Portfolios, das rationale Vorbereiten für Job-Assessments. Oft beschäftigen wir uns dabei mit dem Erklären oder gar dem Kaschieren von Lücken und Brüchen unserer Karriere. Auf der Grundlage des Gerechten Sprechens wird der eigene Werdegang anders reflektiert und bearbeitet. Dabei gibt es zahlreiche gewinnbringende Einsichten zu erlangen!

Umbruchphasen bergen viel Potenzial, um sich erneut oder überhaupt einmal gründlich mit sich selbst sowie mit eigenen Wünschen und Bedürfnissen auseinanderzusetzen. Gerade bei überraschenden und deshalb besonders herausfordernden Brüchen, wie Arbeitsplatzverlust oder längeren Krankheitsperioden, erarbeitet sich der betroffene Mensch – oft auch beruflich wertvolle – Kompetenzen und ein immenses Wissen bezüglich Selbstmanagement und Selbstkenntnis. Somit sind Brüche und Krisen ideale Chancen für Persönlichkeitsentfaltung, Bewusstseinserweiterung und berufliche Weiterentwicklung. Zu diesem Zweck ist der bejahende Fokus auf jegliche überstandene Erschütterungen, gemeisterte Herausforderungen, durchgestandene Ausbildungen, gelungene

Abschlüsse oder bereits umgesetzte Vorhaben und Träume absolut wichtig.

Mit dem Hervorholen und Benennen solcher Erfolge, Kraftakte und dem Aufzeigen von Standhaftigkeit und Beharrlichkeit kann in der Laufbahnberatung mit den Ratsuchenden viel Ermutigung erarbeitet werden. Gefragt wird beispielsweise: »Wie haben Sie sich motiviert, um diese lange Ausbildung zu bewältigen?« Oder: »Was haben sie geleistet, um ein solch exzellentes Arbeitszeugnis zu erhalten?«. Gerechtes Sprechen wirkt genau da: Das verbale Anerkennen und das Aussprechen eigener Leistungen und Charakterstärken steigern den Selbstwert und das Selbstbewusstsein. Zudem werden sich Ratsuchende eigener Erfolgsstrategien bewusst. Eine solche positive Reflexion kann die persönlichen Ressourcen erfahrbar machen, weil sie umgehend mit positiven Gefühlen (etwa mit Freude, Stolz, Dankbarkeit) verbunden werden. Die Entschlossenheit spezifische Begabungen vermehrt beruflich einzusetzen kann wachsen, und der Durchsetzungswille wird immer selbstverständlicher verankert. Ein gesichertes Bewusstsein eigener Stärken und individueller Erfolgsstrategien ist grundlegend für eine Stellensuche oder eine berufliche Umorientierung.

Die Basis zu all dem ist die Erinnerung und das Aufarbeiten des Berufswegs auf der Basis des Gerechten Sprechens. Der eigene berufliche Werdegang wird gerecht erinnert und »Untergewusstes«, bereits Praktiziertes und Umgesetztes wird wieder ins Bewusstsein geholt. Der Werdegang beginnt schon vor dem ersten attestierten Job, welcher oft chronologisch zuunterst im Lebenslauf angehängt wird – nämlich bereits in der Kindheit und in der Jugend. In der Laufbahnberatung fragen wir nach, was, wie, in welchem schulischen oder beruflichen Kontext gelungen ist. Der Fokus liegt somit auf Ressourcen und Potenzialen der Klienten anstelle des bekannten Fingerzeigs auf Lücken. Dies ermöglicht den Klienten eine Neu-beurteilung ihres beruflichen Werdegangs und des eigenen Könnens. Ausschlaggebend ist somit einerseits was, wann woraus geschaffen wurde, andererseits auch warum, wie und mit welchem Ziel Dinge angepackt worden sind oder bestimmte Entscheidungen getroffen wurden.

Leitend für die Reflexion sind ursprüngliche Bedürfnisse und Neigungen, welche zu einem bestimmten Beruf geführt haben: »Was habe ich schon als Kind oder als Teenager leidenschaftlich gern umgesetzt? Womit habe ich damals am liebsten meine Zeit verbracht? Wer waren meine Helden: die Nachbarin, Pippi Langstrumpf, Winnetou oder der Großvater?« Vieles von dem, was damals für uns wichtig und faszinierend war, ist auch gegenwärtig noch von Bedeutung.

Erinnerung auf der Basis des Gerechten Sprechens fokussiert auf dem ursprünglich Erträumten, Gewollten, bereits Erreichten und erfolgreich Umgesetzten ... Sie bedient sich lösungsorientierter Kommunikation und erlaubt auch das kraftvolle, klare Formulieren neuer Ziele und Visionen. Mit dieser Kommunikationsstrategie werden in der Beratung die ureigenen Motive und Neigungen der Klienten zur Sprache und ins Bewusstsein gebracht.

Ein bejahendes Eintauchen in die eigene Lebensgeschichte und den persönlichen beruflichen Werdegang ermöglicht einen bestärkenden Fokus auf die eigene Handlungsfähigkeit, individuelle Kompetenzen und bereits erbrachte Leistungen. Diese Perspektive erleichtert, anstehende Entscheidungen zu treffen und spornt zur weiteren aktiven Umsetzung der Berufsträume an ... Die Wurzeln der Zukunft liegen in der Vergangenheit; dem Erfahrenen, Geleisteten und Erlebten. Das gemeinsame Aufarbeiten und das regelmäßige Aufschreiben eigener Erfolgsgeschichten mithilfe des Gerechten Sprechens festigen diesen Ansatz und lässt die eigene Geschichte leuchten. Das Augenmerk liegt bewusst auf bereits Vorhandenem.

Den eigenen Berufswerdegang auf diese Weise zu erinnern heißt, bewusst eigene Erfolge zu vergegenwärtigen. Diese Form des Erinnerns komplementiert sachliche (teils defizitorientierte) berufliche Standortbestimmungen äußerst gewinnbringend und ist für eine authentische persönliche und berufliche Weiterentwicklung wesentlich. Gerechtes Sprechen beinhaltet einen sorgfältigen und auch freudvoll-spielerischen Umgang mit Sprache an sich und den zahlreichen zur Verfügung stehenden Begrifflichkeiten und Formulierungen für Vorhaben, Ziele und Lösungen. Diese Haltung erleichtert das Nach-vorne-Schauen und kann wie eine Aufwärtsspirale wirken: Möglichkeiten und Chancen werden erkannt und können im Bewusstsein eigener Ressourcen umgesetzt werden.

Der selbstbewusste und beschwingte Umgang mit der eigenen beruflichen Biografie ist während der Suche nach passenden beruflichen Perspektiven zentral und ermöglicht eine leichtere Bewältigung momentaner Entscheidungen sowie eine nachhaltige Gestaltung einer stimmigen zukünftigen Berufslaufbahn.

Gerechtes Sprechen in der TelefonSeelsorge

Franz Schütz

Das Herz der TelefonSeelsorge in Deutschland und der »Dargebotene Hand« in der Schweiz ist das gesprochene Wort. »Im Anfang war das Wort und durch das Wort ist alles geworden« – dieses Bibelzitat beschreibt, worauf es im Wesentlichen ankommt.

Während in persönlichen Begegnungen auch der visuelle Eindruck eine Bedeutung hat und die Inhalte teilweise überlagert werden, konzentrieren wir uns am Telefon ganz auf das gesprochene Wort. Dabei sind selbstverständlich auch die Stimme und Stimmung von großer Bedeutung. Die Fortbildung »Gerechtes Sprechen« mit Cornelia Schinzilarz brachte für unsere 75 ehrenamtlichen Mitarbeiterinnen und Mitarbeiter in Augsburg viele neue Erkenntnisse und bestätigte zugleich unsere Erfahrungen am Telefon. In Bewerbungsverfahren für die Ausbildung zum TelefonSeelsorger erleben wir in Gesprächsübungen, wie manche Interessenten angestrengt zuhören, parallel sich schon Gedanken machen und sofort Lösungen anbieten, ihre Meinung kundtun oder auch lange nachdenken und rätseln, was sie nun sagen können. Das Gespräch stockt, Widerstand keimt auf und die »ProbetelefonSeelsorger« sind schnell erschöpft.

Einfache Hinweise aus dem Kommunikationsmodell Gerechtes Sprechen sind dann häufig erhellend. »So einfach geht das«, hören wir dann als Erkenntnis. Wir weisen darauf hin, sich an den Worten des Anrufenden zu orientieren und weiter und tiefer nachzufragen, sodass der Anrufende sich exploriert und dabei sich selbst zunehmend besser versteht. So kann erkannt werden, was sein Dilemma ist, wohin die Sehnsucht geht oder wie er selbst seine Situation einschätzt. In der Ausbildung lernen die Mitarbeitenden, sich selbst zuzuhören – was für alle eine neue Erfahrung ist. Zudem lernen sie, den Ratsuchenden zuzuhören und darauf zu verzichten, sich Gedanken darüber zu machen, was sie antworten können. Sie trainieren, sich an der Sprache des Anrufenden zu orientieren. Die Kommunikation wird leichter und zielorientierter. Schließlich geht es am Telefon bei den Hilfesuchenden nur selten um schnelle Lösungen. In 75 Prozent der Gespräche ist für die Anrufenden das Zuhören, Verstanden- und Angenommen-Werden das wichtigste Anliegen. Dies entspricht einem Grundbedürfnis des Menschen.

Das Zuhören entlastet

Wir sind Zuhörer, damit die Anrufende gehört wird und sich wieder hört, in dem, was wir ihr von dem zusprechen, was wir gehört und verstanden haben. Wenn Sie sich zum Beispiel die Frage stellen »Für wen war ich zuletzt ein guter Zuhörer?« und weiter überlegen »Welche Worte, Gefühle und Bilder lasse ich in mir entstehen?«, und dies in Worten oder in einen Bild ausdrücken, werden Sie verstehen, warum das Zuhören am Telefon so erfüllend sein kann. Sich ganz auf das Zuhören einzulassen öffnet den Raum für Verschwiegenes und Verborgenes. Zuhören und erhören – das ist ein Allerinnerstes und ist ein Alleräußerstes. Als TelefonSeelsorger lieben wir die Sprache in all ihrer Vielfalt, laut und leise, verwirrt und einfältig, schwammig und klar, dunkel und hell, verhalten und aggressiv, in allen Gefühlen vibrierend. Und wir hören uns selbst zu, setzen bewusst die Stimme ein als Resonanzboden für die Anrufende, damit sie sich hören kann in ihrem Schmerz und ihrer Hilflosigkeit, in ihrer Hoffnung und Möglichkeiten, in ihrer Art und Weise.

Die schriftbasierte Beratung, die E-Mail- und Chatberatung besteht seit 20 Jahren. Dabei fällt der Einfluss von Stimme und Stimmklang ganz weg. Manche denken, dass nur die persönliche Beratung und Therapie hilfreich sei und alle anderen Beratungsformen nur dürftig sein können. Das Gegenteil ist der Fall. Jeder Mensch sucht sich die Beratungsform und das Setting, das zu seiner Situation am besten passt. Längst gibt es Studien über die Wirksamkeit der schriftbasierten Beratung. Jeder kennt die Erfahrung mit dem Tagebuchschreiben. Es werden sich Gedanken gemacht, die richtigen Worte gesucht, sortiert, differenziert, konzentriert. Diese Form des Niederschreibens kann bereits heilsame Wirkung haben. Menschen schriftlich zu begleiten ist häufig dichter, ohne Wiederholungen und nachhaltiger, ganz nach dem biblischen Wort: Was ich geschrieben habe, habe ich geschrieben.

Ehrenamtliche berichten, wie sie in ihrem Lebenskontext feinfühliger für Äußerungen der Mitmenschen und selbst achtsamer in der Wortwahl werden. Die drei Ebenen der Gerechtigkeit, das gerechte Verhältnis der Person zu sich selbst, zu anderen Personen und zur Situation helfen die respektvolle Distanz zu wahren, bei sich zu bleiben und die Verantwortung bei denen zu lassen, die dafür zuständig sind. Ich bleibe bei mir und der andere bei sich. Der andere kommt aus der Abhängigkeit von Zuwendung heraus, die Selbstständigkeit wächst.

Eine weitere interessante Erfahrung machen wir in Gruppensitzungen, in denen wir bitten, aufeinander zu hören, sich situativ einzubringen und wir auf eine Reihenfolge der Wortmeldungen verzichten. Die Prozesse werden intensiver, persönlicher und effektiver. Noch entlastender ist es, wenn gesagt wird, was gemeint wird, und darauf verzichtet werden kann, irgendetwas hineinzuinterpretieren, was nun der andere in Wahrheit sagen wollte. Denn das gesprochene Wort hat Gültigkeit.

Das Haus am See – Eine Erzählung in Gerechtem Sprechen

Anna Marie Ramseier

Am See ist es friedlich. Ursula badet die Füße. Ihr Blick gleitet über das Wasser, das in der Sonne hell glänzt. Am anderen Ufer kreuzen ein paar Segler, der Wind wird stärker, eine Wolke verdeckt für Augenblicke die Sonne, der See wird dunkel.

Ursula starrt auf das Wasser, mit angezogenen Knien, die Stirn auf die Arme gelegt, lässt sie die Erinnerung an jenen Sommer aufsteigen.

Es war einmal eine Gruppe junger Leute. Meine Freunde. An einem Sommermorgen hielt ihr Zug in der Stadt. Schwatzend und lachend suchten sie den Weg vom Bahnhof zum See, wo ein Segelboot sie erwartete. Der Vermieter begrüßte sie, führte sie aufs Schiff, alles wurde inspiziert und für gut befunden. Der Vermieter verabschiedete sich.

Robert, Silvia und Edi verstauten ihre Sachen und machten das Schiff bereit. Ihr erstes Ziel war das Haus am See, wo Ursula wohnte. Zusammen wollten sie jeden Tag segeln, abends heimkehren oder auch einmal auf dem Schiff übernachten. Sie genossen die Segelfahrten, die Abende am See, das gute Essen, den Wein, den Regen und die Sonne.

Es regnete zwei Tage lang. Welche Freude an diesem Morgen, als der Himmel und die Sonne lachten. »Gleich nach dem Frühstück segeln wir los, okay?«, rief Robert. Alle waren einverstanden. »Das Geschirr lassen wir stehen«, sagte Ursula, »lieber segeln, als abwaschen.«

Proviant und Getränke, Badeanzüge, Tücher, Schwimmwesten. »Ja, wo sind die Schwimmwesten?«, fragte Ursula. »Ich glaube, die fehlten schon immer«, stellte Silvia fest, »und wir sind doch jedes Mal wieder heil an Land gekommen.« »Genau. Wir kommen auch ohne sie aus, wir können ja alle schwimmen«, meinte Edi. Ursula schüttelte den Kopf, sie machte sich Sorgen. Robert fuhr ihr zärtlich durchs Haar. »Es wird schon gut gehen.« »Ein Fehler ist es doch. Wie konnten wir so etwas übersehen?«, murmelte Ursula.

Ein munterer Wind blies in die Segel, fort waren die Sorgen. Alle jubelten, hielten die Taue fest in den Händen und lehnten sich weit hinaus. Viele Boote waren unterwegs. Es wurde fröhlich gegrüßt und gewinkt. Später ankerten sie unter großen alten Bäumen in einer kleinen Bucht, aßen und tranken, lagen im Schatten und dösten. Es war heiß.

Plötzlich veränderte sich das Licht, eine dunkle Wolke hatte sich vor die Sonne geschoben. Ein kühler Wind kam auf. Erschrocken erhoben sich Robert, Silvia, Edi und Ursula. Schnell packten sie alles zusammen, zogen den Anker hoch und setzten die Segel. »Wir haben noch genug Zeit, um nach Hause zu segeln«, versicherten sie sich gegenseitig. »Hier in der Bucht zu bleiben, ist gefährlich, ein Blitz kann in die Bäume fahren.« Der Wind war stark, doch für geübte Segler gerade das Richtige. Das Boot flog über das Wasser, die Wellen waren hoch, der Wind nahm zu, die Segel waren zum Reißen gespannt, der Mast ächzte. Schreie. Die Segel rissen, der Mast brach, das Boot kenterte. Edi, Silvia und Ursula wurden gerettet. Robert ertrank.

Gerechtes Sprechen –
Die Grundlagen

Teil 06

Vom Menschen
zur Person

Das Böse
und das Gute

Sprache und Sprechen

**Gerechtes
Sprechen**

Hören und Zuhören

Gerechtigkeit
und gerechte
Verhältnisse

Bewerten und
Bewertungs-
zusammenhänge

Empathie

Philosophisch-ethische Grundannahmen

Gerechtes Sprechen baut auf philosophisch-ethische Grundannahmen auf. Sie bilden die Basis für die Gedanken rund um Sprache, Sprechen, Hören und Zuhören. In einem Kommunikationsmodell ist es zentral, welches Menschenbild zugrunde gelegt wird. Denn erst darauf aufbauend ist es interessant, sich Gedanken zu machen, wie sich Menschen verständlich machen und wie sie zuhörend verstehen. Angereichert durch Erkenntnisse aus den Neurowissenschaften werden wesentliche Bereiche der menschlichen Möglichkeiten beleuchtet.

Die folgenden Überlegungen sind Fragmente, die jederzeit erweitert werden, denn die philosophischen Fragen rund um das menschliche Sein sind um einiges vielfältiger, als ich sie hier darstellen kann. Die folgenden Ausführungen jedoch dienen als Grundannahmen, das Kommunikationsmodell Gerechtes Sprechen in einen Gesamtzusammenhang zu setzen. Sie ergänzen die philosophischen Annahmen, die in den Kapiteln Sprache und Sprechen, Hören und Zuhören erläutert sind.

Vom Menschen zur Person

Menschen werden als Menschen mit mannigfachen Voraussetzungen in die Welt hineingeboren. Das bedeutet, sie verfügen sowohl über verschiedene körperliche, geistige und psychische Ressourcen als auch Möglichkeiten. Ein Mensch stellt ein in sich geschlossenes System dar. Dieses Bild des Menschen nährt sich aus der neurowissenschaftlichen Erkenntnis, dass das Gehirn ein in sich geschlossenes System ist, das allein die eigene Sprache verstehen und nur mit den eigenen Seinsweisen umgehen kann. So wird alles, was von außen auf Menschen zukommt, in der eigenen Anschauung, im eigenen Zuhören und der eigenen Wahrnehmung aufgenommen und verarbeitet. Mit anderen Worten: Menschen entfalten und verändern sich aufgrund ihrer Auseinandersetzung mit sich selbst und mit den eigenen Anschauungen und Wahrnehmungen, die sie sich von den sie umgebenden Verhältnissen entwerfen.

Ihre Identität als Individuen entwickeln Menschen, indem sie sich auseinandersetzen mit der Kultur, Gesellschaftsform, Religion, Politik, dem Geschlecht, dem direkten persönlichen Umfeld, sich damit beschäftigen und die daraus gewonnenen Erkenntnisse für die eigene Entwicklung nutzen. Als Individuen streben Menschen nach Veränderungen. Sie entwickeln sich im Laufe ihres Lebens und passen ihr Sein und die eigenen Möglichkeiten an diese Entwicklung an. Innerhalb dieses Prozesses erkennen und erweitern Menschen ihre individuellen Ressourcen. Individuen verfügen über die Fähigkeit des schöpferischen, visionären Tuns. Über die Anpassung an die Umstände des Lebens hinaus entwerfen Individuen ihre eigene Gegenwart und Zukunft.

Gewordensein zur Person

Darauf aufbauend, haben Menschen die Möglichkeit, sich selbst als Personen zu erschaffen. In diesem Prozess des gestalteten Gewordenseins erschaffen sich Menschen zu Personen. In den ersten achtzehn Lebensjahren begleiten, unterstützen und bestimmen die Erziehungsberechtigten den Werdungsprozess der jungen Menschen. In diesem Werdungsprozess lernen Menschen sich selbst, ihre Chancen und Möglichkeiten kennen; sie lernen, diese zu nutzen, auszubauen oder zu verwerfen. In diesem begleiteten Werdungsprozess erteilen die erziehungsberechtigten Personen ihren Töchtern und Söhnen verschiedenste Erlaubnisse. Eltern, Erziehungsberechtigte, Lehrerinnen und Lehrer und viele andere sind in diesem ersten Werdungsprozess die Erlaubnis gebenden Instanzen, die bestimmen, was ein Mensch darf und zu welcher Person sie oder er sich entwickeln kann.

Ab dem 18. Lebensjahr ist die bis dahin vom Menschen selbst in Zusammenarbeit mit den umgebenden zuständigen Personen dergestalt entworfene Person per Gesetz die sich selbst Erlaubnis gebende Instanz. Ab jetzt bestimmt die Person, was sie kann, darf und will. Es lohnt sich also, diese sich selbst Erlaubnis gebende Instanz bis dahin zu kennen und ausfüllen zu können. Menschen entwerfen sich ein Leben lang zur Person, die jede und jeder sein will. Der Prozess des Gewordenseins ist demnach ein ständiger Lebensbegleiter.

Innerhalb dieses Gewordenseins definiert jede Frau und jeder Mann, was sie mit ihrem Leben macht, wie er es ausgestaltet und was für sie lebensgebend ist. Der Begriff der Person beinhaltet, dass sich Frauen und Männer im Gesamtgefüge einer Gesellschaft als verantwortlich denkende und handelnde Individuen wahrnehmen, dass sie sich gegenüber die Erlaubnis gebende Instanz sind und sich, ihr Leben und ihre Daseinsweise selbst bestimmen. Die Person und die sie umgebenden Verhältnisse werden von jeder Person selbst kritisch überprüft und können auf ihre Veränderbarkeit hin untersucht werden. So wird es möglich, dass Personen neue und weitere soziale Handlungsfähigkeiten entwickeln und ausprobieren. Dementsprechend ist jede Person verantwortlich und zuständig für ihr Handeln, Denken, Sprechen, Fühlen und für ihr gesamtes Sein.

In dem Entwicklungsprozess des Gewordenseins entscheiden sich Personen regelmäßig, ihre Erlaubnis gebende Instanz freizugeben, indem sie zu Töchtern und Söhnen werden und anderen die Definition ihres Lebens überlassen. Sobald eine Person sich als Tochter oder Sohn in Bezug zu einer weiteren Person identifiziert, wird diese andere Person über ihr Leben, ihre Berufswahl, ihren Tagesablauf oder einfach nur über die Wahl des Mittagessens bestimmen. Der Begriff des Ziehsohns in Wirtschaft und Politik zum Beispiel, versperrt den sogenannten Söhnen die Entwicklung der Eigenmächtigkeit und verhindert damit das eigenständige Gestalten der erarbeiteten Position. Gleichzeitig ist diese Person für jeden gemachten Gedanken, Sprechakt und jede geleistete Tat selbst verantwortlich. Wie verlockend es ist, bei Fehlleistungen andere verantwortlich bis schuldig zu sprechen, erzählen die täglichen Nachrichten. So ist der politische Gegner für das Ausplaudern von internen Informationen verantwortlich; die Frau ist verantwortlich, dass der Mann sie schlägt; die Kinder sind selbst schuld, wenn die Eltern sie vernachlässigen.

Wird jedoch das gewordene Personsein ernst genommen, übernehmen die zuständigen Personen die Verantwortung für gelungene und gescheiterte Leistungen. Dann ist der schlagende Mann für die Schläge verantwortlich, und die Eltern sind verantwortlich für die Vernachlässigung. Das Gleiche gilt für gelungene Zusammenhänge: Dann wird herausgearbeitet, was Personen alles taten und leisteten, anstatt Glück und Zufall für die eigenen Leistungen zu bemühen. Es geht also darum, die eigene Erlaubnis gebende Instanz auszufüllen und aus dieser Personseinsweise heraus mit anderen Personen gemeinsame Kontakte zu gestalten.

Die Kompetenz einer Person, sich im sozialen Gefüge einer Gesellschaft zu bewegen sowie in ihr zu denken, zu handeln und zu sein, wird als soziale Handlungsfähigkeit bezeichnet. Diese umfasst sowohl den privaten als auch den öffentlichen Bereich. Soziale Handlungsfähigkeit bedeutet, dass die eigenen Handlungsspielräume innerhalb der verschiedenen Denk- und Seinsmöglichkeiten von Privat und Öffentlichkeit, Beruf und Familie sowie Kultur, Spiritualität, Eigenleben bewusst gestaltet werden; dass Personen erkennen, wofür sie zuständig und verantwortlich sind, und dies erfüllen; dass fremde Zuständigkeiten an die Personen übergeben werden, die verantwortlich sind.

Die innere Haltung ist geprägt von Liebe zu sich selbst und zu den anderen Menschen, von dem Wunsch nach Erkenntnis und Entwicklung, von dem Streben nach dem Erzählen der eigenen Geschichte als leuchtende Geschichte. Die innere Haltung zu sich selbst ist großzügig und wertschätzend. Die innere Haltung anderen Menschen gegenüber ist wertschätzend und aufmerksam.

Person sein, sich der eigenen Vielfalt bewusst zu sein, sich ihrer selbst bewusst zu sein ist Bestandteil der inneren Haltung. Anders ausgedrückt: Selbstbewusst zu sein ist wesentlich, um Gerechtes Sprechen möglich zu machen, und Gerechtes Sprechen eröffnet das Bewusstsein des eigenen Selbst.

Wichtig für das Gewordensein des Menschen zur Person ist das Wissen darum, dass das menschliche Gehirn drei bis vier Wochen braucht, bis es neue neuronale Verbindungen aufgebaut hat. Notwendig für diesen Neuaufbau sind regelmäßige Wiederholungen.

Menschen haben also die Fähigkeit und die Möglichkeit, sich jederzeit neue Seinsweisen, Handlungsfähigkeiten und Denkzusammenhänge zu erschließen.

Der freie Wille ...

Die Diskussion um den freien Willen des Menschen wird seit Tausenden von Jahren kontrovers geführt. Hier wird den philosophischen Denkweisen gefolgt, in denen begründet wird, dass Menschen über einen freien Willen verfügen und ihn als Personen gezielt, spontan und humorvoll nutzen. Damit sind sie eingebunden in die moralische Verantwortung in Bezug zu sich selbst, in Bezug zu anderen Personen und zur Welt.

Freiheit bedeutet in diesem Zusammenhang, dass wir in eigener Autonomie zwischen verschiedenen Möglichkeiten auswählen können. Dazu gehörend gilt es, die Willensfreiheit zu betrachten, mit der die Fähigkeit ausgedrückt ist, dass Menschen willentlich entscheiden können. Dann braucht es noch die Handlungsfreiheit, um die Trilogie des freien Willens perfekt zu machen. Aufgrund der im freien Willen getroffenen Entscheidung haben Personen die Möglichkeit, ein selbstbestimmtes Leben zu gestalten. Wesentlich ist es, verschiedene Möglichkeiten denken zu können, denn erst eine Auswahl macht eine Entscheidung und damit die Aktivierung des freien Willens notwendig. Das andere zum Gewollten denken, es sich vorzustellen, es wahrzunehmen, stellt also eine Bedingung für die Umsetzung der Willensfreiheit dar. Menschen können das Denken denken, und dieser Umstand führt den freien Willen in aller Klarheit vor Augen.

Vor diesem Hintergrund sind Menschen verantwortlich für ihr Gewordensein. Jeder Mensch erschafft sich selbst innerhalb der gegebenen Verhältnisse zu der Person, die er sein will. Wir sind demnach alle verantwortlich und zuständig für jegliche Ausgestaltung dieses Prozesses. Somit liegen die moralische Verantwortung und die ethische Verpflichtung, die Ebenen der Gerechtigkeit einzuhalten, bei jedem Mensch selbst.

Literaturtipp

Der Text »Der freie Wille« im Buch »Humor in Coaching, Beratung und Training« (Schinzilarz/Friedli 2013) zeigt, dass das eigene Gedächtnis leicht zu
modifizieren ist. Hier wird der freie Wille für die Einrichtung einer Humor-
haltung und deren Umsetzung in humorvolle Vorgehensweisen genutzt.

Dies als Ausgestaltung des freien Willens anzuerkennen bedeutet,
der Person die Macht und die Verantwortung über ihr Denken, Handeln und Fühlen zuzumuten. Muten wir uns also die Wahrheit zu,
dass Menschen über den freien Willen verfügen, und als Personen
diese Willensfreiheit bewusst und gezielt nutzen. Demzufolge sind
wir uns selbst gegenüber die Erlaubnis gebende Instanz. Geben wir
uns also die Erlaubnis und steigen in die Tiefe des Denkens ein. So
fällt Denken leicht, und wir erkennen uns in unseren Potenzialen,
nutzen, vernetzen und optimieren sie. Mit anderen Worten verfügen wir über die Fähigkeit, das eigene Denken zu öffnen und ein Gedächtnis zu erschaffen, mit dem wir uns selbst, die anderen und die
Welt wahrnehmen, verarbeiten und gestalten.

... und das eigene Gedächtnis

Das Gedächtnis ist die Fähigkeit, Erlebnisse und Erfahrungen zu
speichern und sie für die weitere Verarbeitung des Lebens nutzbar
zu machen. Es gibt verschiedene Gedächtnissysteme. Die bekann-
teste Unterteilung ist die in das Kurzzeitgedächtnis und das Langzeitgedächtnis. Im Kurzzeitgedächtnis werden Inhalte als Aktivie-
rungen von Neuronen abgebildet. Im Langzeitgedächtnis werden
Inhalte in Form von Verbindungen zwischen Neuronen gespeichert.
   Der freie Wille macht es Menschen möglich, sich das Gedächtnis
zu erschaffen, welches sie zur Verarbeitung und Gestaltung der Welt
wollen. Im Laufe des Lebens entwickeln Personen auf diese Weise
eine Matrix, auf deren Basis Neues erkannt und Altes wiedererkannt
werden kann. Die Erfahrungen sind im Gedächtnis gespeichert und
unterstützen als Teil des Untergewusstseins die Verarbeitung des

Lebens. Alle Erfahrungen bilden den Boden für Gegenwärtiges und Zukünftiges. Wir bestimmen demnach selbst, wie wir diesen Boden entwerfen und welche Zukunft wir darauf aufbauend gestalten. Zudem ist bekannt, dass Personen Tatsachen selektiv erinnern. Wir erinnern uns so, wie es dem aktuellen Gedächtnis entspricht. Aufgrund dessen verändern sich die Erinnerungen allein schon dann, wenn wir den Bewertungsrahmen verändern. Die gewesenen Tatsachen bleiben die gleichen. Die subjektiv darin erlebte Welt wird von der sich erinnernden Person an die aktuelle Daseinsweise angepasst.

In der Kombination des freien Willens mit Ressourcenorientierung erschaffen wir uns sprechend ein Gedächtnis, mit dem wir wiederum leicht die vergangenen, gegenwärtigen und zukünftigen Erfolge erkennen können. Selbst im größten Scheitern werden mit diesem Gedächtnis die immer auch vorhandenen Leistungen, Kompetenzen und das innewohnende Potenzial wahrgenommen. Im größten Drama können wir dann das vorhandene Erfolgreiche entdecken.

In diesem Prozess wird gezielt die Tatsache genutzt, dass Sprache Wirklichkeiten benennt und erschafft. Mit Gerechtem Sprechen wird demnach ein Gedächtnis erarbeitet, das die erfolgreichen und stimmigen Ereignisse erinnert, in der Gegenwart wahrnimmt und damit die Zukunft plant. So geht es in der Gerechten Erinnerungsarbeit darum, eine Modifizierung im Langzeitgedächtnis und damit im Untergewusstsein zu erschaffen.

Bewusstsein – Untergewusstsein – Unterbewusstsein

Das Sein des Menschen setzt sich aus mehreren Bereichen zusammen. Es kann unterteilt werden in Bewusstsein, Untergewusstsein und Unterbewusstsein. Das Untergewusstsein stellt die Schnittstelle zwischen Bewusstsein und Unterbewusstsein dar. Im Prozess des Gewordenseins erschließen und gestalten sich Menschen das Untergewusste auch mithilfe des Gerechten Sprechens und später mit der Gerechten Erinnerungsarbeit mehr und mehr. Es ist sinnvoll, diesen Prozess bewusst und entlang der tagtäglich zur treffenden Entscheidungen zu gestalten.

Bewusstsein: Hier ist alles vorhanden, was aktuell gewusst ist und in der Situation aktiv gebraucht wird. Wissen, Kompetenzen, Gefühle, Erfahrungen, Körper stehen zur Umsetzung und Verarbeitung der aktuellen Situation zu Verfügung. Alles, was Personen benötigen, um eine aktuelle Situation zu gestalten und um die passenden Entscheidungen zu treffen, ist in diesem Moment im Bewusstsein aktiv. Die Wahrnehmung ist auf Gegenwärtiges im Augenblick ebenso eingestellt wie auf die entsprechende Verknüpfung mit Vergangenem und dem stimmigen Ausrichten auf das zukünftig Gewollte.

Untergewusstsein: Weiterhin besteht das Sein des Menschen aus dem, was unter dem bewusst im Moment Gewussten liegt, also untergewusst und im Moment außerhalb des Gebrauchs ist. Hier ist all das registriert, was Personen gelernt, erlebt, erfahren haben, die Gefühlsmöglichkeiten und Körperaktionen, die zur Verfügung stehen, zurzeit jedoch außerhalb des aktuellen, aktiven bewusst Gewussten liegen. Sobald allerdings der passende Themenzusammenhang wichtig wird, wenden Personen sich dem dazu passenden untergewussten Teil zu, lassen ihn in Aktion treten und nutzen ihn. Die Vergegenwärtigung des Augenblicks wird im Untergewusstsein verbunden mit Vergangenem und nutzbar gemacht für das zukünftig Gewollte. Diese Verknüpfungen entstehen sowohl im Bereich der Gefühle, des Körpers, der Erfahrungen und Kompetenzen als auch in der Verbindung mit der aktuellen Faktenlage. Auf dieser Basis treffen Personen im Untergewusstsein alle drei Sekunden spontane Entscheidungen, die der Gestaltung der Situationen dienen. Auch die bewusst gewollten Entscheidungen werden vor diesem Hintergrund gefällt. Welche Entscheidungen getroffen werden, hängt davon ab, wie das Untergewusstsein gestaltet wurde.

Das Untergewusstsein kann jederzeit aktiviert und genutzt werden. Personen, die zum Beispiel nach einem Unfall wieder laufen lernen, erinnern sich an die automatisierte Handlung des Laufens durch Training und das Bewusstmachen des Ablaufs der einzelnen

Bewegungen. Das Wissen um diese Bewegungen liegt im Untergewusstsein. Von dort wird es zurück ins Bewusstsein geholt und für
den neuen Lernprozess genutzt.

Das Sich-selbst-Zuhören und das genaue Innere Zuhören im untergewussten Bereich des Seins macht es Personen möglich, eine
weitere Auswahl der Gefühle, Erfahrungen, Körpererinnerungen
und Kompetenzen kennenzulernen. Entscheidungen entstehen in
einem Zusammenspiel aus Erfahrungen, Kompetenzen, Gefühlen,
Empfindungen und Faktenlage der jeweiligen Gegenwart, der erinnerten Vergangenheit und der zu erwartenden Zukunft. Dieses
Zusammenspiel findet im Untergewusstsein statt. So erschließen
sich Personen mehr und mehr das eigene Untergewusstsein, um
darauf aufbauend auch die spontan getroffenen Entscheidungen zu
begründen.

Unterbewusstsein: Im Gerechten Sprechen gilt das gesprochene
Wort. Es wird gesagt, was gemeint ist, und es wird gemeint, was
gesagt wird. Aufgrund dieser Annahme wird der Begriff »unterbewusst» genutzt im Gegensatz zu »unbewusst«, da der Begriff »unbewusst« die Abwesenheit des Bewussten bezeichnet. Da es um die
Bezeichnung dessen geht, was unter dem Bewusstsein vorhanden,
dem Menschen in der Regel verborgen ist und von der Person entdeckt werden kann, wird der Begriff »unterbewusst« gewählt und
genutzt.

Mit dem Unterbewusstsein haben Menschen eine Dimension
zur Verfügung, die das gänzliche Vergessen von Zusammenhängen,
Erlebnissen und Situationen möglich macht und das dann zum Boden des gewordenen Seins reifen kann. Es ist der Humus auf dem
Personen durch das Leben lustwandeln. Dementsprechend lohnt es
sich, die Fähigkeiten des Vergessens und Verdrängens tatsächlich
als Kompetenzen und reife Entscheidungen zu betrachten. Im Unterbewusstsein gekonnt Abgelegtes bleibt auch dort.

An dieser Stelle wird regelmäßig die Frage gestellt, was es denn
mit Erinnerungsflashs auf sich hat. Erinnerungen also, die plötzlich
im gegenwärtigen Bewusstsein aktiv sind und die oft schlimme Erfahrungen beinhalten. Dazu sei Folgendes gesagt: Alles, woran sich

Personen, auch noch so heimlich erinnern, ist im Untergewusstsein abgespeichert. Von dort wird es durch einen äußeren Reiz ab und zu aktiviert und mit der Gegenwart in Zusammenhang gebracht. Gekonntes Verdrängen und Vergessen heißt tatsächliches Vergessen. Es besteht jedoch mit dem Ansatz der Gerechten Erinnerungsarbeit die Möglichkeit, jede Erinnerung zu einer potenzialorientierten und damit zu einer gewollten Erinnerung zu machen.

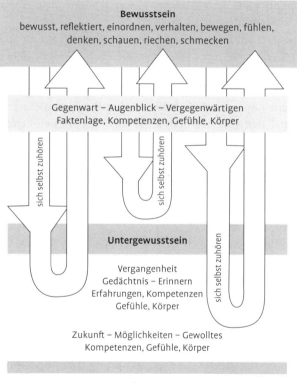

Diese grafische Darstellung steht Ihnen als Download zur Verfügung.

Verhalten und Handlungen

Menschen verhalten sich ständig in Bezug zu sich selbst, zu anderen Menschen und zu den sie umgebenden Verhältnissen. Als Personen handeln Menschen in Bezug zu sich selbst, zu anderen Menschen auch als Personen und in Bezug zu den sie umgebenden Verhältnissen. Verhalten meint also das spontane, laufengelassene Tun des Menschen. Handeln und Handlungen geschehen bewusst, intentional, spontan aus dem Untergewusstsein heraus, basierend auf erarbeiteten Handlungsstrukturen.

Diese Handlungsstrukturen erschaffen sich Personen entweder dadurch, dass sie Handlungen in gleichen oder ähnlichen Situationen aus dem Untergewusstsein heraus wiederholen und sich damit zum Beispiel Erfolg, Genuss und Anerkennung versprechen. Oder Personen entwickeln bewusst Handlungsstrukturen, die sie in verschiedenen gleichen oder ähnlichen Situationen Erfolg versprechend anwenden können.

Personen sind verantwortlich sowohl für ihr Verhalten, ihre Handlungen und ihre Handlungsstrukturen als auch für die Folgen derselben. Es ist wesentlich, dass Personen sich als Ursache von Folgen betrachten und dies in ihren Handlungen und Handlungsstrukturen mit zum Ausdruck bringen.

Handlungsstrukturen bieten auf der einen Seite Erleichterungen. Sie orientieren sich entweder an gegebenen oder vereinbarten Regelwerken: Zum Beispiel haben Personen sich darauf geeinigt, dass es eine gesprochene Begrüßung gibt. Oder sie versprechen Sicherheit in der Annahme, dass auch die Folgen einer sich wiederholenden Handlung die gleichen sein werden. Auf der anderen Seite erschaffen Personen sich mit wiederholenden Handlungsstrukturen den Zwang zur immer gleichen Handlung, zur Wiederholung auch dann noch, wenn andere Handlungen oder Handlungsstrukturen sehr viel besser für Erfolg, Genuss und Anerkennung geeignet sind. Es wird deutlich, dass genutzte und erzählte Handlungen auf ihre Handlungsstrukturen hin untersucht werden, um gegebenenfalls angepasst, verändert oder erneuert zu werden.

Personen und ihre Ressourcen

Menschen verfügen über verschiedenste Ressourcen. Als Person erkennen sie diese und nutzen sie. Indem Personen sich diese eigenen Ressourcen bewusst machen, entscheiden sie sich sowohl grundsätzlich als auch jeden Tag neu, zu wem sie sich entwerfen, wozu und zu wem sie Ja oder Nein sagen. Sie sind sich selbst gegenüber die Erlaubnis gebende Instanz. Das bedeutet, dass eine Person Ja zu sich selbst sagt, sich kennenlernen will und sich für sich als Gesamtheit entscheidet. Von hier aus tritt sie mit anderen Personen in Kontakt. Diese Haltung macht es notwendig, sich zu positionieren und sich für oder gegen Begebenheiten, Situationen, Inhalte, Personen oder Meinungen zu entscheiden.

Zudem geben Personen den gesellschaftlichen, beruflichen, privaten und den inneren Zusammenhängen eine Ordnung, die regelmäßig hinterfragt wird und dabei neu strukturiert, aufgebaut oder eben eingestellt werden kann. Indem sie diese Entscheidungen begründen, treten sie ein in die Definitionsmacht. Personen, die sich ihrer Definitionsmacht bewusst sind, bestimmen in der Auseinandersetzung mit sich selbst und mit den sie umgebenden Verhältnissen, welche Persönlichkeitsstruktur, welches Geschlecht, welche Gruppenzugehörigkeit und so weiter sie haben und wie sie diese gestalten wollen. Mit diesen Entscheidungen gestalten sie ihr Gewordensein zur Person und definieren die sie umgebenden Verhältnisse mit oder neu.

Gesellschaftliche, berufliche, private und persönliche Bedingungen stellen Chancen und Grenzen innerhalb der persönlichen Entscheidungs- und Entwicklungsmöglichkeiten dar. Sowohl die Chancen als auch die Grenzen gilt es zu erkennen und einen geeigneten Umgang mit ihnen zu entwickeln. Es geht mit anderen Worten darum, das Eigene, die Persönlichkeitsstruktur, die sozialen Handlungsfähigkeiten zu überprüfen, die persönlichen, beruflichen und auch gesellschaftlichen Zusammenhänge zu analysieren, um sich zu sich selbst und zu den Verhältnissen in Bezug zu setzen, um die eigenen Zuständigkeiten verantwortungsbewusst zu gestalten.

Erfolge und Glücksmomente gehören zum Leben. Diese gilt es, als solche wahrzunehmen und zu erzählen, anstatt sie dem Land der Vergessenheit zu übergeben. Durch erzählte Erlebnisse, die Erfolge und Glücksmomente enthalten, erschaffen Personen sich reflektierte und strahlende Erfahrungen und ermöglichen sich eine hoffnungsvolle Zukunft.

Ebenso gehören Niederlagen und Scheitern zum Leben. Personen analysieren diese Erlebnisse auf die passenden, zugehörigen, weiterführenden und gelungenen Anteile hin. Diese werden herauskristallisiert, reflektiert und damit für die Zukunft nutzbar gemacht. Durch diesen Prozess begreifen Personen gescheiterte Lebensmomente und Niederlagen als Chancen und Entwicklungsmöglichkeiten und lassen daraus Erfahrungen erwachsen, die ihnen eine offene Zukunft ermöglichen.

Durch einen solchen Umgang mit Erfolgen und Niederlagen werden Ressourcen erkannt und optimiert. Menschen lernen als Personen, sich selbst reflektierend wahrzunehmen und sich ins Verhältnis zu sich selbst und zur Umwelt zu setzen. Als Personen sind Menschen sich selbst gegenüber die Erlaubnis gebende Instanz. Sie entscheiden, was sie dürfen, was sie können und was sie wollen. Entwicklungsmöglichkeiten werden wahrgenommen und ausgebaut.

Für alle Menschen bedeutet das personale Gewordensein, in das Personsein einzutreten, die soziale Handlungsfähigkeit zu gestalten und die Definitionsmacht zu nutzen. In unserer patriarchal strukturierten Welt jedoch sind die Bedingungen, unter denen das personale Gewordensein von Frauen und Männern stattfindet, unterschiedlich. Frauen verlassen die nach wie vor geforderte weibliche Zurückhaltung und treten ein in das Personsein, die bewusste Entscheidungsfindung und deren rhythmusgerechte Umsetzung. Männer verlassen ihren Anspruch auf Vormachtstellung und treten ein in das Personsein, die bewusste Entscheidungsfindung und deren rhythmusgerechte Umsetzung. Für beide gilt es, sich mit den eigenen Ressourcen, Möglichkeiten und Chancen auseinanderzusetzen und so zu Erkenntnissen zu gelangen, die das Leben voller und reicher werden lassen.

Das Böse und das Gute

Gedanken rund um das Böse sind als Grundannahmen eines Kommunikationsmodells notwendig geworden, da der Begriff des Bösen in Begriffskonstellationen wie »die Achse des Bösen« oder in den pauschalen Bewertungen der flüchtenden Menschen wieder alltagstauglich geworden ist. Im Gerechten Sprechen hat das Böse zwei Gesichter.

Böse zu nennen ist einerseits, wenn die eigenen Ideen, Anschauungen und Werteeinteilung für alle Menschen als verbindlich erklärt und andere dazu gezwungen werden, diese anzunehmen. Aus diesem Bösen heraus entstehen Terror, Krieg und Verwüstung. Menschen werden dazu gezwungen, Werte, Denkweisen, Anschauungen einer Gruppe von Menschen als für sich richtig zu akzeptieren.

Neben diesen großen bösen Taten geschehen aufgrund der Annahme, dass die eigene Anschauung die einzig Richtige ist, Übergriffe und Angriffe auf Menschen. Aus diesem Bösen heraus werden Jugendliche, die als anders wahrgenommen werden ermordet, werden homosexuelle Menschen abgelehnt und gedemütigt, werden Frauen von Männern klein gehalten, werden Kinder von ihren Eltern bedroht, werden Eltern von ihren Kindern geschlagen, werden Menschen aufgrund ihrer Herkunft schlechtgemacht.

Erst wenn einzelne Menschen oder Menschengruppen für sich in Anspruch nehmen, dass sie allein die Definitionsmacht darüber haben, welche Werte für alle Menschen die richtigen sind, kann daraus abgeleitet werden, dass alle Menschen dazu gezwungen werden können, diesen Werten auch zu folgen. Die Konsequenzen dieses Denkens können wir im Kleinen Tag für Tag erleben. Wie oft haben wir schon gehört und vielleicht auch gesagt »Ich will doch nur dein Bestes«. Dieser Satz wird von Männern gesprochen, die Frauen und Kinder missbrauchen, er wird von erwachsenen Menschen gesprochen, die Kinder, Jugendliche, Frauen und Männer ausnutzen, und von Machthabern, die das Volk ausbeuten und beherrschen. Sie alle wollen für die anderen das Beste, welches sie selbst als das Beste definiert haben. Dies geschieht ohne diejenigen, denen sie Bestes wollen, gefragt geschweige denn ihnen zugehört zu haben. So wird das eigene Wertesystem als das eine Wahre gesetzt und auf die anderen – auch mit Gewalt – übertragen.

Böse zu nennen ist andererseits, sich die eigenen Ideen, Anschauungen und Werteeinteilungen durch andere diktieren zu lassen und sie sich anzueignen mit der Verweigerung, über die damit verbundenen Folgen nachzudenken.

Aus diesem Bösen heraus schauen Menschen weg, wenn andere gequält werden, jubeln Menschen, wenn andere getötet werden, schauen Menschen zu, wenn Frauen vergewaltigt werden. Aus dem Bösen heraus kommt die Annahme: »Wir können doch nichts machen.« Und es wird zugeschaut, wie die Kinder in der Nachbarschaft geschlagen und vernachlässigt, Flüchtlingsheime angezündet werden oder ein Kollege von anderen Kollegen gemobbt wird. Hier machen wir uns mindestens mitschuldig am Bösen. Aus diesem Bösen heraus wird der eigenen und der Ausbeutung anderer zugestimmt oder stillschweigend geduldet. Deutlicher gesprochen, unterstützen wir das Böse durch die Verweigerung der eigenen Positionierung. Die Verantwortung für das eigene und das fremde Sein wird übergeben an Menschen, die noch so gern ihre eigenen Ideen für alle anderen verbindlich erklären wollen.

Diese beiden Seiten des Bösen kennen wir aus den Nachrichten und aus dem eigenen Alltag. Die einen wissen und sprechen deutlich, welche Werte für alle zu gelten haben, und teilen die Menschen ein in passend und abgelehnt. Die anderen stimmen zu und überlassen das Denken den einen und machen sich deren Meinung zu eigen.

Das ist die radikale Banalität des Bösen. Sie ist schleichend und allgegenwärtig. Gerechtes Sprechen setzt dieser schleichenden Alltäglichkeit die sprechende Positionierung des eigenen Seins gegenüber, und zwar in Bezug zu sich selbst, anderen Personen gegenüber und im Zusammenhang mit den umgebenden Verhältnissen.

Das Böse banal zu nennen heißt, es langweilig zu nennen. Und alles Langweilige hat einen begrenzten Reiz. Das Gute hingegen ist die Voraussetzung, dass das Glück ins Leben Einzug halten kann. Deshalb lohnt es sich, das Gute mit Tiefe, Lust und Freude und mit Radikalität zu denken und zu beschreiben. Sprache und Sprechen, Hören und Zuhören machen es möglich, dass Menschen als Personen die Beschreibung der Welt am Guten in ihr orientieren. So können Personen staunen über die Reichhaltigkeit der Natur, über gelungene Zusammenarbeit unter Mitarbeiterinnen, über Einheimische und Ankommende, die füreinander da sind, über den Mut der Personen, die sich dem Bösen widersetzen. Mit dieser Perspektive kann wieder verstanden werden, dass Menschen und die Welt füreinander gemacht sind, und für kommende Wahrnehmungen gilt, das Verbindende im anderen erkennen zu wollen.

Empathie

Empathie bedeutet vom Wortsinn her, sich einfühlen und mitfühlen. Aufbauend auf dem Menschenbild, welches Gerechtem Sprechen zugrunde liegt, können Menschen nur mit sich selbst empathisch sein. Da Personen die sie umgebenden Verhältnisse in den eigenen Anschauungen, im eigenen Zugehörten und in den eigenen Wahrnehmungen aufnehmen und verarbeiten und sich von dort aus wieder der Welt zuwenden, erkennen sie die Verhältnisse einzig in sich selbst. Menschen können sich in sich hineinfühlen, mit sich fühlen und mit sich empathisch sein. Diese Empathie mit sich selbst, die bedeutet, sich zu kennen, sich zuzuhören und so in der Welt zu denken, zu handeln und zu leben, eröffnet Personen die Möglichkeit, das Zugehörte von den eigenen Interpretationen zu unterscheiden. Daher verstehen Personen die Erzählungen, Handlungen und Gefühle anderer Personen nur über das Verständnis der eigenen Empfindungen, Gefühle, Erinnerungen und Kompetenzen.

In der Neurowissenschaft hat dieses Phänomen einen Namen und eine Zuordnung im menschlichen Gehirn erhalten: die *Spiegelneurone*. Diese Spiegelneurone befähigen Menschen zu spontanen Gefühlsresonanzen auf Verhalten, Handeln und Worte anderer Menschen. Das eigene Innere erfährt eine Anregung durch die Auswahl, die aus den äußeren stattfindenden Ereignissen in sich wahrgenommen wird. Dies geschieht schnell und spontan. Die Resonanzen werden mit dem eigenen Gewordensein in Verbindung gebracht und lassen manchmal etwas Ähnliches, manchmal etwas ganz anderes fühlen, denken oder erinnern. Zentral bleibt das sprachliche Überprüfen der eigenen Wahrnehmung, des eigenen Gefühls und der eigenen Erinnerung. Empathie – ein schon fast inflationär benutzter Begriff. Im alltäglichen und leider auch im professionellen Sprachgebrauch wird damit in der Regel gemeint, dass sich die zuhörende Person in die sprechende Person einfühlen, geradezu hineinversetzen kann. Viele Kommunikationsanleitungen und Beratungsmodelle vertreten diese Auslegung von Empathie. Mit einer anderen Person empathisch sein in dem Sinne, dass sich eine Person in eine andere Person einfühlen und damit in deren Gefühlswelt eindringen will, wird im Gerechten Sprechen als Übergriff bewertet. Allein die Tatsache, dass das Innere eines Menschen für die Augen eines anderen Menschen verschlossen bleibt, außer der Körper wird verletzt, macht deutlich, dass auch die anderen Sinneswahrnehmungen – hören, riechen, tasten, schmecken – an der Außenwand der anderen Person haltmachen. Menschen erzählen Geschichten, diese werden von den zuhörenden Personen mit Gefühlen, Gedanken, Erinnerungen verbunden, denen die zuhörende Person empathisch nachfühlt. Im Gerechten Sprechen sind dies die Gefühle, Gedanken und Erinnerungen der zuhörenden Person, denen sie in sich fühlend nachgeht. Manchmal stimmen diese Gefühle mit denen der sprechenden Person überein, manchmal sind sie ganz anders. Ob es Übereinstimmungen gibt oder ob es sich um ganz andere Gefühle handelt, kann über das gesprochene Wort herausgefunden werden. Nachfragen, zur Verfügung gestellte eigene Erzählungen oder gesprochene Interpretationen machen deutlich, ob das verstanden wurde, was die andere Person mit der Erzählung, Handlung oder dem Gefühl ausdrücken wollte. So lebende und zuhörende Personen bleiben bei sich selbst und nehmen sich und die anderen zutiefst ernst.

Bewerten und Bewertungszusammenhänge

Jeden Tag erleben Menschen viele große und kleine Ereignisse. Manches geschieht außerhalb des eigenen Einflusses, kann angenommen, zurückgewiesen oder gestaltet werden. Anderes wird aus eigener Kraft gemacht oder neu erschaffen. Menschen bewegen sich durch die Welt, während sich in ihrem Innern vieles regt und sich im Außen einiges dreht. Sowohl die innere wie die äußere Welt existieren, ob sie nun bewusst wahrgenommen werden oder sich von ihnen abgewandt wird. Der Akt der bewussten Wahrnehmung bedeutet: die Aufmerksamkeit auf eine Auswahl des Geschehens zu fokussieren. Hierzu stehen den Menschen verschiedene Wahrnehmungskanäle zur Verfügung: auditiv, visuell, kinästhetisch und olfaktorisch. Personen nutzen diese Kanäle, indem sie hören, sehen, fühlen, riechen und schmecken.

Wahrnehmung bedeutet also, dass eine Person aufgrund ihrer Erfahrungen, ihres Wissens, ihrer Erwartungen, ihres Gedächtnisses und ihres Gewordenseins die Wahrnehmungskanäle nutzt, um innere und äußere Begebenheiten zu bewerten und in einen Zusammenhang zu bringen. Diese bewerteten Begebenheiten werden zu Erfahrungen, die die Person ihrem Erfahrungsschatz hinzufügt und die wiederum zum Gewordensein der Person beitragen.

Hier werden Erlebnisse mehr oder weniger bewusst eingeordnet und bewertet. Je nach Bewertung wird aus dem Erlebnis eine weiterführende oder eine behindernde Erfahrung. Letztlich geht es darum, Erlebnisse als Möglichkeiten und Chancen für das eigene Leben zu erkennen. So entstehen Erfahrungen, auf denen selbstbewusstes Handeln und Erleben aufgebaut werden können. Personen machen sich diesen Prozess sprechend bewusst und damit wiederholbar.

Dazu ist es notwendig, den Bewertungszusammenhang genau zu bestimmen. Das Einteilen der Erlebnisse in gut oder schlecht, richtig oder falsch, erreicht oder gescheitert wird aufgehoben. Jetzt geht es darum, einen Bewertungszusammenhang zu entwickeln, der öffnet. Es geht darum, die kleinen und großen Erlebnisse als Möglichkeiten zu bewerten und sie sich sprechend anzueignen. Das eigene Erleben kann als Lernzusammenhang, als Möglichkeit des Erkenntniszuwachses, als Entwicklungsfeld, als Seinsmöglichkeit bewertet werden. Durch diese Bewertungen eröffnen sich neue Erfahrungsfelder und werden Erlebnisse als Boden für Zukünftiges, als Erkenntniszuwachs begriffen.

Im Gerechten Sprechen werden diese Wahrnehmungen und ihre Bewertungsgrundlagen gesprochen. Da Sprache Wirklichkeiten beschreibt und schafft, wird durch dieses Sprechen der Akt der Wahrnehmung größer, geschärft und vermehrt im Lebensalltag einsetzbar. Personen, die gerecht sprechen, erschließen sich einerseits ihre innere Welt mit den dazugehörigen Empfindungen, Gefühlen, Körperseinsweisen, Erinnerungen und dem Gewusstem mehr und mehr. Andererseits nehmen sie die äußere Welt in all den zur Verfügung stehenden Seinsweisen bewusster auf.

So entstehen aus alltäglichen Erlebnissen Erfahrungen. Sie werden von der jeweiligen Person sprechend erschlossen, reflektiert und in einen Zusammenhang mit weiteren Erfahrungen, gesellschaftlichen Bedingungen und den umgebenden Verhältnissen gesetzt. Es wird ein Reflexionszusammenhang entwickelt, auf dem aufbauend Alltagswissen aus den verschiedenen Erfahrungen erschaffen wird.

Reflexion ist die grundlegende Fähigkeit, Abstand zu gewinnen zu sich, zu den Gefühlen und zum Erlebten. Um diesen Schritt machen zu können, bedarf es vorher der Bewertung eines Erlebnisses als Lernzusammenhang, als Möglichkeit des Erkenntniszuwachses, als Entwicklungsfeld, als Seinsmöglichkeit. Durch diesen Abstand können die eigenen Stärken und Neigungen erkannt und optimiert werden. Zudem entsteht durch den Abstand die Möglichkeit, Konsequenzen auszuarbeiten und damit bewusst weiter handelnd tätig zu sein. Der Bewertungszusammenhang wird immer wieder überprüft und optimiert. Daraus ergibt sich eine Aufwärtsspirale, in der Personen aus ihrem alltäglichen Leben Erkenntnisse gewinnen, die wiederum das Leben beeinflussen und weitertragen, woraus wieder Erkenntnisse zu gewinnen sind, die das Leben beeinflussen und weitertragen.

Die so gestalteten Bewertungszusammenhänge sind ein Boden, auf dem Personen einander als gleichwertige Menschen begegnen, sich akzeptieren, anfragen, hinterfragen, annehmen oder zurückweisen. In diesen Begegnungen entstehen weitere Erlebnisse, die von den Personen für sich, für das Miteinander, die Beziehung, Freundschaft, Zugehörigkeit bewertet werden. Abmachungen, Regelungen werden entwickelt, die für alle am Prozess Beteiligten Chancen und Möglichkeiten enthalten.

Über Erfahrungen nachzudenken, sie auseinanderzusprechen und zu erkennen, welche Hinweise für die Gestaltung eines reichhaltigen Lebens darin verborgen liegen, stellt im Gerechten Sprechen eine Grundlage dar, um zu erkennen, welche Denkmuster, Bewertungszusammenhänge, Handlungsstrukturen und Gefühlsdimensionen Situationen zugrunde liegen, worauf Verlass ist und was gegebenenfalls zu verändern ist.

Im Gerechten Sprechen geht es darum, dass das, was ist, benannt und in einen Bewertungszusammenhang gebracht wird, der die Personen in ihrem gerechten Sein unterstützt und weiterbringt, der Begriffe so benutzt, wie sie gemeint sind.

Gerechtigkeit und gerechte Verhältnisse

Gerechtigkeit ist ein Anspruch, der die Menschen und ihre Geschichte begleitet. Wenn Menschen beschließen, ihr Leben miteinander zu gestalten, geschieht dies für alle an der Gemeinschaft Beteiligten in einem ausgewogenen Verhältnis. Alle haben die gleichen Rechte, und alle haben Pflichten. Das nennen wir Gerechtigkeit. In dieser Weise beschäftigten sich Personen in vielen Epochen der Menschheitsgeschichte mit Gerechtigkeit. Im Gerechten Sprechen werden zur Erläuterung des Zusammenhangs von Gerechtigkeit und Sprache fünf Verhältnisbereiche unterschieden:

o das Verhältnis der Person zu sich selbst
o das Verhältnis der Person zu anderen Personen
o das Verhältnis der Person zur Gesellschaft und zum Staat
o das Verhältnis der Person zu Vereinbarungen, Abmachungen, Gesetzen
o das Verhältnis der Gesellschaften und Staaten zueinander

In einem gerechten Verhältnis der Person mit sich selbst erkennt und nutzt diese ihre Ressourcen und Möglichkeiten. Mit sich selbst gerecht umzugehen bedeutet, sich in allen Wunderbarkeiten kennenzulernen und diese zu leben; bedeutet, die eigenen Stärken zur Kenntnis zu nehmen und auszubauen.

Das gerechte Verhältnis der Personen untereinander ist aufbauend und bereichernd. Hier werden die vorhandenen Differenzen akzeptiert, die eigenen, die fremden und sie gemeinsamen Erfolge gefeiert, die eigenen und die fremden Ressourcen und Möglichkeiten wahrgenommen. Es gelten die gleichen Rechte und Pflichten für alle.

Gerechte gesellschaftliche Systeme sind so entworfen, dass die Verteilung der materiellen, ideellen und geistigen Güter – Einkommen, öffentliche Infrastruktur, Bildung, medizinische Versorgung – für alle gleich zugänglich gestaltet sind. In einer gerechten Gesellschaft leben Personen gleichberechtigt und gleichwertig.

Gerechte Gesetze sind sprachlich gefasste Regelungen, die den Menschen einen Rahmen geben, in dem alle selbstverantwortlich denken, handeln, leben und somit zu Personen werden können. Sie bieten zudem die Grundlage dafür, dass Übertretungen gegen die Gerechtigkeit geahndet werden können. Sie machen so das persönliche Leben in einer Gemeinschaft verlässlich und sichern die Gemeinschaft und die Einzelnen vor Übergriffen gegen die Person.

Übergreifende Regelungen wie die Menschenrechte werden von Personen verschiedenster Staaten erarbeitet. Neben dem Fakt, dass sie die gleichen Rechte für Menschen auch außerhalb des eigenen Staatsgefüges sichern, eröffnen sie die Möglichkeit einzugreifen, wenn in einem Staat Gesetze erlassen werden, die das gerechte Verhältnis der Person zu sich selbst oder das gerechte Verhältnis der Person zu anderen Personen einschränken oder verhindern.

Gerechtigkeit und gerechte Verhältnisse steigern das Wohlbefinden der Menschen. Personen fühlen sich wohler und kraftvoller, wenn sie sich in einem Umfeld bewegen, das über eine gerechte Grundstruktur verfügt. Sobald Gerechtigkeit außer Acht gelassen und stattdessen Diskriminierung, Rechtsbruch und Bevorzugung gelebt werden, gehen Stabilität und Sicherheit verloren. Vollzieht sich das zwischenmenschliche Zusammenleben jedoch auf der Grundlage von Gerechtigkeit, bietet dies die Basis für individuelles Glück und gesellschaftliche Zufriedenheit.

Die gesellschaftliche Zufriedenheit wird von den Personen erschaffen, die die Gesellschaft ausmachen. Erst die Anhäufung von Menschen macht ein Gesellschaftssystem notwendig. Wollen Menschen eine gerechte Gesellschaft, so ist es notwendig, dass sie sich als Personen gerecht begegnen.

Da Sprache Wirklichkeiten benennt und Wirklichkeiten erschafft, stellt sie eine Möglichkeit dar, gerechte Verhältnisse zu gestalten. Durch sie benennen Personen das Seiende gleichberechtigt, und dadurch entwickeln sie es gleichwertig. Sprache und Sprechen stellen so in allen fünf Verhältnisbereichen

o der Person zu sich selbst,
o der Person zu anderen Personen,
o der Person zum Staat,
o der Person zu Vereinbarungen, Abmachungen, Gesetzen sowie
o der Gesellschaften und Staaten zueinander

die zentralen Verbindungsmöglichkeiten dar. In ihrer Wechselwirkung tragen Sprache und Sprechen dazu bei, die Gerechtigkeit weiter zu sichern und auszubauen. Jeder Mensch kann als Person die eigene Sprache so einsetzen, dass das individuelle Glück vermehrt und die gesellschaftliche Zufriedenheit größer wird.

Gerade jetzt, in der Zeit der großen Menschenbewegungen, ist es wesentlich geworden, so zu sprechen, dass alle Menschen miteinander glücklich leben können. Es lohnt sich, in Selbstgesprächen, mit anderen und gerade mit den ganz fremden Menschen gerecht zu sprechen. So kann eine gerechte Gesellschaft für alle entworfen werden.

Gerechtes Sprechen – Ein konsequenter Ansatz

Charlotte Friedli

Seit einigen Jahren habe ich das Kommunikationsmodell Gerechtes Sprechen in das Grundstudium Soziale Arbeit und in den Masterstudiengang Psychosoziales Management integriert. Es hat sich gezeigt, dass die Studierenden jeden Alters und aus unterschiedlichen Berufsgruppen die Tätigkeit des Zuhörens in seiner gesamten Bandbreite begreifen lernen und mit ihrer Sprache einen bewussteren und klareren Umgang finden. Im Gerechten Sprechen wird Verhalten als Folge einer Entscheidung der handelnden Person abgebildet. Diese konsequente Haltung gegenüber der Verantwortlichkeit für das eigene Denken, Handeln, Sprechen, Hören und Fühlen stellt eine besondere Herausforderung in der praktischen Umsetzung des Modells Gerechtes Sprechen dar. (Lesen Sie dazu auch die Praxisberichte ab Seite 285.)

Für Menschen, die mit Menschen arbeiten – sei dies lehrend, führend oder beratend –, ist es von zentraler Bedeutung zu erkennen, durch welche Interventionen die Ressourcen der Klientinnen aktiviert werden. Cornelia Schinzilarz hat auf der Basis ihrer praktischen Tätigkeit untersucht, durch welche sprachlichen Interventionen die eigenen Ressourcen der Klientinnen mobilisiert werden. Ihre Erkenntnisse hat sie in einen Begründungszusammenhang gestellt mit dem Ziel, die Vorgänge nachvollziehbar zu machen.

Sprache verbindet unsere innere Welt mit der äußeren Welt und umgekehrt. Wirklichkeit ist dementsprechend nicht etwas objektiv Vorhandenes, sondern eine innerhalb der physischen und psychischen Grenzen des einzelnen Individuums konstruierte und im interaktiven Geschehen einer Kommunikationshandlung sich fortlaufend konstruierende Realität. Der Sprache als einem zum Zweck der zwischenmenschlichen Verständigung entwickeltes Zeichensystem kommt insofern eine besondere Bedeutung zu, als den Sprechenden nur die in einem bestimmten Muster sich bewegende Syntax zur Verfügung steht, durch die das Wahrgenommene kategorisiert und typisiert wird. Dieser Umstand führt dazu, dass Sprache nicht nur in hohem Maße Verstehen und Verständigung ermöglicht, sondern auch subjektive Bilder als vermeintliche Wirklichkeit zementiert. Durch das Sprechen und Hören werden Rückkoppelungsprozesse in Gang gesetzt. Was gesagt wird und wie etwas gesagt wird, beeinflusst den Denkprozess und die Kommunikationsabläufe. Um diese Rückkoppelungsprozesse als Ressource zu nutzen, wird im Gerechten Sprechen das gesprochene Wort fokussiert.

Zu den Konsequenzen in der Gesprächsführung, schreibt eine Studentin in ihrer Hausarbeit:

Mir selbst zuhören

»Die Konzentration wird erhöht, wenn ich mir beim Sprechen zuhöre, ich bin dann viel präsenter. Manchmal vergesse ich, mir selbst zuzuhören. Als Folge schweifen die Adressaten meiner Worte schneller ab, und ich stelle fest, dass ich mich dann oft wiederhole. Ohne die Idee, mir selbst beim Sprechen zuzuhören, hätte ich das noch lange nicht gemerkt.«

Ebenfalls ein wichtiger Aspekt im Modell Gerechtes Sprechen ist der präzise Umgang mit dem Begriff Empathie. Die biopsychologischen Erkenntnisse, wonach Empathie die Fähigkeit des Menschen bezeichnet, bezogen auf beobachtete Ereignisse beziehungsweise wahrgenommene sprachliche und nichtsprachliche Zeichen/Symbole mittels Imagination oder Imitation Gefühle zu entwickeln und daraus Reaktionen abzuleiten, werden von Schinzilarz brillant auf die angewandte Kommunikation übersetzt. Dazu nochmals ein Zitat aus einer Hausarbeit:

Mit Empathie nachfragen

»Mit der empathischen Haltung, in der Empathie als eine Einfühlung in sich selbst verstanden wird, gelingt es viel besser, das Zugehörte von eigenen Interpretationen zu unterscheiden. Nachfragen oder das Erläutern von Interpretationen gibt den Klienten die Chance, ihre Gefühle, Gedanken oder Meinungen klarer auszudrücken.«

Der im Gerechten Sprechen beschriebene Wechsel vom Zwangssystem ins Wollensystem eröffnet weitere Zugänge in der betreuenden Arbeit mit Menschen. Im Wesentlichen geht es darum, dass sich Personen ihre Entscheidungsfindung bewusst machen und sich damit die eigene Verantwortlichkeit und Zuständigkeit erschließen.

Ich will das allein schaffen

»Seit der ersten Lehrveranstaltung zum Gerechten Sprechen nehme ich das Wort ›müssen‹ ganz anders wahr. Ich arbeite mit lernbehinderten Jugendlichen. Bei einem der 15-jährigen Jungen wurde ein insulinpflichtiger Diabetes diagnostiziert. Zum Erstaunen seiner Familie und Betreuerinnen schaffte er es in Kürze, seinen Diabetes selbstständig zu managen. Durch seine Haltung ›Ich will das allein schaffen‹ konnte er sich neue Ressourcen erschließen. Er packte seine Chance und zeigte, was er kann.«

Das Modell Gerechtes Sprechen entspricht sowohl einem systemischen als auch einem ressourcenorientierten Ansatz. Bezogen auf die methodische Umsetzung der systemtheoretischen Erkenntnisse, ist Gerechtes Sprechen seit der Einführung des zirkulären Fragens durch Mara Selvini-Palazzoli und anderen (1981) das erste Modell, welches als Ergänzung und Erweiterung der systemischen Methodenansätze überzeugt. Gleichzeitig ist es Cornelia Schinzilarz gelungen, an den aktuellen Erkenntnissen der Kommunikations- und Neurowissenschaften anzuknüpfen, sodass ein konsequent lösungs- und ressourcenorientiertes Anwendungsmodell entstanden ist. Gerechtes Sprechen hat aufgrund meiner Erfahrungen in der Lehre und in der Praxisbegleitung eine vielversprechende Zukunft.

Anhang

—— *Teil 07*

Gerechtes Sprechen in zehn Schritten –
Ein Selbststudium

Der folgende Leitfaden für das Selbststudium ist geeignet, sich in das Denken und in die Haltung des Gerechten Sprechens einzuarbeiten, um das Modell im Alltag sprechend und hörend umzusetzen. Im Gerechten Sprechen interessieren das Ziel, welches erreicht werden will und die Gestaltung dieses Prozesses. Die Ausgangslage wird als Motivation zur Veränderung betrachtet. Diese Haltung macht Fragen rund um die Herkunft der Ausgangslage überflüssig. Zugehört wird auf Ressourcen, Können, Erfolge hin.

Die Grundannahme »Es gilt das gesprochene Wort« hat zur Konsequenz, dass jede Interpretation überflüssig ist. Allein das Wort und die Satzkonstruktion liefern Material für Fragen, Interventionen und Vorgehensweisen. Das passende Verhältnis von Nähe und Distanz ist mit der Haltung im Sich-selbst-Zuhören geleistet. Gefühle werden nachgefragt. Es gilt das gesprochene Wort, mit dem nach wie vor am bewusstesten das ausgedrückt wird, was wir meinen.

Es wird konsequent in der Anwesenden Sprache gesprochen, denn Abwesendes weist auf Defizite und Fehlendes hin, und im Gerechten Sprechen beschäftigen wir uns mit Anwesenden Zusammenhängen, Seinsweisen, Gefühlen und Ausdrücken.

Das Selbststudium dient dazu, sich im Gerechten Sprechen zurechtzufinden. Lesen Sie bitte zu den Schritten die dazugehörigen Kapitel, machen Sie zur Unterstützung die darin erläuterten Übungen. Vergewissern Sie sich der Haltung, auf der Gerechtes Sprechen basiert, und lesen Sie auch die philosophisch-ethischen Grundannahmen.

Gerechtes Sprechen orientiert sich allein an den Ressourcen und den Möglichkeiten. Darauf aufbauend, sprechen Sie von vorhandenen Chancen und Ihrem Können, hören auf Gestaltungsmöglichkeiten und weitere Ressourcen hin zu, und Sie sprechen von sich selbst im Bewusstsein Ihrer eigenen Schönheit und Ihres Erfolges. Als Training für Gerechtes Sprechen lohnt es sich, das Strategische

Sprechen in der Gegenwart zu nutzen. Für das Erzählen von Erinnerungen in der Gerechten Erinnerungsarbeit zu schwelgen. Und für die zu gestaltende Zukunft auf dem Weg zu sein mit dem strategischen Ziele erreichen.

Ich wünsche Ihnen beim Selbststudium viel Vergnügen!

Leitfaden Gerechtes Sprechen

Erster Schritt
- **Ich höre mir beim Sprechen selbst zu.**

Zu Beginn ist es am einfachsten, laute Selbstgespräche zu führen. Diskutieren Sie eine Zeit lang mit sich selbst Ihre sich wiederholenden Alltagszusammenhänge. Zum Beispiel die Kleiderwahl am Morgen. Was ziehe ich heute an? Wie will ich aussehen? Was habe ich vor und welche Kleidung passt am besten zu dem, was ich erreichen will? Beim Sprechen konzentrieren Sie Ihre empathische Aufmerksamkeit auf das, was Sie zuhörend aufnehmen und verstehen.

So trainieren Sie die Haltung des Sich-selbst-Zuhörens.

Zweiter Schritt
- **Ich höre mir regelmäßig und mit Erfolg zu.**
- **Ich spreche im Wollensystem.**
- **Ich reflektiere auf meine Erfolge hin.**

Nun konzentrieren Sie Ihr Zuhören auf Ihr Wollensystem. Sobald Sie »müssen« hören, sprechen Sie das, was Sie sagen wollen, nochmals im Wollensystem. Der Begriff »wollen« aktiviert am deutlichsten das Wollensystem. Es gibt jedoch eine Auswahl an Begriffen: vorstellen, wünschen, mögen, vorschlagen, erwarten.

Mit diesem Vorgehen trainieren Sie das Sich-selbst-Zuhören in Gesprächssituationen und aktivieren Ihr Wollensystem. Reflektieren Sie an jedem Abend über die gelungenen Gesprächs- und Sich-selbst-Zuhörsituationen. Mit diesen Reflexionseinheiten üben Sie, sich selbst in Ihrem Können wahrzunehmen.

Sie legen sich nun ein Erfolgstagebuch zu, in das Sie die gelungenen Situationen und Ihre Leistungen schreiben, die Sie im Wollensystem und im Sich-selbst-Zuhören gemacht haben. In diesem Buch beschreiben Sie nur

die linke Seite, die rechte Seite des Buchs lassen Sie frei. Dieses Erfolgstagebuch begleitet Sie, und Sie lesen regelmäßig darin.

Dritter Schritt

o   Ich höre mir beim Sprechen selbst zu.
o   Ich spreche im Wollensystem.
o   **Ich will zuhören.**
o   Ich reflektiere auf meine Erfolge hin.

Neben dem Sich-selbst-Zuhören und dem Sprechen im Wollensystem nehmen Sie in empathischen Zuhörsituationen bewusst die Zuhörhaltung ein,
indem Sie sich ausdrücklich und mehrfach deutlich machen, dass Sie zuhören wollen. Da Sie sich im Wollensystem bewegen, können Sie es für die
Entscheidung nutzen, Ihre Zuhörhaltung zu aktivieren.
Beschreiben Sie in Ihrem Erfolgstagebuch, wie Sie es gemacht haben, Ihre
Zuhörhaltung zu aktivieren.

Vierter Schritt

o   Ich höre mir beim Sprechen selbst zu.
o   Ich spreche im Wollensystem.
o   Ich will zuhören.
o   **Ich spreche in der Anwesenden Sprache, im Gefühlsgerechten und
    im Situationsgerechten Sprechen.**
o   Ich reflektiere auf meine Erfolge hin.
o   **Ich erkenne mich in meinen Ressourcen.**

Da Sie sich selbst zuhören, haben Sie die Möglichkeit, sich zu korrigieren,
falls Sie Gefühle oder Situationen abwesend darstellen, beschreiben oder
analysieren. Nutzen Sie das Gefühlskartenset für die Beschreibungen im
Gefühlsgerechten Sprechen. Beschreiben Sie in Ihrem Erfolgstagebuch die
Situationen, die Sie anwesend gestaltet haben, und analysieren Sie, wie Sie
es gemacht haben.
Nach einiger Zeit lesen Sie Ihr Erfolgstagebuch von Beginn an und analysieren es, indem Sie es auf die Anwesende Sprache hin lesen. Wenn Sie in
der Abwesenden Sprache geschrieben haben, schreiben Sie die Situation
nochmals in der Anwesenden Sprache auf der rechten Seite Ihres Erfolgs-
tagebuchs.

Für diesen Schritt lassen Sie sich bitte Zeit und nutzen dabei regelmäßig Ihr Erfolgstagebuch, das Sie lesen und überarbeiten, bis Sie alles in der Anwesenden Sprache ausgedrückt haben. Zu Ihrer Erinnerung: Zur Anwesenden Sprache gehört auch das Auseinandersprechen von Situationen, Zusammenhängen und Gefühlen. Mit diesem Vorgehen erkennen Sie mehr und mehr Ihre Ressourcen.

Fünfter Schritt

o   Ich höre mir beim Sprechen selbst zu.

o   Ich spreche im Wollensystem.

o   Ich will zuhören.

o   Ich spreche in der Anwesenden Sprache, im Gefühlsgerechten und im Situationsgerechten Sprechen.

o   **Ich bin mir der Zuhörsituation bewusst und höre mit Absicht auf Ressourcen, Können, Antworten und Erfolge.**

o   Ich reflektiere auf meine Erfolge und auf meine Ressourcen hin.

Sie haben sich die Ressourcenorientierung bei sich selbst erarbeitet. Jetzt können Sie sie auch beim empathischen Zuhören anwenden. Vor jeder Zuhörsituation machen Sie sich Ihren Zuhörwillen bewusst, vergegenwärtigen die Zuhörsituation und sind in Ihrer Zuhörabsicht ausgerichtet auf Ressourcen, Können, Antworten und Erfolge. Sie sprechen weiterhin im Wollensystem und in der Anwesenden Sprache. Da Sie sich selbst zuhören, gelingt Ihnen das schon sehr gut.

Sie reflektieren die erlebten Situationen auf ihre Erfolge und ihre Ressourcen hin und schreiben diese in das Erfolgstagebuch. Beim Schreiben achten Sie darauf, dass Sie sowohl im Wollensystem als auch in der Anwesenden Sprache schreiben. Nutzen Sie weiterhin die linke Seite, sodass Platz für die Überarbeitung bleibt.

Sie lesen regelmäßig in Ihrem Erfolgstagebuch und erfreuen sich am Erreichten.

Sechster Schritt

o   Ich höre mir beim Sprechen selbst zu.

o   Ich spreche im Wollensystem.

o   Ich will zuhören.

○ Ich spreche in der Anwesenden Sprache, im Gefühlsgerechten und im Situationsgerechten Sprechen.

○ Ich bin mir der Zuhörsituation bewusst und höre mit Absicht auf Ressourcen, Können, Antworten und Erfolge.

○ **Ich bin mir meines Rhythmus bewusst und gestalte ihn passend für mich und die mich umgebenden Verhältnisse.**

○ Ich reflektiere auf meine Erfolge und auf meine Ressourcen hin.

Nachdem Sie sich in Ihrem Können kennen und auch anderen in Ihrem Können zuhören, wissen Sie um die verschiedenen Rhythmen, in denen Personen leben und die sie für sich erschaffen haben. Sie wissen um Ihre verschiedenen individuellen Rhythmen, gestalten die Übergänge zwischen diesen Rhythmen bewusst und koordinieren das Zusammenkommen mit anderen individuellen Rhythmen innerhalb Ihrer Zuständigkeiten.

Die Erfolge schreiben Sie in Ihr Erfolgstagebuch. Beim Schreiben achten Sie darauf, dass Sie sowohl im Wollensystem als auch in der Anwesenden Sprache schreiben.

Sie lesen regelmäßig in Ihrem Erfolgstagebuch und erfreuen sich am Erreichten.

Siebter Schritt

○ Ich höre mir beim Sprechen selbst zu.

○ Ich spreche im Wollensystem.

○ Ich will zuhören.

○ Ich spreche in der Anwesenden Sprache, im Gefühlsgerechten und im Situationsgerechten Sprechen.

○ Ich bin mir der Zuhörsituation bewusst und höre mit Absicht auf Ressourcen, Können, Antworten und Erfolge.

○ Ich bin mir meines Rhythmus bewusst und gestalte ihn passend für mich und die mich umgebenden Verhältnisse.

○ **Ich höre meinem Inneren und dem von außen Kommenden zu.**

○ **Es gilt das gesprochene Wort.**

○ Ich reflektiere auf meine Erfolge und auf meine Ressourcen hin.

Sie richten Ihre Aufmerksamkeit nach innen und hören Ihren Gefühlen und Ihren Selbstgesprächen zu. Dies üben Sie zu Beginn, wenn Sie mit sich allein sind. Sie konzentrieren sich dabei ganz auf das zugehörte Wort. Sobald

Sie sich verstehen, hören Sie auch während Gesprächen nach innen und nach außen zu. Genießen Sie die klare Aufmerksamkeit und hohe Wahrnehmung, die Sie sich bis dahin erarbeitet haben.

Die Erfolge schreiben Sie in Ihr Erfolgstagebuch. Beim Schreiben achten Sie darauf, dass Sie sowohl im Wollensystem als auch in der Anwesenden Sprache schreiben. Sie lesen regelmäßig in Ihrem Erfolgstagebuch, erfreuen sich am Erreichten und entwerfen Ihr Gewordensein darauf aufbauend weiter.

Achter Schritt

o Ich höre mir beim Sprechen selbst zu.

o Ich spreche im Wollensystem.

o Ich will zuhören.

o Ich spreche in der Anwesenden Sprache, im Gefühlsgerechten und im Situationsgerechten Sprechen.

o Ich bin mir der Zuhörsituation bewusst und höre mit Absicht auf Ressourcen, Können, Antworten und Erfolge.

o Ich bin mir meines Rhythmus bewusst und gestalte ihn passend für mich und die mich umgebenden Verhältnisse.

o Ich höre meinem Inneren und dem von außen Kommenden zu.

o Es gilt das gesprochene Wort.

o **Ich sage, was ich meine, und meine, was ich sage.**

o Ich reflektiere auf meine Erfolge und auf meine Ressourcen hin.

o **Ich gebe meiner Sprache bewusst eine philosophische oder psychologische Dimension.**

Im Zuhören gestalten Sie die Verbindung von außen und innen, die Sie sich wünschen. Sie sprechen in der Anwesenden Sprache, und es gilt das gesprochene Wort. Sie meinen, was Sie sagen, und Sie sagen, was Sie meinen. Durch das Sich-selbst-Zuhören sichern Sie, dass Sie tatsächlich bei dem bleiben, was Sie meinen, und zuhörend auf das Wort erfragen Sie das Gemeinte. Sie nutzen Ihre Fantasie, Konzentration und Interpretationsleistungen für die Bereiche, über die Sie nachdenken, die Sie verwerfen oder zu Großem führen wollen.

Die Erfolge schreiben Sie in Ihr Erfolgstagebuch. Beim Schreiben achten Sie darauf, dass Sie sowohl im Wollensystem als auch in der Anwesenden Sprache schreiben. Wählen Sie aus, ob Sie die Sprache psychologisch oder philosophisch vertiefen wollen. Schreiben Sie alle Ideen und Möglichkeiten auf, die Ihnen in den Sinn kommen.

Sie lesen regelmäßig in Ihrem Erfolgstagebuch, erfreuen sich am Erreichten und entwerfen Ihr Gewordensein darauf aufbauend weiter. Sie streichen die Ideen und Möglichkeiten an, denen Sie sich in Zukunft widmen wollen.

Neunter Schritt

○ Ich höre mir beim Sprechen selbst zu.

○ Ich spreche im Wollensystem.

○ Ich will zuhören.

○ Ich spreche in der Anwesenden Sprache, im Gefühlsgerechten und im Situationsgerechten Sprechen.

○ Ich bin mir der Zuhörsituation bewusst und höre mit Absicht auf Ressourcen, Können, Antworten und Erfolge.

○ Ich bin mir meines Rhythmus bewusst und gestalte ihn passend für mich und die mich umgebenden Verhältnisse.

○ Ich höre meinem Inneren und dem von außen Kommenden zu.

○ Es gilt das gesprochene Wort.

○ Ich sage, was ich meine, und meine, was ich sage.

○ **Ich spreche in der Benennenden Sprache.**

○ Ich reflektiere auf meine Erfolge und auf meine Ressourcen hin.

○ Die verschiedenen Situationen und Zusammenhänge spreche ich sowohl in der psychologischen als auch in der philosophischen Tiefe aus.

○ **Ich gebe meiner Sprache bewusst eine philosophische oder psychologische Dimension.**

○ **Ich nutze gezielt das Strategische Sprechen.**

Sie sprechen die Wirklichkeit so aus, wie Sie sie wahrnehmen in ihren verschiedenen Zusammenhängen. Sie sprechen so, dass alles in seinen Ressourcen, Möglichkeiten, Können nebeneinander existieren kann. Sie machen auf die Grenzen aufmerksam, die die Möglichkeiten von einzelnen Personen behindern. Sie sprechen anwesend und in Ihrem Rhythmus. Sie hören sich selbst und anderen auf Ressourcen, Können, Antworten hin zu. Sie nutzen Ihre Gedankenkapazitäten für sich, Ihre Ideen und Möglichkeiten. Sie meinen, was Sie sagen, und es gilt das gesprochene und zugehörte

Wort. Bewusst setzen Sie die verschiedenen Sprachen, Ebenen und Dimensionen des Strategischen Sprechens ein.

Sie schreiben Ihre Erfolgserlebnisse auf. Sie schreiben Ihre Ideen, Wünsche und ihre Ziele auf. Sie überprüfen, welche dieser Wünsche und Ziele Sie wann und wie umsetzen werden. Sie lesen regelmäßig in Ihrem Erfolgstagebuch. Sie erzählen anderen von Ihren Erfolgen und fordern dazu auf, Erfolge und Möglichkeiten und Wünsche zu erzählen.

Zehnter Schritt

- Ich höre mir beim Sprechen selbst zu.
- Ich spreche im Wollensystem.
- Ich will zuhören.
- Ich spreche in der Anwesenden Sprache, im Gefühlsgerechten und im Situationsgerechten Sprechen.
- Ich bin mir der Zuhörsituation bewusst und höre mit Absicht auf Ressourcen, Können, Antworten und Erfolge.
- Ich bin mir meines Rhythmus bewusst und gestalte ihn passend für mich und die mich umgebenden Verhältnisse.
- Ich höre meinem Inneren und dem von außen Kommenden zu.
- Es gilt das gesprochene Wort.
- Ich sage, was ich meine, und meine, was ich sage.
- Ich spreche in der Benennenden Sprache.
- Ich gebe meiner Sprache bewusst eine philosophische oder psychologische Dimension und nutze das Strategische Sprechen.
- **Ich bin mir meiner Erfolge und meiner Ressourcen bewusst, spreche aus ihnen, benenne und erschaffe damit die Wirklichkeiten, die im gerechten Verhältnis zu mir selbst und die im gerechten Verhältnis zu den anderen Personen sind. Ich höre mir selbst und empathisch zu und erfreue mich meiner Erfolge und der anderer Personen.**

Dieses Selbststudium dauert einige Monate bis zu einem Jahr. Es kommt auf die Intensität an, mit der Sie diese Schritte gehen. Zudem sind die Schwierigkeitsempfindungen verschieden. Einige werden den Anfang als leicht und fließend empfinden, andere werden sich die Schlussphase beschwingt und gewandt anzueignen wissen.

Sie können sich mit anderen Personen zusammenschließen und die Schritte gemeinsam reflektieren. Dann achten Sie bitte darauf, dass Sie einander ergänzen und jede Person Ihren je eigenen Rhythmus wählt. Der Ablauf des Selbststudiums ist so gestaltet, wie es meines Erachtens am leichtesten geht, sich Gerechtes Sprechen anzueignen. Wenn Sie jedoch lieber mit einem anderen als dem ersten Schritt beginnen möchten, machen Sie das! Wichtig ist, dass Sie letztlich alle Schritte gegangen sind.

Zur Unterstützung können Sie die Übungen anwenden, die in den jeweils passenden Kapiteln erläutert sind. Am leichtfüßigsten ist dieses Training jedoch nach wie vor zu absolvieren, wenn Sie sich durch das Seminar »Gerechtes Sprechen – Das Seminar« begleiten lassen. Informationen dazu finden Sie unter: www.kick.dich.ch.

Glossar des Gerechten Sprechens

Das Glossar entwickelter und neu genutzter Begriffe können Sie im Download nachlesen.

Literaturverzeichnis

Gerechtes Sprechen in den drei Dimensionen

Bauer, Joachim (2015): Selbststeuerung. Die Wiederentdeckung des freien Willens. München: Karl Blessing.

Eyerman, Ron (2002): Cultural Trauma. Slavery and the Formation of African-American Identity. Cambridge: University Press.

Friedli, Charlotte (2016): 75 Bildkarten Teamentwicklung. Weinheim und Basel: Beltz.

Friedli, Charlotte/Schinzilarz, Cornelia (2015): 75 Bildkarten Konfliktmanagement. Weinheim und Basel: Beltz.

Friedli, Charlotte/Schinzilarz, Cornelia (2016): Mit Fragen Konflikte managen. 116 Fragekarten mit 12-seitigem Booklet. Weinheim und Basel: Beltz.

Friedli, Charlotte/Schinzilarz, Cornelia (2016): 116 Fragen für die erfolgreiche Teamentwicklung. Fragekarten mit 12-seitigem Booklet. Weinheim und Basel: Beltz.

Kahnemann, Daniel (2012): Schnelles Denken, langsames Denken. München: Siedler.

Markowitsch, Hans Joachim (2002): Dem Gedächtnis auf der Spur. Von Erinnern und Vergessen. Zürich: Primus

Marcuse, Herbert (5. Auflage 2005): Der eindimensionale Mensch. Studien zur Ideologie der fortgeschrittenen Industriegesellschaften. München: dtv

Metz, Johann Baptist (1997): Zum Begriff der neuen Politischen Theologie 1967–1997. Mainz: Matthias-Grünewald.

Neiman, Susan (2014): Warum erwachsen werden? Eine philosophische Ermutigung. München: Hanser.

Schinzilarz, Cornelia (2011): Besser kommunizieren im Beruf durch Gerechtes Sprechen. Weinheim und Basel: Beltz.

Schinzilarz, Cornelia/Schläfli, Katrin (2012): Potenziale erkennen und erweitern. Mit dem Ressourcenheft Ziele erreichen. Weinheim und Basel: Beltz.

Schinzilarz, Cornelia/Lauterjung, Martina (2016): Ziele erreichen mit Gerechtem Sprechen. Kartenset mit 60 Impulskarten und 16-seitigem Booklet. Weinheim und Basel: Beltz.

Sprache und Sprechen

Damasio, Antonio R. (1997): Descartes' Irrtum. Fühlen, Denken und das menschliche Gehirn. München: List.

Damasio, Antonio R. (2000): Ich fühle, also bin ich. Die Entschlüsselung des Bewusstseins. München: List.

Graumann, Sigrid/Grüber, Katrin (Hrsg.) (2004): Ethik und Behinderung. Ein Perspektivenwechsel. Frankfurt am Main: Campus.

Habermas, Jürgen (1991) Erläuterungen zur Diskursethik. Frankfurt am Main: Suhrkamp.

Habermas, Jürgen (1992): Faktizität und Geltung: Beiträge zur Diskurstheorie des Rechts und des demokratischen Rechtsstaates. Frankfurt am Main: Suhrkamp.

Habermas, Jürgen (1999) Theorie des kommunikativen Handelns. Handlungsrationalität und gesellschaftliche Rationalisierung Bd. 1 und 2. Frankfurt am Main: Suhrkamp.

Hochschild, Arlie Russel (2002): Keine Zeit. Wenn die Firma zum Zuhause wird und zu Hause nur Arbeit wartet. Opladen: VS Verlag.

Hochschild, Arlie Russel (1990): Das gekaufte Herz. Zur Kommerzialisierung der Gefühle. Frankfurt am Main/New York: Campus.

Hüther, Gerald (2011) Was wir sind und was wir sein könnten. Ein neurobiologischer Mutmacher. Frankfurt am Main: Fischer.

Hüther, Gerald (2015) Etwas mehr Hirn bitte. Eine Einladung zur Wiederentdeckung der Freude am eigenen Denken und der Lust am gemeinsamen Handeln. Göttingen: Vandenhoeck & Ruprecht.

Illouz, Eva (2009): Die Errettung der modernen Seele. Frankfurt am Main: Suhrkamp.

Nussbaum, Martha (2014): Politische Emotionen. Berlin: Suhrkamp.

Nussbaum, Martha (2014): Die neue religiöse Intoleranz. Ein Ausweg aus der Politik der Angst. Darmstadt: WBG.

Pfluger, Thomas: Wie Gefühle im Gehirn entstehen. Dossier Gesundheit. Internet: www.interpharma.ch

Pöppel, Ernst (2008) Zum Entscheiden geboren. Hirnforschung für Manager. München: Carl Hanser.

Hören und Zuhören

Imhof, Margarete (2003): Zuhören. Psychologische Aspekte auditiver Informationsverarbeitung. Göttingen: Vandenhoek & Ruprecht.

Imhof, Margarete (2006): Zuhören und Instruktion. Münster: Waxmann.

Karst, Karl (1989): Sinneskompetenz – Medienkompetenz. Kommunikationsfähigkeit als Ziel einer Pädagogik des (Zu-)Hörens. In: medien praktisch. Zeitschrift für Medienpädagogik, Heft 1/1989.

Linn, Wolfram (2004): Das Wunder Hören. Balance 3/2004. www.balance-online.de.

Grundlagen

Arendt, Hannah (2006): Über das Böse. Eine Vorlesung zu Fragen der Ethik. München: Piper.

Aristoteles (1969): Die Nikomachische Ethik. Buch V. Sruttgart: Reclam

Bauer, Joachim (2005): Warum ich fühle, was du fühlst. Intuitive Kommunikation und das Geheimnis der Spiegelneurone. Hamburg: Hoffmann und Campe.

Friedli, Charlotte (2005): Empathie. In: Fachhochschule Aargau Nordwestschweiz: Wörter. Begriffe. Bedeutungen. Ein Glossar zur Sozialen Arbeit der Fachhochschule Aargau Nordwestschweiz. Brugg.

Gabriel, Markus (2015): Ich ist nicht Gehirn. Philosophie des Geistes für das 21. Jahrhundert. Berlin: Ullstein

Holzkamp, Klaus (1985): Grundkonzepte der Kritischen Psychologie. In: Diesterweg-Hochschule (Hrsg.): Gestaltpädagogik – Fortschritt oder Sackgass. Berlin: GEW Berlin.

Mitscherlich-Nielsen, Margarete/Mitscherlich, Alexander (1977): Die Unfähigkeit zu trauern. München: Piper.

Nussbaum, Martha (2014): Die Grenzen der Gerechtigkeit. Berlin: Suhrkamp.

Neiman, Susan (2004): Das Böse denken. Eine andere Geschichte der Philosophie. Frankfurt am Main: Suhrkamp.

Platon (2004): Sämtliche Dialoge. Band 1–7 (Unveränderter Nachdruck) Hamburg: Felix Meiner.

Roth, Gerhard (2001): Fühlen, Denken, Handeln. Wie das Gehirn unser Verhalten steuert. Frankfurt am Main: Suhrkamp.

Roth, Gerhard (2003): Aus Sicht des Gehirns. Frankfurt am Main: Suhrkamp.

Sandel, Michael J. (2009): Gerechtigkeit. Wie wir das Richtige tun. Berlin: Ullstein.

Schinzilarz, Cornelia (2003): Gute Zeiten – Bessere Zeiten. Ein sachliches HandTaschenBuch. Zürich/München: edition k&s.

Schinzilarz, Cornelia/Friedli, Charlotte (2013): Humor in Coaching, Beratung und Training. Weinheim und Basel: Beltz.

Sen, Amartya (2010): Die Idee der Gerechtigkeit. München: C. H. Beck.

Gerechtes Sprechen lehren und lernen

Selvini Palazzoli, Mara/Boscolo, Luigi/Cecchin Gianfranco/Prata Giuliana (1981): Hypothetisieren – Zirkularität – Neutralität. Drei Richtlinien für den Leiter der Sitzung. In: Familiendynamik, Heft 6, S. 123–139.

Mit fünf Schritten ans Ziel

Mithilfe der Impulskarten werden Zugänge, Tipps und Vorgehensweisen aufgezeigt, die dabei unterstützen, Situationen zu analysieren, Ziele zu erkennen und Wege zur Zielerreichung zu entwerfen.

Illustrationen ergänzen jeweils die kurzen Texte. So entwerfen Coaches, Berater/innen, Lehrer/innen mit ihren Klienten Ziele und machen diese realisierbar. Auch für die Selbstanwendung geeignet.

Im 16-seitigen Booklet wird der Umgang mit den Karten dargelegt und Tipps zur Zielerreichung in fünf Schritten gegeben.

Aus dem Inhalt

- Das Gelungene in der Situation erkennen
- Die Mauer als Stütze und Anlehnung nutzen
- Entscheidungen entlang der Potenziale treffen
- Ziele gekonnt erreichbar machen

Cornelia Schinzilarz
Ziele erreichen mit gerechtem Sprechen
2016, Kartenset mit 60 Impulskarten
und 16-seitigem Booklet.
Mit Illustrationen von Martina Lauterjung
€ 27,95 (D) • ISBN 978-3-407-36597-2

www.beltz.de

Charlotte Friedli / Cornelia Schinzilarz
Mit Fragen Konflikte managen
2016, 116 Fragekarten
mit 16-seitigem Booklet
€ 29,95 D • ISBN 978-3-407-36591-0

Die Fragekarten regen zum Perspektivenwechsel an. Mithilfe überraschender Fragen wird eine schwierige Situation plötzlich als gestaltbar erfahren. Der Konflikt wird so nachhaltig als Chance genutzt.

Drei unterschiedliche Fragetypen kommen zum Einsatz:

- Die philosophischen Fragen dienen der Klärung der Situation im Kontext der Verhältnisse.
- Die psychologischen Fragen helfen, die Ich-Identität und die professionellen Beziehungen zu stärken.
- Die Triggerfragen überraschen und eröffnen andere Perspektiven.

Charlotte Friedli / Cornelia Schinzilarz
116 Fragen für die erfolgreiche Teamentwicklung
2016, 116 Fragekarten
mit 16-seitigem Booklet
€ 29,95 D • ISBN 978-3-407-36611-5

Das A und O einer effizienten Teamentwicklung ist eine zukunftsgerichtete Fragekultur. Die Fragen auf den Karten beruhen auf den Erkenntnissen des Gerechten Sprechens, der Systemischen Theorien rund um Fragetechniken und neuesten Erkenntnissen zu Denk- und Reflexionsfragen aus der angewandten Philosophie. Sie weichen ab von den üblichen Fragen und eröffnen einen neuen Blick auf Gegebenes, sodass die Teammitglieder motiviert und engagiert mitarbeiten wollen.